Paulo Ferreira da Cunha

Traité de droit constitutionnel

Constitution universelle

et mondialisation des valeurs fondamentales.

Collection : Humanitas

Dirigée par : Stamatios Tzitzis

Buenos Books International

www.buenosbooks.fr

1ère édition 2010

Dépôt légal : deuxième trimestre 2010

Editeur :

Buenos Books International, Paris

info@buenosbooks.fr

www.buenosbooks.fr

ISBN : 978-2-915495-69-0

Je remercie :

- les stagiaires du "Centro de Serviços Linguísticos" de la Faculté des Lettres de l'Université de Porto (Ágata Esmeriz, Natália Fernandes et Sofia Saitta) et leur directrice de stage, Françoise Bacquelaine, pour l'aide précieuse qu'elles m'ont apportée pour traduire ma pensée en langue française;

- Françoise Bacquelaine, maître en terminologie et traduction, pour la relecture linguistique de cet ouvrage;

- le professeur François Vallançon (Université Panthéon-Assas, Paris II) pour la relecture scientifique de cet ouvrage.

Paulo Ferreira da Cunha

INTRODUCTION

L'époque d'un monde quadrillé de constitutions simplement nationales est définitivement révolue. Il existe des constitutions infra-nationales et des constitutions supra-nationales (comme le traité de Lisbonne, pour l'Union Européenne). Notre projet est de parler ici d'un certain droit constitutionnel : celui de l'Etat démocratique de droit, de l'Etat social et de culture, virtuellement universel. Il s'agit donc, pour le moment du moins, d'un *projet* mondialisé[1]. Bien sûr, il y a et il y aura encore certainement longtemps des constitutions nationales. Mais elles sont déjà les « concrétisations », pour chaque pays, d'une *constitution globale*. Nous ne voulons pas parler ici du point de vue de la géographie constitutionnelle, du droit constitutionnel comparé traditionnel. Nous pourrions prouver notre thèse par la portée internationale des droits de l'Homme et par leur densification nationale, partout dans le monde, en tant que droits fondamentaux. Mais l'étude d'ensemble des droits de l'Homme ayant été réalisée[2], nous avons

---

[1] Un livre récent, paru pendant que celui-ci était dans sa dernière révision, parle très justement d'"universalisation du constitutionnalisme": Dalmo de Abreu Dalari, *A Constituição na vida dos povos. Da Idade Média ao século XXI*, São Paulo, Saraiva, 2010, p. 291 et suiv. Plus explicitement: Clemerson Merlin Clève, "Direito constitucional, novos paradigmas, constituição global e processos de interação", *Crítica Jurídica. Revista Latinoamericana de Política, Filosofía y Derecho*, n. 25, 2006, in: http://www.journals.unam.mx/index.php/rcj/article/view/16755. La globalisation de l'Etat est une topique beaucoup plus connue. Cf., par ex., Luis Gonzaga Silva Adolfo, *Globalização e Estado contemporâneo*, São Paulo, Memória Jurídica Editora, 2001.

[2] Sur les droits, notamment nos livres *Teoria da Constituição,* vol. II. *Direitos Humanos, Direitos Fundamentais*, Lisbonne / São Paulo, Verbo, 2000 et *Direito Constitucional Aplicado,* Lisbonne, Quid Juris, 2007. V. aussi nos *Direitos Humanos. Teorias e Práticas*, org., Coimbra, Almedina, 2003; *Direito Natural, Religiões e Culturas,* org., Coimbra, Coimbra Editora, 2004; *Direito Natural, Justiça e Política,* org., Coimbra, Coimbra Editora, vol. I, 2005; *A Constituição Viva. Cidadania e Direitos Humanos,* Porto Alegre, Editora do Advogado, 2007; *Constituição, Crise e Cidadania*, Porto Alegre, Livraria do Advogado Editora, 2007; *Fundamentos da República e dos*

voulu parler de cette constitution globale qui existe déjà, étant donné les énnormes similitudes entre les constitutions des différents pays.

Ce livre doit beaucoup à nos *Direito Constitucional Geral* et *Direito Constitucional Anotado*[3], publiés tous les deux par la maison d'édition Quid Juris à Lisbonne. Le premier est également paru chez Método, à São Paulo, au Brésil, où il a obtenu un des Prix Jabuti pour le meilleur livre de droit. Ces deux ouvrages constituent la bibliographie principale des matières que nous enseignons en tant que titulaire de la chaire de Droit constitutionnel I à la Faculté de Droit de l'Université de Porto. Si le présent ouvrage évoque aussi notre enseignement des Systèmes constitutionels comparés à l'Université Lusophone, il a toutefois une dynamique propre et présente nos réflexions constitutionnelles les plus récentes sur plusieurs aspects.

Nous avons voulu faire court, sans érudition (mais en faisant appel aux acquis fondamentaux de la discipline), en envisageant l'ensemble des problèmes communs au droit constitutionnel, qui se globalise, tout en adoptant toujours une perspective critique, c'est-à-dire raisonnée et lucide.

Direitos Fundamentais, Belo Horizonte, Forum, 2008; *Geografia Constitucional*, Lisbonne, Quid Juris, 2009. Pour les spécificités, v. Henri Pallard / Stamatios Tzitzis (textes recueillis et présentés par), *Droits fondamentaux et spécificités culturelles*, Paris, l'Harmattan, 1997.

[3] Et notre *Pensar o Estado*, Lisbonne, Quid Juris, 2009, profite, à son tour, de notre texte présent (notamment de la partie de "théorie de l'Etat"), puisqu'il a pu sortir avant cette étude, qui a souffert deux années de retouches successives.

Première Partie

LA CONSTITUTION, LES SAVOIRS, LES SCIENCES

Chapitre 1. *Droit, constitution et droit constitutionnel: pré-compréhension*

La constitution peut être considérée, *grosso modo*, comme la loi des lois (écrite ou non) pour une communauté donnée. Ce livre sert en grande partie à développer et à discuter cette conception, dans le contexte de la transformation récente de cette loi supérieure, qui est passée d'une réalité strictement nationale à une question globale sous l'effet de la mondialisation de toute communauté.

Ainsi est-il sans doute trop évident de dire, pour commencer, que le droit constitutionnel n'est autre que le droit de la constitution? Enfonçons-nous ainsi des portes ouvertes? En fait, comme pour beaucoup de choses évidentes, une telle affirmation préalable peut se révéler complexe et pas complètement tautologique, si l'on approfondit le sens des choses. Le célèbre juge Holmes disait déjà que nous avons besoin de plus d'enseignement sur ce qui est évident que de recherche sur ce qui est obscur[4]. Cela nous semble bien être le cas.

Si l'on considère comme étant effectivement le droit tout ce que le droit est vraiment et si l'on entend par « constitution » ce qu'elle est en réalité, nous pouvons certainement affirmer que ce lieu commun « tautologique » est vrai et qu'il est utile de le rappeler.

Tout cela nous mène à un concept de droit, ainsi qu'à l'idée, au concept et à la notion de droit constitutionnel. La discussion sur le concept de droit constitue

---

[4] Oliver Wendell Holmes, *Law and the Court*, conférence, 1913, *apud* Richard Posner (éd.), *The Essential Holmes*, Chicago, The University of Chicago Press, 1992, p. 145 et suiv.

normalement un objet d'étude des cours d'introduction au droit et des disciplines de philosophie du droit. Mais nous aborderons ici ces questions, bien que rapidement.

Pour notre part, nous concevons le droit comme une entité plurielle, comprenant toutes les manifestations d'une certaine normativité (notamment par ses sources), mais dont le sens est assez spécifique et n'a rien à voir avec la normativité morale, religieuse, ou l'action économique ou politique au sens strict. Cette normativité peut certes être directement liée à l'idée de juste, comme par exemple dans une philosophie juridique normative (*normative jurisprudence*) ; elle peut aussi émerger du sentiment de justice et de l'habitude juridique (plus psycho-sociologique) ; elle peut enfin être purement et simplement l'objet des déterminations légales ou administratives du pouvoir, notamment de l'Etat (droit positif). Lorsque l'on considère l'objet « droit » en dehors de la philosophie du droit normatif, il ne convient pas de le concevoir selon une quelconque perspective ontologiquement purifiée. Comme, par exemple, la topique implicite dans le brocard d'Ulpien, qui décrit la justice comme la « volonté constante et perpétuelle d'attribuer à chacun son dû », ce qui peut s'articuler avec la notion de droit comme chemin vers la justice ou objet de la justice – conception très courante dans les théories réalistes classiques[5]. Au contraire, si l'on parle de droit positif, voire de droit positif passé (comme en histoire du droit) ou d'autre(s) droit(s) positif(s) (comme en droit comparé), il est plus fécond de se limiter à une topique par laquelle on perçoit le droit non seulement à travers ses sources (loi, doctrine, jurisprudence, coutume, etc.) mais aussi à travers son rituel, les personnes et les lieux juridiques (tribunaux, prisons, parlements), les « opérateurs juridiques » (juges, avocats, procureurs, notaires, députés, ministres, agents de police), les actes et les faits juridiques ainsi que les documents qui leur sont associés (contrats,

[5] Pour de plus amples informations, cf. notre *Filosofia do Direito*, Coimbra, Almedina, 2006, p. 55 et suiv., 296 et suiv.

testaments, plaidoyers, réquisitoires, sentences, etc.). Tous ces *legal objects* et tous ces *legal artefacts*, justes ou injustes, concernant de belles théories de la justice ou non, constituent indéniablement le champ concret du droit de tous les jours. C'est ainsi que nous concevons le droit, dans une acception large et phénoménologique[6].

On peut dire, d'une certaine façon, que si la topique ontologique du droit cherche l'essence idéale du droit, alors, il faut se mettre à la place de l'homme de la rue, ni particulièrement ami, ni particulièrement ennemi du droit[7], pour cerner sa réalité quotidienne.

La constitution, elle aussi, peut être envisagée sous plusieurs angles. Certes, l'idée de constitution la plus haute et la plus épurée est celle de constitution matérielle. Mais qu'est-ce que la (ou une) constitution matérielle?

Sans entrer dans les détails, on peut certainement dire que la constitution matérielle correspond aux principes constitutionnels ontologiques, c'est-à-dire aux principes les plus élevés dans ce domaine, à ceux qui possèdent une véritable dignité constitutionnelle[8] (pas seulement formellement constitutionnelle) et une force normative effective[9]. La constitution matérielle est en harmonie avec la conscience axiologico-juridique générale d'une formation sociale particulière[10]. Il est évident que cette constitution matérielle ne coïncide pas toujours avec le texte écrit et codifié (code de droit politique ou constitution codifiée) par les constitutions au sens simplement formel. D'ailleurs, celles-ci vivent par une

---

[6] Cette démarche est aussi commentée par Mário G. Losano, Préface à *La Filosofia del Diritto Contemporanea*, de Carla Faralli, trad. port. de Candice Premaor Gullo, *A Filosofia do Direito. Temas e Desafios*, São Paulo, Martins Fontes, 2006, p. X.

[7] On n'a cependant pas besoin, sur ce point, d'utiliser « l'acide cynique » de « l'homme méchant ». « L'acide critique » propre à tout vrai chercheur, juriste ou non, suffit. A propos de ces deux premiers concepts, cf. Oliver Wendell Holmes, *The Path of Law*, 1897, trad. cast. de E. A. Ruso, *La Senda del Derecho*, surtout. pp. 18-21.

[8] Concept créé sur celui de *dignité pénale*. Cf. notre *A Constituição do Crime. Da Substancial Constitucionalidade do Direito Penal*, Coimbra, Coimbra Editora, 1998.

[9] Konrad Hesse, *Die normative Kraft der Verfassung*, Tübingen, Mohr, 1959.

[10] D'autres formules sont possibles: esprit de la nation, âme du peuple, réalité constitutionnelle profonde, etc.

matérialité tout à fait différente du sens de matérialité (substantialité) que nous venons d'employer. Les constitutions formelles se matérialisent sur papier, sur CD-ROM, sur les disques durs des ordinateurs, elles deviennent des livres numériques, elles peuvent aussi être lues et enrégistrées, etc. Mais ces supports matériels sont normalement appelés « constitution » au sens instrumental, car ce sont des instruments permettant de la conserver et de la faire connaître.

Ainsi, la tripartition constitution matérielle / formelle / instrumentale est fondamentale. Par exemple, une fois que « l'accord orthographique » entre les pays lusophones aura unifié cette manifestation de la langue, il est évident, pour ceux qui connaissent cette tripartition, que ce qui changera dans les textes constitutionnels des différents pays de langue portugaise, ce n'est pas la constitution formelle, mais bien une forme de constitution instrumentale : le véhicule instrumental de l'orthographe d'une langue. De même, une traduction ne change pas la dimension formelle d'une constitution, elle n'en change que la dimension instrumentale. Cependant, il est difficile de considérer une constitution indépendamment de la langue dans laquelle elle a été pensée et, par conséquent, écrite. Même dans quelques pays où il y a des versions multilingues de la constitution (comme, par exemple, en Suisse et en Belgique) on peut parfois découvrir des nuances selon la langue utilisée. On a trouvé une divergence importante entre les deux traductions « officielles » brésiliennes du texte anglais de la Déclaration Universelle des Droits de l'Homme, qui est aussi un texte à dimension constitutionnelle. L'une traduisait l'anglais « everyone » par « tous les individus », et l'autre par « toutes les personnes ». Or on connaît bien les différences philosophiques qui existent entre individu et personne, et leurs implications juridiques[11]...

---

[11] Selon une conférence du prof. Wagner Balera, au IIIe Congrès luso-brésilien, université catholique pontificale de São Paulo, le 25 février 2010. V., p. ex., Stamatios Tzitzis, *Qu'est-ce que la personne*?, Paris, Armand Colin, 1999, et notre "Direitos de Personalidade, Figuras próximas e Figuras longínquas", in *Jurisdição e Direitos Fundamentais*, ed. par Ingo Wolfgang Sarlet, Porto

Chapitre 2. ***Constitution et Histoire***

1. *Le concept historico-universel de constitution*

La relativité de l'existence « sublunaire », terrienne de la constitution implique d'innombrables expériences constitutionnelles, réparties dans le temps et dans l'espace. L'un des concepts opératoires les plus élémentaires et les plus enrichissants est justement le fameux concept historico-universel de « constitution », dont on doit la formulation lapidaire à Ferdinand Lassalle lors de la célèbre conférence *Über Verfassungswesen* (1862) : « Chaque pays possède et a toujours possédé une constitution réelle et effective, (...) c'est aussi simple que cela (...) contrairement à l'opinion largement répandue selon laquelle la constitution serait une particularité des temps modernes. »[12].

Si l'on part de ce concept, d'ailleurs lié au concept de « constitution réelle », la constitution apparaît comme un défi qu'il faut relever de tout temps, en tout lieu et quelle que soit la société politique.

2. *La constitution globale*

Le concept de « constitution globale » n'est autre que la suite naturelle du *concept historico-universel de constitution.* La dimension universaliste du droit constitutionnel moderne est une constante. Les déclarations des droits de l'Homme ont été proclamées pour tous les êtres humains, pour l'Humanité toute entière. La « constitution globale » est l'intériorisation de l'évidence. Certes, il existe des

---

Alegre, Anuário 2004 / 2005 da Escola Superior da Magistratura do Rio Grande do Sul, Livraria do Advogado Editora, 2006, pp. 169-192.

[12] D'après Ferdinand Lasalle, *Über Verfassungswesen,* conférence prononcée à Berlin en 1862, disponible à : <http://www.gewaltenteilung.de/lassalle.htm>

droits constitutionnels nationaux, avec des règles nationales, notamment des règles de distribution des pouvoirs, mais le fond des constitutions modernes est indéniablement le même : puisque les droits de l'Homme (ou droits humains) sont universels et que les valeurs qu'elles adoptent le sont aussi, si les constitutions ne sont pas les mêmes (la même), elles sont au moins relativement convergentes.

La globalisation est aussi une question de communication. Les temps actuels sont dominés par une omniprésence des *media*, et cette omniprésence – *ubi commoda, ibi incommoda* – rend d'une part plus de droits plus connus et plus reconnus, et, d'autre part, contribue à la perception du non-droit très répandu aussi par le monde. L'audiovisuel, d'ailleurs, en toutes ses formules chaque jour plus interactives et polymorphes, pourra, à la limite, changer la perception et même la conception du droit, lequel est resté longtemps une question d'écriture et d' écoute (*audiatur et altera pars*), en l'absence d'autre sens[13]. Le constitutionnalisme global doit dialoguer avec ce paradigme culturel incontournable, en préservant toujours le contenu (et surtout les valeurs) face à la superficialité d'une culture « liquide » ou « gazeuse » inspirée par l'instantanité des images de marketing, soit à la télévision, soit sur l'*Internet*.

La globalisation constitutionnelle, grand espoir de notre temps de droits de l'homme universalisés ne doit pas prendre le bateau de la facilité et de la démagogie, mais au contraire penser et repenser le droit avec rigeur autant qu'avec générosité et sens de l'avenir. Avec même une certaine énergie utopique (principe espérance), sans le figement des utopies négatives de la modernité tout court.

3. *Constitutionnalisme historique et constitutionnalisme moderne*

La constitution fait partie de l'Histoire et elle fait l'Histoire. Pour le comprendre il faut connaître le contexte historique des constitutions. Nous

---

[13] V. , p. ex., Michel Miaille, "Le droit par l'image", in *Droit et société*, 16, 1990, p. 303-312. Et notre *Le droit et les sens*, Paris, l'Atelier de l'Archer, dist. P.U.F., 2000.

verrons, d'une part, qu'il y a un constitutionnalisme ancien, traditionnel, et un constitutionnalisme moderne, que l'on appelle aussi « constitutionnalisme » tout court, et, d'autre part, que dans le contexte du constitutionnalisme moderne, on peut parler de « constitution globale ». D'ailleurs, une des différences entre le constitutionnalisme traditionnel et le constitutionnalisme moderne, c'est justement que le premier pensait aux droits des Français, des Anglais, des X ou des Y, tandis que le constitutionnalisme moderne pense désormais aux droits de l'Homme en général. Il est universel, global.

En effet, une des divisions les plus utiles, dont le sens est le plus profond sur le plan historique, est celle qui divise les constitutions en deux époques successives (même s'il peut y avoir des résidus d'époques plus anciennes dans les plus récentes et d'éventuelles revitalisations ou anticipations) : l'époque pré-révolutionnaire et pré-libérale des constitutions que l'on appelle « traditionnelles », « historiques » ou « naturelles » et l'époque post-révolutionnaire et libérale, puis post-libérale, des constitutions codifiées qui relèvent du constitutionnalisme moderne et volontaire (voire « volontariste »). La doctrine a pendant longtemps mis l'accent sur la ligne de démarcation du libéralisme ; cependant, la question pourra être révisée car, depuis quelque temps, c'est le legs républicain qui émerge dans les analyses des historiens et des théoriciens, et son rôle n'est pas négligeable dans le triomphe du constitutionnalisme moderne[14]. Au contraire.

Pendant un certain temps, la doctrine dominante a aussi pratiquement ignoré le premier groupe de constitutions, laissant même supposer que le phénomène constitutionnel ne pouvait être que moderne et volontaire. Néanmoins, des études historiographiques et jusconstitutionnelles sérieuses ont réintégré cette autre dimension au sein de la doctrine dominante. Aujourd'hui, elle semble

---

[14] V., p. ex., Stephen M. Griffin, *American Constitutionalism. From Theory to Politics*, Princeton, Princeton University Press, 1996, p. 189 et suiv.

généralement admise.

Le problème s'est naturellement posé lors de la discussion soulevée par la codification de la Constitution européenne. Mais cette polémique aura peut-être prouvé que les constitutions sont le fruit du temps et que l'intérêt des constitutions traditionnelles est avant tout historique. Tout en reconnaissant, bien sûr, à l'Histoire sa valeur pédagogique et heuristique[15].

En résumé, la constitution naturelle, historique, traditionnelle est éparse, non codifiée, elle résulte de l'écoulement du temps et de la sédimentation au fil du temps tandis que la constitution moderne, codifiée, volontariste est systématique, synthétique, elle est conçue comme un véritable code de droit constitutionnel, soigneusement planifié, « scientifiquement » élaboré et parfaitement autonome par rapport aux autres sources du droit. Elle est d'ailleurs explicitement la source des sources de celui-ci (cependant, dans le constitutionnalisme traditionnel, ce statut normogénique pourrait encore être remis en cause).

Il semble indéniable que la protection des personnes est depuis très longtemps une préoccupation, du moins dans certains pays ou certaines zones culturelles. Le comparatisme constitutionnel synchronique et diachronique réserve des surprises. En effet, des systèmes de protection ont existé avant les révolutions modernes : celui de la péninsule ibérique en fournit un exemple[16]. Même si le droit constitutionnel antérieur à la Constitution n'était pas codifié, les ordonnances du Royaume du Portugal en étaient fondamentalement imprégnées, notamment dans leur livre II[17]. Cela n'altère toutefois nullement la spécificité du constitutionnalisme historique. Ce n'est qu'avec le constitutionnalisme moderne qu'apparaît une triade mythique fondamentale et fondatrice :

---

[15] V. notre *Novo Direito Constitucional Europeu*, Coimbra, Almedina, 2005.

[16] V. Paulo Ferreira Cunha, Joana Aquiar Silva et António Lemos Soares, *História do Direito. Do Direito Romano à Constituição Europeia*, Coimbra, Almedina, 2005, notamment p. 333 et suiv.

[17] V. notre *Raízes da República. Introdução histórica ao direito constitucional*, Coimbra, Almedina, 2006, p. 30 et suiv., p. 93 et suiv.

1) *Un texte sacré*, codifié (*sacred instrument*, c'est ainsi que les Américains appellent solenellement leur Constitution) ;

2) *Séparation des pouvoirs* (selon la division classique issue de Montesquieu en pouvoir législatif, judiciaire et exécutif) ;

3) *Droits de l'Homme ou Droits Fondamentaux* (selon une perspective universelle pour les premiers, ou nationale, pour les derniers) expressément consacrés par la Constitution.

A ces trois éléments, nous pouvons ajouter l'importance croissante du *suffrage* dans le choix des représentants, manifestation de la *souveraineté du peuple*.

Les premiers traits caractéristiques du constitutionnalisme moderne figurent déjà, expressément ou tacitement (seul le premier est tacite), dans l'article 16 de la Déclaration des Droits de l'Homme et du Citoyen : « Toute société dans laquelle la garantie des droits n'est pas assurée ni la séparation des pouvoirs déterminée, n'a point de constitution ».

Almeida Garrett, juriste, politique et dramaturge romantique portugais (1799-1854), nous semble avoir été l'un des interprètes les plus lucides du changement de paradigme, ce qui est remarquable pour un contemporain de ce changement. Pour lui, l'avantage principal des constitutions modernes, codifiées, résidait surtout dans le fait qu'elles pouvaient fixer sur le papier (et ainsi graver dans la mémoire collective) les droits des peuples qui, dans une constitution sans support matériel durable, risquaient d'être jetés aux oubliettes par les pouvoirs ou de faire l'objet de leur mépris. Ce qui constitue aussi une belle apologie du droit positif. En effet, les préambules de la Constitution française de 1791, espagnole de 1812 (de Cadix) et portugaise de 1882 renvoient tous, d'une façon ou d'une autre, au mythe d'une époque pré-absolutiste (mythe néanmoins réalisable) et reconnaissent tous que les maux actuels résultent précisément d'une faille des constitutions traditionnelles : leur manque de protection contre l'oubli des anciens droits et des anciennes libertés.

Nous ne pouvons donc négliger l'héritage et l'exemple que nous lègue le constitutionnalisme traditionnel, mais il n'en reste pas moins surtout une matière d'enseignement et une matière culturelle. Elle est certes très importante, mais elle n'est évidemment pas actuelle sur le plan juridico-technique.

4. *Racines du constitutionnalisme moderne*[18]

L'expression « constitutionnalisme » tout court désigne surtout les mouvements constitutionnels modernes remontant à la Révolution anglaise du XVIIe siècle (ou aux diverses révolutions anglaises de la même époque), laquelle a ravivé la conscience de la dignité et des droits en commençant par le refus symbolique d'un impôt sur les bateaux (*ship money*). Le souvenir des anciennes libertés garanties par la *Magna Carta* et l'*Habeas Corpus* n'est sans doute pas étranger à ce refus. Le mot d'ordre était que l'impôt impliquait le consentement préalable du peuple : *no taxation without representation*.

C'est aussi la levée d'impôts qui déclenchera la Guerre d'Indépendance des Etats-Unis, dont l'événement le plus frappant, en tant que mythe initial, est la *Boston tea party* résultant d'un problème d'impôts sur le thé, et la Révolution française, puisqu'elle a éclaté après la convocation des Etats généraux (oubliés du pouvoir depuis longtemps) par le roi Louis XVI, dont les coffres étaient vides et qui espérait bien les persuader à consentir une augmentation des impôts.

Outre ces trois grands moments, il convient de signaler l'importance inspiratrice (même s'il s'agit surtout d'inspiration mythique) des anciennes libertés ibériques, qui peuvent être considérées comme des modèles de constitutionnalisme historique, traditionnel ou naturel. Le grand texte sur ces libertés reste le célèbre

---

[18] V. notre *Teoria da Constituição*, vol. I, *Mitos, Memórias, Conceitos*, Lisbonne / São Paulo, Verbo, 2002, pp. 101-154.

passage de l'écrivain portugais Teixeira de Pascoaes (1877–1952) que nous traduisons partiellement ici : « Il est indéniable que notre jurisprudence découle des lois gothiques et romaines et que celle de ces derniers temps n'est autre qu'une copie très inférieure des lois étrangères qui ont complètement dénaturé le corps juridique de l'Etat. Mais il y a des lois dans notre ancienne législation (...) Nous avons encore les chartes communales et les principes de droit politique établis par les anciennes *Cortes* qui révèlent l'esprit d'indépendance et de liberté qui a toujours animé l'âme du peuple. Celui-ci intervenait dans le gouvernement du pays, dans la succession au trône, dans tous les actes d'intérêt général que le roi pratiquait : la guerre et la paix, la levée d'impôts, etc., et il exerçait aussi une surveillance rigoureuse des agissements des hommes d'Etat, dont certains ont été accusés et condamnés! En plein Moyen Âge, pendant que d'autres peuples gémissaient sous le joug du pouvoir absolu, nous imposions la forme conditionnelle de pouvoir à notre monarchie : le roi gouvernera s'il en est digne et il gouvernera selon notre volonté, exprimée dans des *Cortes* générales réunies tous les ans. Nous avons d'autres lois anciennes issues de la coutume, qui leur a conféré une nuance originale, caractéristique du génie portugais »[19].

Que ce soit par intérêt ou par conviction, peu importe, ces anciennes libertés ont été invoquées par les libéraux du XIXe siècle pour réclamer la nouvelle liberté. Les anciennes *Cortes* portaient en leur sein les nouvelles assemblées, comme l'a observé dans ses mémoires le libéral José Liberato Freire de Carvalho[20].

La distinction entre constitutionnalisme naturel et constitutionnalisme moderne a été en quelque sorte oubliée dans certains milieux. Pendant quelque temps, on aurait dit qu'elle était apparemment consensuelle, bien que les chercheurs se soient finalement positionnés d'un côté ou de l'autre. Aujourd'hui,

---

[19] Teixeira de Pascoaes, *Arte de ser Português*, Lisbonne, Assírio & Alvim, 1991, pp. 78-79.

[20] José Liberato Freire de Carvalho, *Memórias da Vida de*..., 2e éd., Lisbonne, Assírio & Alvim, 1982 [1ère éd., 1855].

comme c'est le cas pour les concepts de droit naturel classique et de jusrationalisme (liés chacun à une certaine époque), une analyse de la sédimentation et de la validité théorique de cette distinction est en cours. Ces catégories, si pratiques pour l'étude, ne sont peut-être pas totalement remises en question. Mais des textes comme celui de José Liberato ainsi que des figures de transition comme António Ribeiro dos Santos ou Silvestre Pinheiro Ferreira, remettent en cause les certitudes absolues particulières sur les moments de rupture et ceux de continuité. Ils suggèrent aussi des relations, des liens apparemment impensables en raison de leur hétérodoxie. Par exemple: la continuité libérale d'un certain traditionalisme ou les *mixed feelings* de libéraux face à un autre personnage complexe comme le Marquis de Pombal. La distinction entre le traditionnel et le moderne a peut-être été trop souvent soumise à une logique politique. Les raisons philosophiques et méthodologiques seraient certainement tout autres[21].

5. *Les grandes révolutions constitutionnelles*[22]

Les révolutions constitutionnelles fondatrices sont, comme nous l'avons dit, la Révolution anglaise du XVIIe siècle (qui, dans un certain sens, est encore parfois considérée comme une sorte de prolégomènes constitutionnalistes), l'indépendance des colonies anglaises d'Amérique du Nord ou « Révolution américaine » et la Révolution française qui s'est répercutée par vagues dans tout l'Occident et n'est donc que le point de départ de ce que certains appellent « la grande révolution occidentale »[23].

La leçon que l'on tire de ces révolutions libérales (ou protolibérales dans le cas de l'anglaise) fondatrices est irremplaçable. Elles ont rompu non seulement avec une cosmovision, une perspective du monde sur le pouvoir et la politique,

---

[21] V. notre *Síntese de Filosofia do Direito*, Coimbra, Almedina, 2009, p. 193 et suiv.
[22] V. notre *Teoria da Constituição*, vol. I. *Mitos, Memórias, Conceitos*, pp. 155-248.
[23] V., p. ex., Jacques Godechot, *La Grande Nation. L'expansion révolutionnaire de la France dans le monde*, 2 vols., Paris, Aubier, 1957.

mais aussi avec la place de l'être humain lui-même, de sorte que nous avons aujourd'hui du mal à concevoir ce que les gens pensaient réellement auparavant. Si nous nous rappelons que, selon la tradition, le philosophe allemand Emmanuel Kant, dont la vie était extrêmement bien réglée, n'a fait une entorse à son horaire de retour à la maison que deux fois dans sa vie (la première pour acheter *Le Contrat social* de Rousseau et l'autre pour avoir des nouvelles de la Révolution française) et que ce même philosophe a défini, de façon décisive le siècle des Lumières comme l'époque d'émancipation de l'Humanité[24], dont la devise serait dorénavant *sapere aude*, nous comprenons mieux que le constitutionnalisme ait été le point culminant et un élément constitutif d'une profonde révolution culturelle et non pas une simple superstructure politique ou légaliste.

Un autre héritage essentiel légué par les mouvements constitutionnels révolutionnaires est la lutte politico-constitutionnelle dans des ouvrages constituants cités à maintes reprises en raison de leur caractère originel, fondateur et mythique.

Les mythes de l'évolution constitutionnelle dans ces trois pays sont également une source irremplaçable d'enseignements[25].

Pour toutes ces raisons, il est absolument indispensable d'établir un contact le plus «direct» possible avec ces époques de laboratoire constitutionnel vaste et bouillonnant, grâce à l'étude patiente (mais fascinante) de l'histoire constitutionnelle.

---

[24] Immanuel Kant, «Beantwortung der Frage: Was ist Aufklärung?», in *Berlinische Monatsschrift*, décembre 1784, pp. 481-94.

[25] Abel Poitrineau, *Les Mythologies révolutionnaires*, Paris, P.U.F., 1987; Dietrich Harth / Jan Assmann (org.), *Revolution und Mythos*, Francfort sur Main, Fischer, 1992; Yves Chalas (org.), *Mythe et Révolutions*, Grenoble, Presses Universitaires de Grenoble, 1990; notre *Droit et récit*, Québec, Les Presses de l'Université Laval, 2003, p. 61 et suiv. En outre, au sujet des mythes plus modernes, André Reszler, *Mythes politiques modernes*, Paris, P.U.F., 1981.

Chapitre 3. ***Sociologie constitutionnelle***

1. *Multidimensionnalité constitutionnelle*

Le droit constitutionnel dont il s'agit dans le syntagme « droit constitutionnel » est, en fin de compte, le droit constitutionnel dont nous avons parlé, dans toutes ses dimensions possibles. Le droit constitutionnel comprend le droit constitutionnel de la constitution matérielle, celui de la constitution formelle et celui de la constitution instrumentale (peu importante, en termes théoriques). Mais le droit constitutionnel est en outre le droit fondamental de l'Etat et des formes politiques similaires (république *hoc sensu*, *polis*, fédération, empire...). C'est aussi le droit des institutions essentielles de l'Union européenne (dans ce cas, droit constitutionnel de l'Union européenne). Enfin, on peut parler aujourd'hui d'un droit constitutionnel commun à l'Europe « communautaire », même si le projet de traité constitutionnel a été remplacé par celui d'un traité réformateur, qui est devenu le traité de Lisbonne. En matière de constitution européenne, peu importe le nom : il existe depuis longtemps une véritable constitution matérielle européenne[26]. Et le traité de Lisbonne s'approche d'une constitution formelle, s'il ne l'est déjà sous plusieurs aspects.

On assiste d'ailleurs à une constitutionnalisation croissante des différentes branches du droit[27]. On parle de la « constitutionnalité substantielle » du droit pénal, une des premières branches à se redimensionner (en fait, à se rajeunir) en faisant appel aux nouveaux grands principes constitutionnels du monde moderne,

---

[26] V. Rafael Bustos Gisbert, *La Constitución Red: Un Estúdio sobre Supraestatalidad y Constitución*, Oñati, Instituto Vasco de Administración Pública, 2005.

[27] V., p. ex., Anderson Vichinkeski Teixeira (org.), *A Constitucionalização do Direito*, Porto Alegre, SafE, 2008.

où brille l'Etat de droit démocratique et social. On parle aussi notamment de « constitutionnalisation » du droit du travail, du droit fiscal, etc.

De nos jours, on ne peut plus soutenir la thèse d'Otto Mayer et d'Ernst Forsthoff, pour qui « la constitution passe et l'administration reste ». C'est que l'administration doit être imprégnée de la constitution et de ses acquis, voire de ses conquêtes, variables mais généreuses. Et c'est pour cela que, dès 1969, Rogério Ehrhardt Soares pouvait dire – ce qui est tout à fait actuel de nos jours – dans un des plus beaux essais juridiques que nous avons pu lire : « C'est pour cela que les sujets les plus intéressants pour un expert en droit public se situent actuellement dans le domaine du droit constitutionnel, plus précisément dans le secteur le moins technique de cette branche, celui où se manifestent le plus les préoccupations concernant l'homme et sa dignité »[28].

Mais cette présence (comme toile de fond et presque comme l'air que l'on respire) de la constitution et du droit constitutionnel dans les diverses spécialités ou branches du droit est une conséquence logique de la hiérarchie normative, selon laquelle, comme le disait le premier professeur de droit constitutionnel à Paris, l'italien Pellegrino Rossi, la constitution comporte en son sein les *têtes de chapitre* des diverses branches du droit – ce qui en fait aussi une sorte de *droit du droit*, son cadre et sa mesure[29]. Nous ne craignons pas le pseudo-totalitarisme constitutionnel que l'on reproche notamment aux courants néoconstitutionnalistes. Constitutionnaliser le droit, c'est le rendre moins bureaucratique, moins formaliste, moins inégalitaire et féroce, moins archaïque, et plus souple, plus intelligent, plus solidaire et plus fraternel, plus moderne. Sans nier, bien sûr, la spécificité des diverses branches du droit. Le droit constitutionnel ne peut pas se substituer à chacune d'entre elles. Mais son projet libérateur et de progrès peut les

[28] Notre traduction de Rogério Ehrhardt Soares, *Direito Público e Sociedade Técnica,* Coimbra, Atlântida, 1969, p. 9.

[29] Christian Starck, *La Constitution, cadre et mesure du droit*, Paris, Presses Univ. D'Aix Marseille, 1994.

inspirer toutes.

Le droit constitutionnel est en effet la norme suprême, la norme des normes – ce qui fait qu'il constitue aussi une fenêtre sur l'au-delà du droit lui-même[30].

Et dans cette vision réglée, organisée des choses juridiques, le juriste autrichien renommé (et controversé) Hans Kelsen (1881-1973) avait tout à fait raison avec sa belle métaphore de la pyramide normative, qui allait d'ailleurs être très largement, voire unanimement, reconnue par les différents ordres juridiques. Une autre métaphore part non pas du haut vers le bas (comme celles de Rossi et de Kelsen), mais du centre vers la périphérie : Santi Romano a conçu le droit constitutionnel comme un tronc supportant les différentes branches du droit.

D'autre part, comme nous le verrons plus précisément *infra*, le droit constitutionnel finit par se substituer au droit naturel dans sa fonction d'instance d'appel contre l'injustice des lois. On parle même de la « substantielle inconstitutionnalité de la loi injuste »[31].

Une loi injuste n'est pas une loi. On le sait depuis longtemps et la formule est gravée dans de nombreux esprits, où elle s'associe à Thomas d'Aquin (*lex iniusta non est lex*[32]), bien que certains disent qu'il s'agit d'une citation d'Augustin. Même si cette affirmation percutante a finalement eu peu de conséquences pratiques, on sait désormais que la loi injuste est aussi une loi inconstitutionnelle et qu'elle peut et doit être remise en question et éradiquée de l'ordre juridique par les moyens procéduraux en vigueur. Bien sûr, il faut des critères rigoureux pour déterminer le caractère injuste d'une norme.

---

[30] Francisco Lucas Pires, *Teoria da Constituição de 1976. A Transição dualista*, Coimbra, s/éd., 1988, p. 18; Nelson Saldanha, *Formação da Teoria Constitucional*, 2e éd., Rio de Janeiro / São Paulo, Renovar, 2000, p. 135 et suiv. ; Richard A. Posner, *Overcoming Law*, Cambridge, Harvard University Press, 1995.

[31] Juarez Freitas, *A Substancial Inconstitucionalidade da Lei Injusta*, Petrópolis, RJ, Vozes; Porto Alegre, RS, EDIPUCRS, 1989.

[32] Thomas d'Aquin, *Summa Theologiae*, II*a* II*ae*, q. 60, art. 5.

2. *Concepts socio-jusconstitutionnels*:

Réalité constitutionnelle, Law in action, *force normative, constitution réelle*[33]

La première réalité à prendre en compte dans le complexe d'entités présentes dans le droit constitutionnel général ou commun est le phénomène « constitution », que l'on peut détecter plus facilement sous sa forme sociologique, en tant que *réalité constitutionnelle*.

Même la « réalité » (la « réalité » pour nous... il ne s'agit pas ici des essences ou des vérités pures) est une construction sociale et culturelle. Les phénomènes d'illusion au sujet de la réalité sont assez fréquents. Il faut tenter de les éviter en posant un regard scientifique au lieu de se fier aux impressions et aux opinions du simple sens commun. Par exemple, il est curieux de constater que l'on confond souvent la constitution avec la constitution instrumentale. Cependant, l'analyse scientifique vaut mieux que les représentations communes et leurs inévitables confusions, car la première donnée empirique que l'on perçoit ainsi effectivement n'est ni le livre « constitution » ni les normes contenues dans ce livre, mais bien l'expérience quotidienne de la constitution en action. Il suffit parfois de changer de pays pour se rendre compte du « changement de constitution »» au contact du changement de réalité constitutionnelle (à condition que leurs constitutions correspondent à des régimes politiques très différents : par exemple une démocratie et un régime totalitaire ou une « simple » dictature autoritaire). En fait, la réalité constitutionnelle est perçue au sein d'une culture particulière, d'une société donnée, comme nous l'avons déjà dit. C'est pourquoi un autre concept, celui de « culture constitutionnelle », revêt une grande importance. La culture constitutionnelle est l'environnement et le moyen par lequel nous vivons et nous appréhendons la réalité constitutionnelle. Nous accédons à une réalité constitutionnelle grâce à une « culture constitutionnelle » : tant la culture d'une

---

[33] V. notre *Teoria da Constituição*, vol. I, pp. 25-97.

formation sociale donnée X ou Y, que la culture particulière de l'observateur. Par exemple, cette culture peut être une culture constitutionnelle savante, comme celle des constitutionnalistes, ou une culture constitutionnelle populaire, celle du citoyen moyen - qui connaît parfois mieux la constitution qu'il ne l'imagine[34].

La réalité constitutionnelle (indissociable de la culture constitutionnelle) est ainsi la vie de la constitution, le fonctionnement des institutions et l'application concrète du programme normatif de la constitution. Au fond, c'est aussi son mythe (son récit fondateur qui justifie le pouvoir voire la communauté en question) et son « utopie » (son rêve, ses objectifs, ou ses fins).

Quand, par exemple, Peter Häberle conçoit la constitution comme l'« ordre légitime de l'Etat et de la société », il est évident qu'il nous renvoie d'emblée à la notion de culture. Mais, d'un autre côté, cela nous fait penser à une constitution imprégnée de « réalité constitutionnelle » : non seulement étatique mais aussi sociale, générale.

Parfois, la réalité constitutionnelle n'a pas grand-chose à voir avec la constitution formelle et nous avons alors une constitution simplement nominale ou sémantique et pas normative, pour reprendre la classification de Karl Loewenstein[35]. C'est le cas de la Constitution portugaise de 1933 et de nombreuses constitutions de pays autoritaires.

La réalité constitutionnelle a un rapport direct avec le concept, si cher à la culture juridique anglo-saxonne actuelle, de *law in action* (qui s'oppose à la notion

---

[34] Une étude importante est celle de l'application à la constitution des recherches KOL (*knowledge and opinion about law*) et d'autres qui vont dans le même sens. Les constitutionnalistes et les constituants y gagneraient beaucoup s'ils savaient ce que pensent leurs concitoyens et dans quelle mesure ceux-ci approuvent la constitution et y croient. Quelques suggestions dans Hugo A. Concha *et al.*, *Cultura de la Constitución en México. Una Encuesta Nacional de Actitudes, Percepciones y Valores*, México, UNAM / TEPJF / Cofemer, 2004.

[35] Karl Loewenstein, *Verfassungslehre*, 4e éd., Tübingen, J. C .B. Mohr (Paul Siebeck), 2000.

de *law in books*[36] qui correspondrait ici *grosso modo* à la constitution formelle)[37]. Mais elle est également liée à la notion de force normative. C'est ainsi que Konrad Hesse pose le problème de façon classique : « La concrétisation complète de la force normative constitue le but visé par la science du droit constitutionnel. Elle accomplit sa mission de façon adéquate non quand elle cherche à prouver que les questions constitutionnelles sont des questions de pouvoir mais quand elle s'efforce d'éviter qu'elles se transforment en questions de pouvoir. En d'autres termes, le droit constitutionnel doit expliciter les conditions sous lesquelles les normes constitutionnelles peuvent devenir les plus efficaces possible (...) Il revient donc au droit constitutionnel de souligner, de réveiller et de préserver la volonté de constitution (...), ce qui constitue indubitablement la plus grande garantie de sa force normative »[38].

La force normative d'une constitution peut être mesurée selon sa capacité à s'inspirer suffisamment des racines de la constitution matérielle (ou de ce qui la détermine...) pour que son texte (la constitution formelle) puisse être effectivement appliqué, tout en étant réellement conforme à la société et en rendant celle-ci conforme au texte. Cette double conformité et cette double conformation ne sont simples ni l'une ni l'autre et appartiennent à des genres différents. Ce qui est intéressant, c'est que, à la limite, la force normative de la constitution se manifeste à la fois par la capacité de la constitution à agir sur la société pour la transformer et par le fait qu'elle soit en harmonie avec cette même

---

[36] Fondée sur Holmes, la philosophie juridique des EUA a engendré cette dichotomie. Notamment à partir de Roscoe Pound, « Law in Books and Law in Action », in *American Law Review*, vol. XLIV, 1910.

[37] Cf., p. ex., au sujet de la réalité portugaise, André Thomashausen, «Constituição e Realidade Constitucional», in *Revista da Ordem dos Advogados*, 37e année, Lisbonne, 1977, pp. 471 et suiv. V. aussi, pour une perspective générale, Gerhard Leibholz, « Constitutional law and Constitutional reality », in *Festschrift für Karl Loewenstein*, Tübingen, J. C. B. Mohr (Paul Siebeck), 1971.

[38] Konrad Hesse, *Die normative Kraft der Verfassung*, Tübingen, J. C. B. Mohr (Paul Siebeck), 1959, v. pp. 11-16 sur cette thématique de la « *Wille zur Verfassung* ». N/ trad. à partir de la version portugaise : *A força normativa da Constituição*, trad. Gilmar Ferreira Mendes, Porto Alegre, Fabris, 1991.

société : il ne s'agit pas d'un corps étranger...

Evidemment, il s'agit de concepts sujets à discussion et les passions politiques s'en mêlent souvent[39].

On le voit, il y a toujours un rapport entre le phénomène constitutionnel social et spécifiquement politique, d'une part, et la constitution écrite et codifiée, d'autre part, de sorte que le concept de « constitution matérielle » se trouve à cheval sur l'une et l'autre dimension et que l'on ne peut ni le comprendre ni le sonder (il est sans doute impossible de le capter complètement sauf à partir de cas concrets) sans en connaître la positivité (constitution formelle) ou la latence sociale.

Le concept de « constitution réelle » n'est pas très fréquent dans ce contexte, mais il est très utile. On l'emploie plus souvent dans le cadre des constitutions nominales ou sémantiques, justement pour souligner la distance entre la constitution formelle et la réalité vécue de la constitution, c'est-à-dire le type de comportement des institutions, le type de relation entre l'Etat et les particuliers, etc.

La « constitution réelle » a été définie par Lassale lors de sa célèbre conférence *Über Verfassungswesen* comme l'ensemble (en fait, le parallélogramme) des forces réelles en présence à un certain moment, à un certain endroit et dans une certaine situation constitutionnelle. Il a appelé la constitution écrite « feuille de papier » précisément parce que la constitution réelle se superpose en fait sur le plan de la réalité, de la concrétisation, à ce que cette feuille

[39] Pour la plupart des observateurs plutôt à droite de la scène politique, la version originale de la Constitution portugaise actuelle, qui date de 1976, manquait de force normative (qu'ils l'aient dit dans ces termes ou, plus souvent, dans d'autres termes), tandis que les observateurs plutôt à gauche considéraient qu'elle correspondait aux « aspirations du pays », comme l'affirme d'ailleurs son préambule.

(ou ces nombreuses feuilles) proclame(nt)[40].

3. *Constitution-bilan et Constitution-programme*

Si la dichotomie constitution-bilan / constitution-programme remonte au constitutionnalisme soviétique, elle s'est répandue par la suite. Aujourd'hui, on parle moins de ce problème mais il constitue toujours une importante sous-question du programmatisme constitutionnel.

Il est encore trop tôt pour parler de la « constitution programmatique » en général. Il suffit pour l'heure de signaler que la constitution peut être envisagée soit comme un bilan, soit comme un programme, bien que certaines constitutions jouent plus nettement l'un ou l'autre rôle.

Concevoir la constitution comme un bilan revient à la considérer comme le « dépositaire » de l'être de l'Etat, du moins à un moment et à un endroit donnés, c'est-à-dire comme une cristallisation de sa forme, considérée comme positive et dotée de force normative. La constitution-bilan serait celle qui reflète le mieux (le plus fidèlement) ce qu'est une société, ou un Etat, dans un certain *hic et nunc*. Il s'agit d'une position prudente mais conservatrice.

Par contre, la perspective de la constitution en tant que programme est plutôt tournée vers l’avenir que vers le passé, plutôt vers l'Etat à construire que vers l'Etat déjà construit, tout en conservant, naturellement, beaucoup de données tenues pour sûres, indiscutables (au fond, quelques mythes et quelques rituels constitutionnels d'une constitution-bilan), et tout en essayant de conserver un rapport direct avec les aspirations et la tradition du peuple ou des peuples auxquels elle se destine (une constitution programmatique qui n'agirait pas de la sorte deviendrait une parfaite utopie ou plutôt une chimère). Nous pouvons ainsi dire

---

[40] Cette idée de fugacité de la constitution formelle / instrumentale a été effleurée par Maria Belo dans « Notas sobre Constituição ou 'palavras leva-as o vento' », in *Vértice*, série II, Lisboa, octobre 1988. pp. 35-36.

qu'elle est animée par le « principe espérance » dont parle Ernst Bloch[41] ou par l'« utopisme », qui est un souffle de renouvellement avec les pieds bien sur terre[42].

Malgré les déclarations et les « autognoses », il ne nous semble pas qu'il y ait réellement des défenseurs stricts de l'une ou de l'autre des modalités de constitution, même si l'on nuance, comme nous l'avons fait, la notion de constitution-programme. Il arrivera toujours que le conservateur doive réformer et que le réformateur doive conserver. Seuls un dogmatisme rigidifiant ou une utopie hermétique et coupée de la réalité pourraient se figer complètement dans l'une ou l'autre position. Cependant, étant donné le caractère toujours plus ou moins innovateur des constitutions, leur empreinte souvent même révolutionnaire (bien que chaque constitution soit souvent l'institutionnalisation de la révolution immédiatement antérieure), il semble qu'une perspective nuancée et modérée de la constitution en tant que programme d'un Etat ou d'une communauté politique soit un modèle bien mieux adapté aux fonctions (même symboliques) qu'elle doit remplir.

A ce sujet, on invoque parfois les concepts de « constitution négative », « constitution garantie » (ou « constitution-cadre »), etc[43].

4. *Constitution-mythe et Constitution-utopie*

Dans le domaine symbolique de la constitution, le problème du mythe revêt une importance fondamentale. Son prolongement naturel est ce que l'on appelle le « mythe de la cité idéale » (selon Roger Muccielli[44]), c'est-à-dire l'utopie.

Le lien entre cette dimension et le droit - en particulier le droit

---

[41] Ernst Bloch, *Das Prinzip Hoffnung*, trad. fr., *Le principe espérance*, cité.

[42] V. notre *Constituição, Direito e Utopia. Do Jurídico-Constitucional nas Utopias Políticas*, Coimbra, 'Studia Iuridica', Boletim da Faculdade de Direito, Universidade de Coimbra/Coimbra Editora, 1996, surtout pp. 447-449.

[43] V., p. ex., José Afonso da Silva, *Curso de Direito Constitucional Positivo*, 20e éd., São Paulo, Malheiros, 2002, p. 8.

[44] Roger Mucchielli, *Le Mythe de la cité idéale*, Brionne, Gérard Monfort, 1960 (réimp. Paris, P.U.F., 1980).

constitutionnel - devient de plus en plus étroit à mesure que prennent de l'importance les approches culturelles et interdisciplinaires du droit constitutionnel, qui l'arrachent au positivisme exégétique[45].

Le mythe renvoie normalement à la légende, au passé, à la tradition. Par contre, l'utopie projette vers l'avenir (en fait l'uchronie) et implique toujours un certain « génie social ». Entre les deux, l'« utopisme » ou le « principe espérance » sont liés au renouvellement utopique sans oublier complètement les données antérieures, notamment celles que certains appellent « nature humaine » et « nature des choses » (*natura rerum*), termes qui ne font pas l'unanimité.

Le mythe, et le mythe politique en particulier, comme celui que l'on trouve dans le droit constitutionnel (en raison de la nature de celui-ci) a plusieurs modalités, cumulatives ou alternatives : il peut s'agir d'un récit des origines, d'un mythe primordial légitimant (tel que, *grosso modo*, les préambules de nombreuses constitutions) ; ou d'une idée-force mobilisatrice, d'un *leitmotiv* (comme les grands droits que l'on trouve dans les constitutions plutôt programmatiques et sociales) ; voire d'une illusion, d'un discours purement légitimant (comme c'est le cas de tout droit, quel qu'il soit, selon João Baptista Machado[46]).

Contrairement à ce que peuvent penser ceux qui n'apprécient guère l'interdisciplinarité et l'usage effectif en droit de paradigmes d'origine non juridique, la dimension mythique du constitutionnel est un simple instrument de

---

[45] Nous l'avons abordé pour la première fois en 1988, dans *Mito e Constitucionalismo. Perspectiva Conceitual e Histórica* (épuisé), puis en 1992, dans *Mythe et Constitutionnalisme au Portugal*, (4e volume sous presse). Dans le même sens, notre *Teoria da Constituição*, vol. I, 2002, et, sur le plan historiographique, surtout le début de *Raízes da República,* 2006, auxquels nous renvoyons pour de plus amples détails. Ce domaine a connu une évolution plus récente, notamment chez les Brésiliens Marcelo Neves, *A Constitucionalização Simbólica*, São Paulo, Acadêmica, 1994, et Fábio Nadal, *A Constituição como Mito. O Mito como Discurso Legitimador da Constituição*, Présentation de Dimitri Dimoulis, Préface d'André Ramos Tavares, São Paulo, Editôra Método, 2006. De son côté, Santi Romano parlait déjà de mythologie juridique: Santi Romano, *Frammenti di un Dizionario giuridico*, Milan, Giuffrè,1947. En général, dernièrement, Paolo Grossi, *Mitologie Giuridiche della Modernità*, Milão, Giuffrè, 2003.

[46] João Baptista Machado, *Introdução ao Direito e ao Discurso Legitimador*, réimp., Almedina, Coimbra, 1985.

travail analytique qui ne comporte aucun jugement de valeur (notamment négatif) sur la réalité en question. Appeler un aspect constitutionnel « mythe » ou « utopie », c'est simplement relever une de ses dimensions objectives, ce n'est pas calomnier ou dénigrer la dignité constitutionnelle. On pourrait même aller jusqu'à dire que c'est exactement le contraire, puisque les aspects mythiques sont généralement parmi les plus élevés de la culture.

Les analogies et les suggestions d'une analyse symbolique, mythique, utopique ainsi que rituelle du droit sont nombreuses. Au fond, le mythe est un « texte rituel », comme l'affirme l'anthropologue Katherine Spencer. Par exemple, l'idée de légitimation par le processus (*Legitimation durch Verfahren*), chère au sociologue du droit allemand Niklas Luhmann[47] et très répandue par les théories consensualistes de la légitimation du pouvoir et de ses actes, nous renvoie inévitablement à une « vérité formelle » formée à partir d'un processus formalisé, c'est-à-dire un rituel. Dans un autre registre, la théorie totémique du droit de l'argentin Raúl Gulliermo Chichello le montre clairement[48].

En résumé : une constitution-mythe polarise autour d'elle les souvenirs, les mémoires, et vise surtout à incarner symboliquement une certaine idée de constitution normalement historique et traditionnelle, voire traditionaliste. Mais la constitution peut aussi être imprégnée d'un mythe plus moderne. La modernité de ce mythe peut le situer dans l'avenir et le projeter dans un lieu indéfini, un au-delà aux caractéristiques très innovatrices, voire hors de tout temps et de tout lieu. Lorsque ces caractéristiques ne sont ni irréalisables ni chimériques, la constitution devient alors plutôt une utopie.

Par exemple : les actes des *Cortes* de Lamego (apocryphes, certes) ont fonctionné comme une constitution-mythe car ils renvoient à des règles de succession au trône du Portugal qui reflétaient le sentiment national en proscrivant

---

[47] Niklas Luhmann, *Legitimation durch Verfahren*, Neuwied / Berlin, Luchterhand, 1969.

[48] Raúl Guillermo Cichello, *Teoría Totémica del Derecho*, Buenos Aires, Circulo Argentino de Iusfilosofia Intensiva, 1986.

les rois étrangers, bien qu'elles n'aient jamais été approuvées. L'actuelle Constitution portugaise de 1976 a aussi été considérée comme une « utopie » et certains continuent à la considérer comme telle. Et pour eux, le mot « utopie » a une connotation négative, tout comme « idéologie » d'ailleurs. Pour d'autres, une bonne constitution ne serait ni utopique, ni idéologique, car ils ne connaissent pas Karl Manheim[49] : il s'agit seulement d'un préjugé selon lequel la constitution devrait être strictement « juridique ». Comme si cela était possible. Pour d'autres encore, toute constitution qui n'est ni bilan ni mythe traditionaliste est une « utopie ».

Cependant, plutôt que de considérer une constitution en bloc comme un mythe ou comme une utopie, il vaut mieux penser aux aspects mythiques ou utopiques (voire « utopistes ») de chaque constitution[50].

Indépendamment des avis sur les cas concrets – et surtout sur les cas très récents et donc polémiques – ces deux paradigmes constituent des points de repère importants. Et ils ne peuvent être dissociés de deux autres : la constitution historique, naturelle et traditionnelle (le mythe) et la constitution moderne, volontariste et codifiée (l'utopie ou l'utopisme).

---

[49] Karl Manheim, *Ideologie und Utopie*, Bonn, F. C. Cohen, 1929.

[50] Par exemple, à ce sujet, il suffit de se reporter au Préambule de la Constitution de 1976, comme nous l'avons vu, v. notre *Pensar o Direito*, Coimbra, Almedina, 1990, vol. I, p. 341 et suiv.

Chapitre 4. ***Géographie constitutionnelle***

1. *Comparatisme et cultures*

Outre la dimension sociologique (qui s'explique notamment par l'analyse de la *force normative de la constitution* et par celle de la *constitution réelle*), il faut aussi considérer la dimension « géographique », comparatiste ou culturelle. En effet, le plus important dans ce domaine est la question des familles et des différentes sensibilités de cultures constitutionnelles (et juridiques tout court).

Les diverses cultures juridiques et politiques développent des constitutions présentant des affinités. C'est ainsi que se forment des familles constitutionnelles de par le monde. Ces familles constituent l'objet d'étude de la discipline appelée classiquement « droit comparé » (dans ce cas le « droit constitutionnel comparé »). En effet, la désignation ne semble pas très correcte : on devrait plutôt dire « comparaison de droits » (« comparaison de droits constitutionnels » ou, mieux encore, « cultures constitutionnelles comparées », (ce qu'exprime bien *Rechtsvergleichung*), ou même « géographie constitutionnelle »[51]. Le plus important est la comparaison de cultures juridiques[52] et non la comparaison microscopique entre normes ou institutions, plus ou moins éloignées de leurs contextes. Nous parlons ici de géographie constitutionnelle.

Cette dimension est fondamentale aujourd'hui : il ne s'agit pas du tout d'une matière simplement « culturelle » (comme si la culture pouvait être *simple*) et encore moins « dilettante » : comme le souligne Peter Häberle, cette dimension juridique comparatiste est le cinquième élément d'interprétation, qu'il faut ajouter aux quatre éléments classiques, que Friedrich Carl von Savigny avait qualifiés, en

---

[51] V. notre *Geografia Constitucional*, Lisbonne, Quid Juris, 2009.

[52] V., p. ex., D. Nelken. (éd.), *Comparing Legal Cultures*, Aldershot, Dartmonth, 1997; H. N. Ehrmann, *Comparing Legal Cultures*, Englewood Cliffs, Prentice Hall, 1976.

1849, d'historique, de grammatical, de systématique et de téléologique[53].

Cette contribution internationaliste n'est pas seulement une ancienne aspiration des Lumières (on parlait alors des « droits des nations polies ou policées »). Elle est accueillie par la jurisprudence des cours européennes et par les textes de l'Union européenne, qui reconnaissent les apports des « collaborations constitutionnelles » des Etats membres. On peut naturellement constater un certain acquis commun, mais aussi des apports différents (confluents mais divers). Si nous admettons l'importance de cet ensemble, nous pouvons former un diadème magnifique, composer à notre guise un bouquet de constitutionnalité plurielle.

En somme : les disciplines universitaires de droit constitutionnel doivent cultiver le savoir homonyme, en tant que science la plus importante parmi les sciences juridiques matérielles ou les branches du droit, puisque la constitution (son objet d'étude) occupe le sommet de la hiérarchie des normes juridiques. De toutes les normes.

Nous adoptons l'idée de Holmes selon laquelle la vie du droit découle plutôt de l'expérience que de la logique. Même les préjugés des juges et de leurs concitoyens sont plus importants que le syllogisme judiciaire[54]. Le droit constitutionnel, lui aussi, vit essentiellement de la pratique, surtout de la pratique politique.

2. *Familles de droit et familles constitutionnelles*[55]

Il est normal que des peuples différents et des cultures différentes produisent des droits et des ordres juridiques aux colorations diverses. Tout

---

[53] Cf., p.ex., Friedrich Karl von Savigny, *System des heutigen Roemischen Rechts*, Berlim, 1840; *Idem*, *La Vocazione del nostro Secolo per la Legislazione e la Giurisprudenza*, trad. it., Bolonha, Forni, 1968. Dans le même sens, en faveur du comparatisme constitutionnel, p. ex., Alan Brudner, *Constitutional Goods*, nouv. éd., New York, Oxford University Press, 2007, p. VIII et suiv.

[54] Oliver Wendell Holmes, *The Common Law*, Cambridge, Mass., The Belknap Press of Harvard University Press, 1963 (1.e éd. 1881), p. 5.

[55] V. notre « Ciência Jurídica, Geografia Jurídica, Comparação de Direitos, Direito e Comparação », in *Princípios de Direito*, Porto, Rés, 1993, pp. 183-210.

comme les cultures en général, ces différents climats juridiques peuvent aussi être classés en catégories, en zones de couleurs différentes sur la carte du monde. En zones culturelles juridiques ...

La théorie générale du comparatisme est en phase de révision. Elle en a grand besoin, surtout depuis que les régimes fascistes et autoritaires ont disparu peu à peu, depuis la fin de la seconde guerre mondiale, depuis que les fondamentalismes agitent les zones de « droits religieux » relativement calmes auparavant et depuis que, deux cents ans après la Révolution française, le bloc soviétique s'est écroulé, avec la chute symbolique du mur de Berlin le 9 novembre 1989, événement précédé et suivi de nombreux autres qui semblaient encore impossibles peu d'années auparavant. La chute du bloc soviétique, par le démantèlement du C.A.E.M. (Conseil d'assistance économique mutuelle – COMECON) et le démembrement de l'URSS, ainsi que l'attrait que le modèle démocratique occidental a exercé sur beaucoup de pays de l'ancien bloc de l'Est ont provoqué des changements dans l'ancienne famille, autrefois stable, des droits soviétiques s'inspirant des principes marxistes-léninistes-stalinistes.

Malgré la révision en cours, qui modère la théorie, la perspective tripartite ou quadripartite des droits dans le monde, avec leurs subdivisions, reste généralement valable.

D'un côté, nous avons le droit occidental avec ses présupposés généraux de liberté qui trouvent précisément leurs racines dans un phénomène constitutionnel : les grandes révolutions libérales. Bien que cela soit rarement souligné, on remarque que la constitution des groupes au niveau *macro* du comparatisme juridique *stricto sensu* repose, en fin de compte, sur des affinités constitutionnelles.

Sur le plan méthodologique, cette unité substantielle du droit occidental cède la place à une bipartition (ou à une tripartition, si l'on considère les cas mixtes), où l'on distingue, d'un côté, la famille ou le système romain ou romano-germanique, issu du droit européen continental, et, de l'autre, la famille de la *Common Law*, qui est née au Royaume-Uni et qui s'est répandue dans les divers pays anglophones. Au niveau de la structure et de la mentalité juridique, il existe de nombreuses divergences entre ces deux groupes : au niveau des institutions juridiques, des techniques et des méthodes, de la hiérarchie et de l'usage des sources du droit, de l'enseignement du droit, etc. Le système anglo-saxon se fonde surtout sur des affaires judiciaires (*cases*) qui constituent un précédent, en principe obligatoire, et il ignore la codification, sauf dans certains cas que l'on peut déjà considérer comme mixtes. Le système continental, quant à lui, repose sur la loi, il est organisé théoriquement par la doctrine et exalte la codification. Quoi qu'il en soit, l'esprit qui en résulte est pratiquement le même. Et l'expérience de l'Union européenne et de ses tribunaux tend à rapprocher les deux mondes au niveau méthodologique.

D'autre part, le droit soviétique[56] (nom que nous pouvons évidemment continuer à employer pour désigner son *quid*, même après la disparition de l'URSS) repose sur la perspective du matérialisme historique et dialectique et devrait donc, d'un point de vue purement théorique, tendre vers la suppression de l'Etat (ou sa caducité, tel un fruit mûr) et l'extinction des juristes, malgré ses concrétisations pratiques plus ou moins positivistes légalistes qui font aussi appel à l'idéologie comme concept juridique indéterminé. Si la disparition de l'Etat ne doit ni nous bouleverser ni nous scandaliser, car comme l'affirme Miguel Ayuso (dans une appartenance politique totalement opposée) « Au sens strict, l'Etat n'a pas toujours existé et il est possible qu'il cesse d'exister un jour »[57], nous savons toutefois que l'absence de juristes est typique de l'autoritarisme voire du totalitarisme. Il ne peut y avoir de justice sans juristes. C'est une règle d'or. Et nous pouvons constater à tous les niveaux de l'administration publique, que là où il n'y a

---

[56] V. notre *Geografia Constitucional*, p. 189 et suiv.

[57] Miguel Ayuso, *Ocaso o Eclipse del Estado? Las transformaciones del derecho público en la era de la globalización*, Madrid / Barcelona, Marcial Pons, 2005 p. 36. N/ trad.

pas de juristes, il n'y a normalement pas de « respirabilité ». Nous parlons de juristes dignes de ce nom, de ceux qui prennent au sérieux leur lutte contre l'arbitraire.

Nous avons, enfin, les droits religieux que l'on distingue parfois des droits qui font l'objet d'études « anthropologiques » : les droits des sociétés proto-historiques, etc. Ces deux types, malgré leurs nombreuses différences quant à la forme et au contenu de leurs droits respectifs, sont des exemples de normative syncrétique où il n'y a pas, à proprement parler, de véritable droit aux contours épistémiques autonomes. Une œuvre classique française sur le droit musulman est très éloquente dès les premières lignes: « Le droit musulman n'existe pas »[58]. Et il n'existe pas en tant que droit, autonome, mais bien en tant que syncrétisme de religion, de morale, de coutumes et de juridicité...

3. *Carte des cultures constitutionnelles*

Le critère de la culture constitutionnelle servira de fil conducteur. En prenant un peu de distance, nous pouvons dire que les différences entre les constitutions d'Europe continentale et celles du monde anglo-saxon (comportant la version britannique non codifiée ainsi que la version codifiée bien que synthétique des Etats-Unis) ne sont généralement pas très significatives. Dans la pratique, le modèle est le même : celui d'un Etat constitutionnel. Car, aussi bien dans le cas américain (précisément avec la jurisprudence constitutionnelle) que dans le cas britannique (*a fortiori*, en raison de son caractère historique et organique), la constitution est en perpétuelle construction, ce qui la rapproche naturellement du modèle général de notre époque.

Au contraire, les constitutions du modèle soviétique qui subsistent et sont essentiellement proclamatoires attestent la différence, en dépit de quelques ouvertures inévitables.

---

[58] Georges-Henri Bousquet, *Le droit musulman*, Paris, Armand Colin, 1963.

Nous pourrions rassembler dans un troisième groupe résiduel les constitutions, codifiées ou non, des sociétés et des communautés qui n'ont pas vraiment atteint l'*Isolierung*, l'autonomisation de la chose juridique. Si ce n'était apparemment un contresens, on pourrait dire qu'il s'agit des constitutions des sociétés sans droit *proprio sensu*, qui vont de celles des sociétés musulmanes les plus développées à celles des communautés sans écriture.

Comme nous finissons toujours par nous soucier davantage de ce qui se passe chez nos voisins les plus directs, la majorité de nos chercheurs se concentrent généralement sur l'étude du premier ou du premier et du deuxième groupes. C'est pourquoi l'on comprendra aisément que notre attention se porte surtout sur des branches de la grande famille occidentale.

Si nous divisons l'aggloméré constitutionnel culturel général du système occidental, notamment pour des raisons de tradition historique, en deux catégories – anglo-saxonne et romaine – nous pouvons considérer qu'il existe quatre groupes principaux qui correspondent aux évolutions résultant des trois révolutions constitutionnelles libérales classiques et de la révolution soviétique. Cela nous donne surtout des constitutions fixées ou influencées par le constitutionnalisme anglais, nord-américain, français et russo-soviétique. Trois systèmes sont exclus, car leur évolution historique diffère de celle des autres (même s'il existe des points d'intersection, notamment avec le constitutionnalisme français) : le système suisse, le système allemand et le système autrichien.

Cette division est culturelle et ce serait une erreur de parler de famille germanique de droits constitutionnels. Par exemple, la culture juridico-constitutionnelle suisse (même sans parler du multilinguisme), avec sa tradition de démocratie semi-directe référendaire, est très différente de l'allemande ou de l'autrichienne. Et il s'agit vraiment uniquement de culture juridique. En effet, sur le plan des références classiques ou littéraires, par exemple, la haute culture britannique ne se distingue pas beaucoup de la haute culture des EUA. Cependant, elles ont évolué de façon différente au niveau de la culture constitutionnelle.

Nous pouvons aussi réfléchir sur l'existence d'une certaine originalité du constitutionnalisme portugais ou d'une certaine identité du constitutionnalisme lusophone en nous fondant sur une affinité de culture constitutionnelle. Même si nous n'arrivons à aucune conclusion d'originalité, il serait en tout cas fondamental d'entreprendre cette étude comparée. Quoi qu'il en soit, il est évident que certains traits constitutionnels subsistent de cette communauté de culture et d'affects qui, malgré toutes les vicissitudes coloniales et post-coloniales, se forge depuis plus de cinq siècles avec le Brésil, les pays africains de langue officielle portugaise (PALOP), Timor Lorosae et d'autres enclaves ou mémoires de lusophonie et de culture lusitanienne à travers le monde[59]. Il est aussi très important d'étudier ce vecteur d'influences constitutionnelles à partir de ses fondements historiques. Par exemple, l'hypothèse de l'expansion de la culture des libertés historiques portugaises n'a pas encore été vérifiée complètement à partir de données sur plusieurs pays et plusieurs époques. Et la question de savoir si les Portugais et les Espagnols ont fondé un système de protection des personnes bien avant la *Magna Carta* est pourtant fondamentale[60]. Il semblerait que oui, mais cela reste à confirmer même si les droits constitutionnels des pays lusophones jouissent déjà de droits de cité dans les manuels et les grands livres d'étude. Il faut donc chercher sur le terrain les racines de cette communauté constitutionnelle qui existe déjà *in fieri*.

---

[59] V. *Res Publica. Ensaios constitucionais*, Coimbra, Almedina,1998, p. 157 et suiv.; *Lusofilias. Identidade portuguesa e relações internacionais*, Porto, Caixotim, 2005.

[60] Cf. notre *Pensamento Jurídico Luso-Brasileiro*, Lisbonne, Imprensa Nacional-Casa da Moeda, 2006, p. 49 et suiv.

[illegible] de façon différente au niveau de la culture constitutionnelle.

[illegible]

Chapitre 5. ***Droit constitutionnel : sens normatif et sens épistémique***

La constitution au sens large (y compris les éléments de la « constitution réelle ») constitue l'objet du droit constitutionnel. Mais le terme « droit constitutionnel » recouvre encore deux autres concepts.

D'une part, le droit constitutionnel est la réalité normative multimodale que nous commençons à discerner. Il s'agit d'une réalité comprenant non seulement les sources du droit en général, mais aussi ses propres sources, à commencer par le texte des constitutions lui-même (codes de droit politique ou constitutionnel) ainsi que les textes de la « constitution réelle » (même si ceux-ci peuvent également appartenir à d'autres domaines).

D'autre part, le droit constitutionnel est également la science (l'art, la technique, etc. – en un mot, la discipline: l'*épistémè*) du droit constitutionnel.

Etant donné que l'emploi du terme « science » appliqué au droit est discutable (car les juristes ne sont ni des scientifiques de sciences « dures », les « blouses blanches », ni même des scientifiques sociaux typiques[61]), la conception

[61] Certains juristes ont théoriquement réfuté la scientificité du droit, notamment l'auteur classique Julius von Kirchmann, *Die Wertlosigkeit der Jurisprudenz als Wissenschaft. Vortrag vor der juristischen Gesellschaft*, Berlin, 1848 (nouv. éd. org. par Anton Shefer, 1999). Plus récemment, Federico Casa a abordé le même problème dans *Sulla Giurisprudenza come Scienza*, Pádua, Facultà di Giurisprudenza dell'Università di Pádua, 2005. A propos de la place du droit dans le champ des connaissances, cf. Francisco Elias de Tejada, *Tratado de Filosofía del Derecho*, vol. I, Sevilla, Universidad de Sevilla, 1974; Mikel Dufrenne / Viktor Knapp, *Corrientes de la investigación en las ciencias sociales, 3. Arte y Estética. Derecho*, trad. cast., Madrid, Tecnos / Unesco, 1982. Voir aussi notre *Filosofia do Direito*, p. 335 et suiv., p. 516 et suiv. Notons enfin que l'ensemble des droits des EUA présente, dans ses mythes fondateurs, une question de scientificité, notamment à partir des réflexions du « père fondateur » de la jurisprudence nord-américaine, l'emblématique Oliver Wendell Holmes que nous avons déjà cité. En effet, l'un de ses textes les plus célèbres n'est autre qu'une réflexion sur ce sujet: cf. Oliver W. Holmes, « Law in Science and Science in Law », *Harvard Law Review*, vol. XII, 1899 (*in* Richard Posner (éd.), *The Essential Holmes*, p. 185 et suiv.). Dans la même ligne, Roscoe Pound critique la « jurisprudence mécanique » (terme utilisé par Holmes pour désigner un positivisme légaliste bureaucratique, lent et rampant) en raison de son scientisme auto-proclamé ou de sa prétendue scientificité dans "Mechanical Jurisprudence", *Columbia Law Review*, vol. VIII, 1908, p. 608.

de la science selon le polygraphe et naturaliste allemand Wilhelm von Humboldt convient toutefois parfaitement au droit et, *a fortiori*, au droit constitutionnel. En effet, selon cet auteur, la science serait la « recherche éternelle de la vérité ».

Cette expression ressemble étrangement à l'expression par laquelle on tente de percer le mystère de la Justice – *constans et perpetua voluntas*. La Justice est ainsi une entreprise inachevée, en perpétuel renouvellement, une tâche digne de Sisyphe. C'est peut-être pour cela que cette expression est profondément ancrée dans la doctrine du Tribunal constitutionnel fédéral allemand, par exemple.

La réalité normative et politique (et de normalisation politique) est une chose. La réalité épistémique, « scientifique » *lato sensu*, en est une autre. Dans la pratique du droit, il faut aussi souligner le concours dialectique d'éléments de philosophie et même de sagesse (*sapientia*), de science (*episteme*), de technique (*ars*) et même, dans certains cas, de l'art lui-même. Le droit en général, et le droit constitutionnel en particulier, est un carrefour interdisciplinaire, même dans sa propre vie.

Chapitre 6. *Fonction du droit constitutionnel dans le contexte des droits*

Sur le plan de la substance et conformément à l'ordre juridique, le droit constitutionnel (en fait, la constitution elle-même agissant à travers le droit constitutionnel) remplit une fonction particulière au sein de la fonction générale du droit.

Le droit, c'est-à-dire le moyen d'accéder à la justice, de la concrétiser ou de s'approcher de l'objet éternellement fuyant qu'est la Justice (c'est pourquoi la Justice est considérée dans le Digeste comme une « constante et perpétuelle volonté » : elle n'est pas définie comme un objectif que l'on puisse atteindre parfaitement et une fois pour toutes), procède par la juste attribution de son dû à chacun. Le même brocard dit que cette « constante et perpétuelle volonté » consiste ou vise en effet à « donner à chacun ce qui lui est dû ». Or, ce *suum cuique tribuendi* concerne des attributions différentes selon les branches du droit. Plusieurs branches se sont spécialisées dans l'attribution de choses plus ou moins matérielles, de biens ou d'activités humaines à valeur commerciale (comme le droit des choses ou les droits réels et le droit commercial). Le type d'attributions du droit pénal est plus subtil. Si, comme le disait par exemple Hegel, le criminel a droit à sa peine (la peine est ainsi quelque chose qui est dû au criminel[62]), alors le *suum cuique* de cette branche du droit consiste surtout en une distribution de peines ou d'acquittements, selon que la personne en cause mérite d'être condamnée ou acquittée.

Mais quel est donc le type particulier de distribution du droit constitutionnel et qu'est-ce qu'il distribue?

Etant donné les domaines qu'il couvre, il semble bien que le droit

---

[62] Georg Wilhelm Friedrich Hegel, *Grundlinien der Philosophie des Rechts*, § 100.

constitutionnel distribue surtout deux types de choses : des pouvoirs et des honneurs. En effet, le droit constitutionnel règle l'attribution des pouvoirs (des fractions ou parcelles de pouvoir) aux différents titulaires d'organes. Il règle aussi l'attribution des honneurs, à caractère plutôt symbolique, mais imprégnés de toute la réalité des symboles. Et ces honneurs ne correspondent pas seulement aux décorations et autres objets du droit honorifique (une sous-branche du droit constitutionnel), ni aux lois des préséances (hiérarchiques ou chronologiques, etc.) du protocole de l'Etat qui s'appliquent à divers niveaux de l'Etat et de l'administration publique. Il y a même certains organes, certains pouvoirs et certaines fonctions qui impliquent aussi des honneurs intrinsèques. La limite entre l'honneur et le privilège s'estompe actuellement dans la *vox populi* parce qu'on oublie fréquemment l'honneur : certains avantages sont incontestablement des privilèges (des « lois privées », selon une étymologie erronée mais éloquente); mais certaines prérogatives inhérentes au *status* ne peuvent pas être considérées comme telles. Autrefois, la pompe et circonstance dominait et l'ostentation passait pour une caractéristique naturelle de la magnificence de l'Etat. Aujourd'hui, après tant d'abus, l'opinion publique tend à réclamer un dépouillement spartiate. Nous pensons que c'est un très bon principe, qui se situe d'ailleurs dans la logique d'une éthique républicaine, civique ou constitutionnelle. Mais il faut aussi comprendre, peut-être avec un peu d'imagination, que tous les honneurs ne coûtent pas cher à l'Etat et que certains sont même bon marché et purement symboliques comme l'étaient les couronnes de laurier dans l'Antiquité.

Les droits (à commencer par les droits fondamentaux et les droits de l'homme, ceux-ci du moins dans une certaine mesure) sont aussi des entités dont s'occupe le droit constitutionnel. C'est pourquoi l'on pourrait être tenté de dire qu'ils sont aussi distribués par le droit constitutionnel. Cette idée est toutefois quelque peu rebutante lorsque l'on partage la conception du caractère originel des droits. S'ils trouvaient leur genèse dans le pouvoir, ils pourraient évidemment être octroyés et le droit constitutionnel deviendrait leur distributeur sans aucune difficulté. Nous pensons néanmoins que les droits (surtout les plus fondamentaux – notamment les droits de l'homme et les droits naturels) sont inhérents à la dignité de l'Homme et que, même si l'on ne dit pas explicitement qu'ils font partie intégrante de sa nature essentielle, ils ne sont nullement un don du pouvoir ni le simple fruit de revendications. C'est pourquoi nous estimons avoir le droit de limiter la distribution du droit constitutionnel aux pouvoirs et aux honneurs les plus « éphémères » et de considérer que la nature elle-même se charge de distribuer – de façon équitable – les pouvoirs et les honneurs les plus fondamentaux. Ajoutons encore que le droit constitutionnel traite et arbitre des questions de droits fondamentaux de façon plus ou moins « déléguée » (*improprio sensu*).

D'autres fonctions s'ajoutent à cette fonction « primaire » du droit constitutionnel qui se confond avec son *quid specificum*.

Le droit constitutionnel remplit notamment une *fonction symbolique* cruciale, car il peut attribuer ou renforcer le sens, l'identité et l'unité concomitante d'une communauté politique donnée. Cette fonction se divise elle-même en deux sous-fonctions : d'une part, la *fonction pédagogique*, notamment dans le cas des constitutions qui prennent au sérieux l'éducation démocratique, l'éducation aux droits de l'homme et apparentés (comme la Constitution du Pérou de 1979 et celle du Guatemala de 1985) ; d'autre part, la *fonction d'intégration* (s'inspirant du principe d'intégration de Rudolf Smend, d'ailleurs à l'origine de la polémique avec Kelsen[63]), qui est évidemment associée à la première et qui favorise la paix sociale et les consensus nationaux, parfois au détriment de la clarté et par le recours à la polysémie ou au compromis. Mais telle est la fonction du droit constitutionnel :

---

[63] Hans Kelsen, *Der Staat als Integration. Eine prinzipielle Auseinendersetzung*, Vienne, Julius Springer, 1930.

favoriser les consensus[64] et non les clivages. Cependant, le consensus ne peut pas signifier l'anéantissement de la constitution. La recherche de ces consensus a des limites…

[64] Cf. Hans Vorlaender, *Integration durch Verfassung*, VS Verlag fuer Sozialwissenschaften, 2002; Idem, *Verfassung und Konsens*, Duncker & Humblot, 1981.

Chapitre 7. *Etapes de l'évolution épistémique du droit constitutionnel*

1. *Pourquoi le droit constitutionnel n'a-t-il pas toujours existé, alors qu'il y a toujours eu une constitution ? Constitutionnalisme et droit naturel*

Une archéologie des signifiants et signifiés nous mènerait trop loin. Que le *quid* « constitution » ait toujours existé, cela se comprend étant donné la théorisation du concept historico-universel de « constitution », concept que nous devons toutefois nuancer par la distinction entre constitutions anciennes et modernes. Mais, pour exister, la « chose » n'a pas besoin du « nom » que nous lui donnons aujourd'hui. Il ne semble pas non plus qu'elle ait toujours dû être perçue comme nous pouvons la concevoir aujourd'hui.

En effet, le mot qui désigne aujourd'hui le *quid* « constitution » a mené une vie dont la description relève de la linguistique historique, aussi appelée linguistique comparée voire grammaire comparée. En fait, le mot « constitution » naît dans les langues latines à partir du vocable latin *constitutio*, qui acquiert chez Cicéron une confluence sémantique avec d'autres signifiants tendant vers le même signifié. C'est le cas de *res publica* et *status*[65] qui correspondent au grec *politeia* et que l'on traduit généralement par « république ». Aujourd'hui encore, certains considèrent que le mot « république » peut être utilisé dans le sens plus ou moins aseptisé de « forme politique » tout court. L'article de l'Encyclopédie de Diderot et D'Alembert qui lui est consacré semble s'orienter dans ce sens, du moins au début[66]. Cependant, la république a un sens fort, qui reprend ses droits de cité de nos jours, surtout en connexion avec l'éthique.

L'expression « constitution » apparaît très tôt pour désigner plusieurs

[65] V. notre *Teoria da Constituição*, vol. I, p. 249 et suiv., surtout p. 267 et suiv.

[66] Chevalier De Jaucourt, « République », *Encyclopédie* de Diderot et D'Alembert.

choses, notamment les constitutions médiévales ecclésiastiques. Elle conservera ce sens jusqu'au constitutionnalisme moderne. Le droit constitutionnel devra lui aussi attendre cette époque révolutionnaire pour obtenir sa forme épistémologique, comme nous le verrons bientôt. La clef du problème réside dans la question du droit naturel – une des questions les plus importantes dans le contexte des fondements mêmes du droit. Il est normalement impossible de trouver cette clef, car, en dehors des champs d'étude de la philosophie du droit (et même ici, pas partout), c'est un paradigme (nous allons désormais le concevoir ainsi) sur lequel la menace d'oubli ou de remplacement pèse de plus en plus lourd[67]. Il ne s'agit pas ici de tenter une synthèse de ce qu'est le droit naturel et de ce que sont les naturalismes juridiques, des théories qui le défendent et l'explicitent et de celles de leur opposant le plus farouche, le positivisme juridique (vu que le droit positif tout court ne s'oppose pas au droit naturel : celui-ci ne peut pas vivre sans celui-là)[68]. Seules les théories s'affrontent dans ce domaine : les naturalismes juridiques et les positivismes juridiques.

Quoi qu'il en soit, rappelons simplement que les juristes jusnaturalistes considèrent qu'il existe une instance supra-positive (qui critique, évalue, etc.) entretenant des relations plus intimes avec la justice que le simple droit positif, établi par l'homme, par les coutumes ou par les sources volontaires du droit. En

---

[67] Dès le XVIIIème siècle, Gustavo Hugo recommandait à ses collègues de ne pas s'inquiéter du problème. Plus récemment, comme l'affirme Hoeffe avec quelque exagération : « l'expression droit naturel a été tellement discréditée qu'elle n'est plus utilisée et on préfère 'Théorie de la justice' pour désigner la réhabilitation du droit naturel moderne (...) » – Otfried Hoeffe, *Politische Gerechtigkeit. Grundlegung einer kritischen Philosophie von Recht und Staat*, Frankfurt am Main, Suhrkamp, 1987, 3e éd. 2002, trad. port. de Ernildo Stein, 2e éd., São Paulo, Martins Fontes, 2001, p. 71 et suiv., surtout p. 74 (où figure le texte que nous venons de citer). V. notre *Síntese de Filosofia do Direito*, p. 193 et suiv.

[68] Cf., p. ex., outre les auteurs cités *infra*, Francis Hamon / Michel Troper / Georges Burdeau, *Droit constitutionnel*, 27e éd., Paris, LGDJ, 2001, trad. port. de Carlos Souza, *Direito Constitucional*, Barueri, São Paulo, 2005, p. 17 et suiv.; Écio Oto Ramos Duarte / Susanna Pozzolo, *Neoconstitucionalismo e Positivismo Jurídico. As Faces da Teoria do Direito em Tempos de Interpretação Moral da Constituição*, São Paulo, Landy Editora, 2006, *passim*, surtout p. 52 et suiv.

revanche, les juristes juspositivistes rejettent l'existence de cette instance et considèrent que le droit est uniquement celui qui est créé par l'homme et par les sources qu'il crée, d'une façon ou d'une autre.

Les doctrines du droit naturel (ou jusnaturalismes) ont précédé le constitutionnalisme et il est encore difficile de les concilier aujourd'hui. En effet, on a parfois l'impression que les niveaux se dédoublent lorsque l'on considère les deux aspects dans leur intégralité. Par exemple, quelle relation peut-il bien y avoir entre les valeurs constitutionnelles et le droit naturel ?

Cette impression de malaise et de désordre s'explique par l'hypothèse – partagée par des auteurs adoptant des perspectives différentes[69] – selon laquelle le droit constitutionnel aurait été créé dans le but de remplacer le droit naturel, car on considérait que celui-ci présentait des failles et était menacé. Ce n'était à notre avis qu'un prétexte légitimant, rhétorique ou promotionnel, mais il concernait le droit naturel dans son ensemble, que ce soit dans sa version classique, moderne voire jusrationaliste (si cette distinction a réellement un sens). D'autre part, certains auteurs vont même jusqu'à prétendre que le droit constitutionnel est intrinsèquement positiviste et que la discussion de ses valeurs, de ses principes et des autres entités qu'il couvre le confirmerait[70].

Cela ne signifie pas que l'on ne puisse être ou avoir été à la fois constitutionnaliste et jusnaturaliste. Ce qu'il faut, c'est avoir une idée claire et précise sur la question et comprendre exactement ce que signifie être l'un et être l'autre.

Tout comme on affirme que les droits de l'homme sont l'expression actualisée du droit naturel, nous pouvons penser que le droit constitutionnel est

[69] Par exemple, C. J. Friedrich et Jürgen Habermas. Cf. La synthèse de Pietro Giuseppe Grasso, *El Problema del Constitucionalismo después del Estado Moderno*, Madrid / Barcelona, Marcial Pons, 2005, p. 23 et suiv.
[70] Cfr. *Ibidem*, pp. 28-39. Luís Prieto Sanchís, *Constitucionalismo y Positivismo*, México, Fontamara, 1997.

aujourd'hui (du moins dans plusieurs de ses aspects) une des branches positivisantes du droit naturel, une nouvelle frontière ou une nouvelle barricade du grand droit juste – qui doit évidemment être la préoccupation de toutes les branches du droit, mais qui a parfois besoin de respirer, de prendre ses distances, de se libérer des querelles entre écoles et entre auteurs, des technicismes en tous genres où la doctrine et la bureaucratie s'imbriquent et oublient l'Homme et la Justice. Le droit constitutionnel semble remplir cette fonction de *ultima ratio*, surtout dans sa dimension valorative, principielle et générale et grâce aux droits fondamentaux et aux grandes garanties. La question est fascinante. Elle exige des constitutionnalistes qu'ils soient aussi des philosophes du droit, et vice-versa.

2. *Quelques étapes-clefs du droit constitutionnel*

Le droit constitutionnel a été précédé d'une *préhistoire* juridique qui lui a préparé le terrain, certes d'une manière très imparfaite, c'est pourquoi on en parle peu. Small a affirmé que le caméralisme « est un chapitre perdu dans l'histoire des sciences sociales ». Il l'est un peu aussi dans l'histoire constitutionnelle : les juristes caméralistes sont les prédécesseurs des juristes constitutionnalistes. Le caméralisme est à la fois une pratique et une science de l'administration publique. Ce terme est apparu en Allemagne, où il possède d'innombrables connotations dans le domaine des sciences de l'Etat et dans les domaines apparentés. Selon Johann Heinrich Gottlob Von Justi, un classique de la constitution, le caméralisme est un art du gouvernement (politique), une économie, une science de la police et une science commerciale. Le droit constitutionnel a évidemment dû restreindre son champ d'étude. Malgré les intersections évidentes entre les deux matières, il est indéniable que le passage du caméralisme au constitutionnalisme constitue un pas de géant qualitatif.

De plus, l'institution scolaire du caméralisme lui a conféré un caractère moins juridique et plus administratif. Mais les chaires caméralistes ont immédiatement précédé les constitutionnalistes. En 1727, les universités de Halle et de Francfort sur Oder instaurent l'enseignement caméraliste. Trois ans plus tard, c'est le tour de Rilten et, en 1746, cet enseignement est inauguré à Iéna et à Leipzig, ainsi qu'en Autriche, à l'Académie thérésienne, et en Suède, à Uppsala.

L'autonomisation du droit constitutionnel trouve naturellement ses origines dans la Révolution française. En 1791, la Constituante française décide que les Facultés de Droit vont devoir enseigner la constitution. D'autre part, un décret de l'an XII stipule que deux disciplines annuelles de droit constitutionnel vont être instaurées. Toutefois, ces deux décisions restent lettres mortes jusqu'en 1834, lorsque la Faculté de Droit de Paris (aujourd'hui l'Université Paris II, Panthéon-Assas) fait venir Pellegrino Rossi de Bologne, où il était très renommé. En 1835, le mot « constitutionnel » fait son entrée dans le dictionnaire de l'*Académie française*.

L'Italie est donc le berceau de la concrétisation pratique de l'autonomisation épistémique du droit constitutionnel (et elle sera aussi celui de la philosophie du droit). Suite à l'invasion française, le droit constitutionnel est déjà enseigné en 1797 par Giuseppe Compagnione Di Luzo, à Ferrara, au Nord de l'Italie. Cet enseignement se diffusera ensuite dans tout le pays. D'autres universités pionnières sont notamment celles de Pavie et de Bologne.

La Constitution de Cadix de 1812 a déclenché la même année en Espagne la création de disciplines de droit constitutionnel, telles que la Chaire d'Etudes royales de Saint Isidore à Madrid et d'autres intitulées « Constitution ».

En 1818, en France, Benjamin Constant a déjà publié son vaste *Cours de Politique constitutionnelle*[71]. La première leçon de droit constitutionnel a été donnée au Brésil par le conseiller d'origine portugaise (et commandeur de l'ordre du Christ) Avelar Brotero, semble-t-il au débout de l'année 1829. Il avait été

---

[71] Benjamin Constant, *Cours de Politique constitutionnelle ou Collection complète des Ouvrages publiés sur le gouvernement représentatif et la Constitution actuelle de la France*, 2e éd. (1ère éd., 1818), Paris, Librairie de Guillaumin et Cie, 1872, plusieurs volumes.

nommé pour une discipline hybride constitutionnelle, internationaliste et philosophique par l'Empereur D. Pedro I, le 12 octobre de 1827[72]. Au moins à partir de 1836, le portugais Silvestre Pinheiro Ferreira publie de nombreuses études (dont certaines en France et en français) sur des matières constitutionnelles et de droit public en général. Et Faustino da Madre de Deus discute le constitutionnalisme sur un ton pamphlétaire et réactionnaire au moins depuis 1823.

Du reste, le va et vient épistémique est complexe. A titre d'illustration : en France, en 1852, le droit constitutionnel est réuni au droit administratif pour former le droit public. En 1878, ils sont à nouveau séparés.

Si nous pensons aux « géants de Weimar », ces grandes figures de la science juridique constitutionnelle allemande, dont Rudolf Smend et Hermann Heller (auxquels nous pouvons également ajouter Hans Kelsen de Vienne et Konrad Hesse, le plus jeune), nous ne pouvons pas nous empêcher de méditer sur la faiblesse de la raison face à la raison de la force, dans l'Histoire et dans la vie. Les géants de Weimar n'ont pas arrêté le « petit homme de Vienne ». D'ailleurs, Carl Schmitt, l'un d'entre eux, finira par applaudir le Führer, notamment dans *Der Führer schützt das Recht*, article bien connu, rédigé en 1934, où il défend les exécutions arbitraires et sommaires des membres des SA ordonnées par Hitler la fameuse Nuit des Longs Couteaux. Schmitt finit par devenir un libéral à l'envers[73].

Il ne faut toutefois pas confondre l'adhésion politique de Schmitt dans les années 1930 avec ses œuvres antérieures, dont certaines sont d'une lucidité impressionnante, ni avec son talent, reconnu notamment par certains juristes

---

[72] José Afonso da Silva, *Introduction* à *A Filosofia do Direito Constitucional*, de Conselheiro José Maria de Avellar Brotero, São Paulo, Malheiros, 2007, p. 9 et suiv.

[73] Cf., dans la même ligne, Jean-François Kervégan, *Hegel, Carl Schmitt – Le politique entre spéculation et positivité*, Paris, P.U.F., 1992, trad. port. de Carolina Huang, *Hegel, Carl Schmitt. O Político entre a Especulação e a Positividade*, Buaeri, São Paulo, Manole, 2006, p. 96 et suiv. Voir aussi John P. McCormick, *Carl Schmitt's Critique of Liberalism, Against Politics as Technology*, Cambridge, Cambridge University Press, 1997. Sur Schmitt, v. aussi Bjarne Melkevik, « L'abîme et 'l'exception': Schmitt, Agamben et le Schmittisme », in *Mirandum*, année XIII, n.° 20, 2009, p. 5 et suiv.

français qui le surnomment la « bête d'intelligence », bien qu'ils soient animés de sentiments certainement doubles ou ambigus envers le personnage.

De peur de nous enliser dans des idéalismes propres aux intellectuels séduits par leurs Galatées théoriques, il convient d'être conscients du fait que c'est très bien d'avoir la raison de notre côté, mais il ne faut pas oublier que les instruments de la raison ne peuvent pas être réduits à une simple idéologie ou utopie, voire, pire encore, à une simple illusion ou chimère. Le droit constitutionnel, et en particulier le constitutionnalisme de l'Etat constitutionnel et culturel, est très fort, mais il faut être conscient de ses limites[74] et prendre garde à ses ennemis. Popper a exagéré (il le reconnaîtra plus tard, du moins en partie) en dénonçant les ennemis de la société ouverte[75]. Mais sa mise engarde ne doit pas être totalement écartée. La constitution ouverte et pluraliste[76] actuelle a également et naturellement des ennemis : elle doit les identifier correctement.

La science du droit constitutionnel progresse à travers le monde – comme en témoignent, par exemple, les travaux de l'Association Internationale de Droit Constitutionnel (AIDC)[77] et le volume croissant de chaires et d'ouvrages consacrés à notre matière. Continent inconnu ou méprisé par beaucoup de juristes même au milieu du siècle passé, le droit constitutionnel apparaît aujourd'hui dans toute sa grandeur, voire dans toute sa splendeur, en tant que continent en mouvement et en expansion.

---

[74] Cf. p. ex., Jean Boulois, « Les limites du droit constitutionnel », in *Revue internationale de Droit comparé*, n.° 2, 1986, p. 601 et suiv. Autres perspectives sur les limites juridiques: Antony Allott, *The Limits of Law*, Londres, Butterworths, 1980; Alberto Montoro Ballesteros, *Razones y Límites de la Legitimación Democrática del Derecho,* Universidad de Murcia, Murcia, 1979.

[75] Sir Karl R. Popper, *The Open Society and its Enemies* (1957, révision en 1973).

[76] Peter Häberle, *Verfassung als öffentlicher Prozess*, 3e éd., Berlin, Duncker & Humblot,1998; *Idem*, *Die Verfassung des Pluralismus. Studien zur Verfassungstheorie der offenen Gesellschaft*, Koenigstein / Ts, Athenaeum, 1980 (cf. particulièrement l'essai de p. 79 et suiv.); Ulises Coello Nunño, *La Constitución Abierta como Categoría Dogmática*, Prologue de Pablo Lucas Verdù, México, Editorial México / J. M. Bosch Editor, 2005.

[77] http://www.iacl-aidc.org/ .

[illegible] l'intelligence, [illegible] sont [illegible]

[illegible] à travers le personnage.

[illegible] les idéalismes [illegible] intellectuel

[illegible] de cette conscience [illegible]

[illegible]

Chapitre 8. ***Droit constitutionnel et autres*** **épistémai**

Le droit constitutionnel, c'est avant tout du droit, pleinement et à part entière. Il s'agit donc d'une discipline qui participe du droit en général et des autres disciplines juridiques, d'une discipline qui, de par son existence et sa façon d'être, se distingue de chacune des autres dans le contexte des savoirs. Ainsi le droit constitutionnel constitue-t-il (pour le moins) une *science*, un *art* et une *technique*, au même titre que l'ensemble du droit.

Si l'on ne conçoit pas l'aspect scientifique dans une perspective purement « scientiste » (exagération d'une prétendue science toute-puissante qui mène à la nescience), on peut dire que le droit constitutionnel, comme le droit en général, est une discipline, une *épistémè* ou une « science » *hoc sensu* à plusieurs dimensions – sociale, humaniste, herméneutique et normative :

a) C'est une *science sociale*, qui appartient à cette catégorie parmi d'autres sciences telles que la sociologie, l'histoire ou l'anthropologie. C'est une science de l'Homme en interaction, en société.

b) C'est une des *humanités* (qui peuvent ne pas être scientifiques ou purement scientifiques), comme la philosophie ou les philologies. Le droit constitutionnel se préoccupe de l'Homme, de son drame et de sa dignité. Il est connaissance, mais il est aussi sagesse et relève également de la sagesse et de la philosophie.

c) Comme les philologies (et comme une des dimensions de la philosophie), c'est une discipline de textes et une discipline *herméneutique* (fondée sur l'ensemble formé par l'interprétation et l'application, et qui ne peut donc exister sans elles).

d) C'est aussi une discipline (ou « science » *hoc sensu*) *normative*, comme l'éthique. En pratique, le droit constitutionnel applique (découvre et crée éventuellement) des normes, mais aussi des principes et même des valeurs. Sa balance les pèse, les pondère. Non seulement il décrit, mais il prescrit, surtout des comportements. Non seulement il prescrit, mais il punit : l'inconstitutionnalité est la sanction constitutionnelle par excellence.

Dans le domaine du droit, il est plus intéressant d'analyser le positionnement de chaque discipline par rapport au droit constitutionnel plutôt que le contraire. La place prépondérante que celui-ci occupe au sein de l'encyclopédie juridique, c'est-à-dire de l'ensemble des disciplines du droit, implique, comme nous l'avons dit, une *constitutionnalisation* effective (*ipso facto)* de l'ensemble du droit, au point qu'il faudra peut-être même bientôt envisager sérieusement la révision de plusieurs de ses fondements (ou prétendus fondements)[78]. Le droit doit vraiment se regarder dans le miroir que le droit constitutionnel lui présente.

Cependant, on constate parfois des excès en sens inverse, comme, par exemple, lorsque l'on réclame des harmonisations avec la constitution qui n'ont rien à voir ni avec la hiérarchie normative de la supériorité constitutionnelle, ni avec la compatibilisation de contenus. On invente parfois, sous un prétexte quelconque, une prétendue correspondance entre objets, une fausse connexion avec la constitution. Dans certains cas, la question est grave, car les plaideurs ou les auteurs des revendications sont sincèrement convaincus de la constitutionnalité de leurs prétentions songeuses. Cela doit nous faire penser au besoin d'une large éducation civique, même pour les droits et surtout pour les droits de l'homme, une éducation qui parle des droits que l'on a ainsi que des prétendus droits dont on est

---

[78] Certains ne se sont pas encore aperçus de la révolution qui adviendra nécessairement de la prise au sérieux des valeurs et des principes de la constitution. Figés dans des conceptions plus ou moins archaïques, ils n'ont pas remarqué par exemple les conséquences de la consécration de la non-discrimination en fonction de la race, du sexe, ou de l'orientation sexuelle. Et ces exemples figurent seulement parmi les plus évidents...

privé. Et la communication sociale a une grande responsabilité dans cette éducation... ou dans son absence.

Le droit constitutionnel trouve sa place épistémique dans le droit public[79]. Cela ne l'éloigne toutefois ni du droit privé ni des branches hybrides. On peut citer quelques exemples : le droit privé réserve une place importante à l'application des droits fondamentaux (parfois sous la catégorie de droits de la personnalité – mais pas seulement), une des branches principales du droit constitutionnel ; dans ce domaine, des études qui remontent à Canaris[80] ont été divulguées, développées et promues de façon autonome, entre autres par Ingo Wolfgang Sarlet[81]. Cependant, les caractéristiques particulières du droit constitutionnel et l'histoire de son encadrement dans le droit public l'amènent à cette place, où les rapports s'établissent surtout entre les entités étatiques et publiques dans l'exercice du pouvoir d'*imperium,* en dépit de la privatisation massive de l'Etat et de ses activités résultant de la tendance néolibérale de notre époque – dont nous souhaitons qu'elle s'inverse.

Comme nous l'avons dit, les grands principes des diverses branches du droit sont constitutionnalisés (sauf, bien entendu, les grands principes ou super-principes spécifiquement constitutionnels – c'est-à-dire les valeurs : dans ce cas, ils n'en ont pas besoin, ils sont essentiellement constitutionnels). D'une certaine manière, au droit constitutionnel politique et grand organisateur de l'Etat, d'une part, et aux droits fondamentaux en général, etc., d'autre part, s'ajoute une sorte de

[79] Sur la distinction, Michel Troper, *Pour une théorie juridique de l'Etat*, Paris, P.U.F., 1994, p. 183 et suiv.

[80] Claus-Wilhelm Canaris, *Direitos Fundamentais e Direito Privado*, trad. port. de Ingo Wolfgang Sarlet et Paulo Mota Pinto, réimp. de l'éd. de 2003, Coimbra, Almedina, 2006.

[81] Ingo Wolfgang Sarlet, « Direitos Fundamentais e Direito Privado: algumas considerações em torno da vinculação dos particulares aos direitos fundamentais », in *A Constituição Concretizada. Contruindo pontes com o público e o privado*, org. de Ingo Wolfgang Sarlet, Porto Alegre, Livraria do Advogado Editora, 2000, p. 107 et suiv.; *Idem* (org.), *Constituição, Direitos Fundamentais e Direito Privado*, 2e éd. revue et complétée, Porto Alegre, Livraria do Advogado, 2006. Embrassant tout le dialogue entre le droit constitutionnel et le droit civil, *Idem* (org.), *O Novo Código Civil e a Constituição*, Porto Alegre, Livraria do Advogado Editora, 2006.

programme général constitutionnel garantissant les grands principes de chaque branche du droit dans le texte fondamental. Ceux-ci obtiennent un siège constitutionnel, ils s'harmonisent et deviennent compatibles entre eux, car les principales branches juridiques sont structurées selon une seule et même logique sous la coupole d'un seul et même texte (« législatif » lui-même – bien sûr), la constitution, et elles sont toutes animées d'un seul et même projet juridico-politique : *le projet de la constitution* elle-même. Ce n'est pas un hasard si on a dit que les constitutions étaient aussi, en somme, l'ensemble des *têtes de chapitre* des différentes branches du droit.

On l'aura compris, ce qui nous intéresse surtout, c'est de connaître le droit constitutionnel en l'observant à l'œuvre, plutôt qu'à travers les longues thèses abstraites et spécieuses sur son être en soi, sur les concepts opposés voire les théories conflictuelles d'une sorte de *périphilosophie*[82] jusconstitutionnelle. Les questions abordées précédemment, épistémologiques et autres, servent uniquement à définir de grands domaines et quelques limites. Mais toute tentative épistémique est très souvent vaine, voire puérile. C'est pourquoi ces questions ne sont même pas synthétisées ici, elles sont simplement énoncées (pour qu'on se souvienne qu'elles existent – sans plus).

Les manuels commencent encore souvent par une introduction aux *disciplines auxiliaires* de celle qui est au centre de l'étude. Il y a longtemps[83] que nous défendons une autre conception. Le caractère *auxiliaire* d'une discipline est très relatif et peut être inversé. La criminologie est une discipline auxiliaire du droit pénal mais celui-ci est aussi une discipline auxiliaire de celle-là. Selon le point de vue de chacune de ces disciplines, l'autre semble secondaire. Or, il n'en est rien. Dans la pureté du concile des savoirs, dans la république éthérée des

---

[82] Sur ce concept, très fécond, Gilles Lane, *À quoi bon la Philosophie*, 3e éd., Québec, Bellarmin, 1997.

[83] Au moins depuis notre livre épuisé *Introdução à Teoria do Direito*, Porto, Rés, 1988.

Lettres, il n'y a que des disciplines complémentaires, mutuellement complémentaires. En pratique, il y a parfois des disciplines « amies » et des disciplines en quelque sorte concurrentes... Cela peut provenir de la rivalité historique entre certains domaines ou certains professionnels : entre la psychiatrie et la psychologie ? Entre les architectes et les ingénieurs ? Mais les esprits supérieurs et les grands chercheurs, toutes disciplines confondues, savent très bien que le prestige d'une discipline ou d'un *cursus* ne s'acquiert pas par opposition à une autre discipline ou à un autre *cursus* que l'on minimise ou que l'on traite avec mépris. Il y a beaucoup de *terra ignota* sur les vastes continents du savoir. Il n'y a donc pas lieu de se bousculer ou de mener des « drôles de guerres » entre sciences.

Le nombre de disciplines qui s'intersectionnent et dialoguent avec le droit constitutionnel est considérable : l'histoire, la sociologie et la philosophie, etc.... Et il y a des disciplines qui tantôt s'intègrent au droit, tantôt s'autonomisent par rapport à lui. En réalité, elles font partie du droit constitutionnel *lato sensu,* mais elles s'autonomisent par rapport au droit constitutionnel *stricto sensu*. Si le droit constitutionnel occupait la place qui lui revient dans les *cursus* juridiques, en nombre de chaires (comme, par exemple, le droit civil : une chaire – ou plus – par livre du Code civil), les nombreuses disciplines rangées aujourd'hui dans la catégorie déjà trop étroite de « droit constitutionnel » tendraient naturellement à s'autonomiser.

La première est la théorie générale de l'Etat. Une autre, la philosophie de l'Etat, finit souvent (mais pas toujours) par s'intégrer à la philosophie du droit. Elle a beaucoup d'affinités avec la philosophie politique et celle-ci peut même remplacer celle-là, si l'on considère que l'Etat n'est qu'une des formes historiques de l'organisation du pouvoir.

L'histoire du droit constitutionnel (ainsi que l'histoire constitutionnelle, plus vaste – à la manière d'Otto Bruenner[84]) et ce que l'on appelle le « droit constitutionnel comparé » (ou géographie constitutionnelle – comparaison synchronique de constitutions dans l'espace) sont très importants. Il ne s'agit pas seulement de comparer, au sens littéral et mécanique du terme, des textes de tel ou tel ordre juridique sans aucune intégration dans les cultures générales et juridiques. Il existe des caricatures sur les *faux amis* comparatistes qui sont très révélatrices de ce qu'il ne faut pas faire dans ce domaine[85].

La théorie de la constitution est plus récente et très enracinée dans le droit constitutionnel classique. On peut l'assimiler en grande partie à une « philosophie de la constitution », mais cette désignation est plus rare.

Bien que les droits fondamentaux fassent souvent l'objet d'une chaire autonome, il s'agit bel et bien de droit constitutionnel *tout court*.

Les droits de l'homme ont une dimension interdisciplinaire, même s'ils se fondent essentiellement sur un droit constitutionnel déjà partiellement mondialisé mais présentant toutefois de nombreuses racines nationales.

Le droit parlementaire ainsi que le droit électoral sont des branches du droit constitutionnel qui ne quittent pas la maison paternelle même si ces disciplines deviennent parfois académiquement autonomes, ce qui est malheureusement très rare. Il faut également inclure au droit constitutionnel le droit honorifique et le droit constitutionnel des religions.

Les branches hybrides sont en net développement : droit constitutionnel pénal, droit constitutionnel civil, droit constitutionnel fiscal, droit constitutionnel

---

[84] Otto Brunner, *Land und Herrschaft*, 2e réimp. de la 5e éd., Darmstadt, 1984 ; Idem, *Neue Wege der Verfassungs- und Sozialgeschichte*, Göttingen, Vandenhoeck und Ruprecht, réimp., 1980 ; Idem, *Sozialgeschichte Europas im Mittelalter*, Göttingen, Vandenhoeck und Ruprecht, 1978, réimp. 1984.

[85] René David, *Les grands systèmes de droit contemporains*, 8e éd., Paris, Dalloz, 1982, pp. 341-342.

du travail, etc.[86].

Mais ne confondons pas chaire autonome avec autonomie épistémique: l'herméneutique constitutionnelle ou la justice constitutionnelle (défense, garantie, procédure constitutionnelle...) peuvent se présenter en tant que disciplines autonomes, comme nous l'avons dit au sujet des droits fondamentaux. Elles n'en restent pas moins des disciplines du droit constitutionnel. La justice constitutionnelle peut néanmoins se transformer (comme elle le fait déjà dans certains cas) en droit constitutionnel processuel ou en procédure constitutionnelle. Le Brésil, par exemple, est déjà très engagé sur cette voie.

Un jour, étant donné le développement normal de ces études, il sera peut-être intéressant de faire, pour le droit constitutionnel, ce que l'on est en train de refaire pour le droit pénal, à savoir récupérer l'ancienne idée de *Science pénale générale*, dans son ensemble, dans laquelle s'insèrent les autres, plus spécifiques, qu'elles soient substantives (droit pénal ou criminel), adjectives (processuelles), normatives (composées de ces deux dernières catégories), humanistes (comme la philosophie pénale), sociales (comme l'histoire pénale) voire bio-sociales (comme la criminologie).

Dans certaines universités à travers le monde, des chaires fusionnent ou s'associent et l'on peut ainsi être professeur de droit de l'Etat (qui englobe le droit constitutionnel *lato sensu*) ou de droit public[87] et de philosophie du droit, par exemple, sans courir le risque d'être accusé de ne pas être spécialiste d'une matière ou de l'autre. Il existe aussi d'autres matières et d'autres combinaisons de matières... Mais la relation entre le droit constitutionnel et la philosophie du droit commence à être perçue et reconnue. Depuis les années 1970 (mais la réceptivité

---

[86] V. Ricardo Aronne, *Direito Civil Constitucional e Teoria do Caos*, Porto Alegre, Livraria do Advogado Editora, 2006; Maria Fernanda Palma, *Direito Constitucional Penal*, Coimbra, Almedina, 2006; Maria da Conceição Ferreira da Cunha, *Constituição e Crime. Uma Perspectiva da Criminalização e Descriminalização*, Porto, Universidade Católica Portuguesa Editora, 1995.

[87] V., par ex., la démarche théorique de Martin Loughlin, *The Idea of Public Law*, Oxford, Oxford University Press, 2004.

aux choses positives est souvent lente voire nulle), de grands auteurs (tels que Ernst Friesenhahn ou Peter Häberle...) se sont aperçus progressivement de *l'importance de la philosophie du droit* lors des auditions (*hearings*) auxquels le Sénat des EUA soumet les candidats aux postes de juge de la Cour suprême (qui remplit des fonctions constitutionnelles). Il y a même eu un cas très intéressant, celui du juge Clarence Thomas, à partir duquel s'est intensifiée la discussion sur le « droit naturel », qu'il avait revendiqué comme étant sa propre *philosophy of law*[88]. La juridiction constitutionnelle du Brandebourg, en Allemagne, a également commencé dernièrement à prévoir des auditions publiques préalables à la nomination de ses juges constitutionnels.

[88] Virgínia Black, « Natural Law, Constitutional Adjudication and Clarence Thomas », in *Fides. Direito e Humanidades*, vol. II, p. 41 et suiv.

Chapitre 9. *Interdisciplinarité et culture en droit constitutionnel*

Parmi les juristes pratiques, les constitutionnalistes sont peut-être ceux qui comprennent de la façon la plus immédiate les ponts, les liens et les implications interdisciplinaires de leur savoir. Nous ne nions pas que le crime constitue sans doute « la moitié » de la trame fictionnelle, littéraire, dramatique ou cinématographique. Mais près de l'autre « moitié » est certainement de nature politique et, par conséquent, elle n'échappe pas au constitutionnel, ne serait-ce que comme toile de fond. Nous ne nions pas non plus que le droit civil et le droit commercial, son fils, naviguent sur les ruisseaux et les canaux de la vie sociale quotidienne : c'est pour cela qu'ils sont liés à tout.... Mais leur technicité, qui constitue du reste leur couronne de gloire, exclut peut-être parfois toute attention sociale et toute spéculation metathéorique, voire philosophique, qui pourraient éventuellement élargir leur domaine.

En fait, au moins toutes les branches juridiques les plus vastes ou traditionnellement considérées comme principales (ce qui suscite d'ailleurs une polémique assez stérile[89]), sont nécessairement impliquées d'une façon ou d'une autre dans les mille et une controverses des autres sciences, réalités et défis extérieurs au droit – étant donné que le droit est un service de vie, cela n'a rien d'étonnant. Toutefois – et nous touchons ici au cœur même de la question – à part quelques tentatives interdisciplinaires, la plupart des études ne prennent pas le temps de s'attarder sur l'histoire, la comparaison, la sociologie et la philosophie, pourtant connexes à leur spécialité, pour se plonger directement dans l'étude des codes, s'il y en a, ou dans la jungle de la législation éparse, si nécessaire.

---

[89] V. notre « The value of juridical sciences... », in *Short Studies on Philosophy & Education*, collection Videtur, Libro 7, São Paulo, CEAr/DLO/FFLCHUSP, Editora Mandruvá, 2000, p. 65 et suiv.

Les constitutionnalistes n'oublient ni les démarches interdisciplinaires proprement dites, ni celles qui élargissent la démarche interdisciplinaire, comme c'est le cas de la théorie de l'Etat en tant que science de la culture[90] ou, plus précisément, « la théorie de la constitution en tant que science culturelle »[91].

Peter Häberle affirme : « Le constitutionnalisme est une création culturelle par excellence. Il découle de textes des classiques – surtout d'Aristote, mais aussi de John Locke, de Montesquieu et de Rousseau, voire de Jonas et de John Rawls – ainsi que de grands textes tels que les *Federalist Papers*, datant de la création des Etats-Unis (1787), de 1789, de la Constitution suisse (1848), ou encore de simples projets de Constitution (...) Le constitutionnalisme est (...) une création de l'humanité conçue comme un tout (...). »[92]

Le constitutionnaliste de Bayreuth, grande capitale de l'opéra wagnérien, considère le constitutionnalisme comme la « réalisation culturelle » de l'humanité : « Cette approche initiale, de nature scientifico-naturelle, part du principe que la Constitution elle-même est 'culture' et qu'elle ne se limite pas à régir par des normes certains domaines du 'droit constitutionnel de la culture' traditionnel, tels que les objectifs de l'éducation, les droits fondamentaux culturels, la liberté religieuse ou la liberté scientifique et artistique – entre lesquelles Goethe établit un lien profond en affirmant : 'Celui qui possède la science et l'art, possède aussi la religion ; celui qui ne les possède pas tous les deux, puisse-t-il avoir la religion !' »[93].

---

[90] Depuis le début, avec Hermann Heller, *Staatslehre*, Leiden, Gerhart Niemeyer, 1934 (3e éd. 1963), trad. port. du Prof. Lycurgo Gomes da Motta, *Teoria do Estado*, São Paulo, Editora Mestre Jou, 1968, p. 54 et suiv., surtout pp.58-59.

[91] V. Peter Häberle, *Verfassungslehre als Kulturwissenschaft*, Berlin, Duncker & Humblot, 1998; Pablo Lucas Verdu, *Teoría de la Constitución como Ciencia Cultural*, 2e éd. corrigée et augmentée, Madrid, Dykinson, 1998.

[92] Peter Häberle, «Novos Horizontes e Novos Desafios do Constitucionalismo», *Anuário Português de Direito Constitucional*, vol. V / 2006, Coimbra, Coimbra Editora, 2010, p. 40 (= in *Europäische Grundrechte Zeitschrift* – EurGRZ – année 33, n. 19-21, novembre 2006). N/ trad.

[93] *Ibidem,* p. 41(N/ trad. du port., sauf la citation de Goethe, traduite directement de l'allemand).

Il insiste ensuite sur le fait que la compréhension scientifico-culturelle de la constitution est une œuvre d'identité, de patrimoine et de pluralité, ce qui contribue même au fédéralisme d'Etats et au fédéralisme supra-étatique, conçu comme une possibilité de fédéralisme européen.

La théorie de la « constitution culturelle » (pour ainsi dire) de Häberle comprend des théories partielles, telles que celle de la constitution en tant que « stimulus et limite » de Rudolf Smend, en tant que « norme et tâche » de U. Scheuner, en tant que « limitation du pouvoir » et organisation d'un « processus vital de liberté » de Horst Ehmke et même du vecteur « force normative de la constitution » de Konrad Hesse. L'auteur rejette toutefois le « décisionisme » de Carl Schmitt[94]. Il y a ainsi, dans la théorie de la constitution, une véritable (dans le sens de vérité analogique, mais pas moins vraie pour autant) *interdisciplinarité interne* qui couronne cette perspective culturelle.

La clef de l'interdisciplinarité réside justement dans cette dimension culturelle (mais pas seulement dans ses fondements ou comme s'il s'agissait de quelque chose de folklorique comme certains semblent la concevoir en la pervertissant). Cette dimension culturelle soutient et explique le droit constitutionnel, elle l'imprègne et se projette à partir de celui-ci dans la société et dans l´histoire. Une conception techniciste, isolationniste, non culturelle et non interdisciplinaire du droit constitutionnel, une conception qui renierait purement et simplement cette dimension ne serait qu'une charade dénuée de sens, *a tale... told by an idiot*, sans que nous sachions si elle contient ou non *le bruit et la fureur (sound and fury)*, littéraires ou réels.

Ainsi le droit constitutionnel exige-t-il de la part de ses défenseurs encore plus que ce que Schackle exigeait des économistes. Car il y a des dimensions humanistes voire théologiques qui ne font peut-être pas défaut aux économistes mais qui sont pratiquement indispensables pour comprendre le fond de certains

[94] *Ibidem*, p. 42

problèmes jusconstitutionnels. Souvenons-nous de la leçon de Schackle, auteur averti. Pour lui, un économiste n'a pas seulement besoin d'être mathématicien, il doit aussi être philosophe, psychologue, anthropologue, historien, géographe et il doit étudier la politique ; il doit aussi maîtriser l'exposé en prose – sans pour autant devoir être poète – et devenir un homme du monde, acquérir de l'expérience dans les affaires et les finances, comprendre les problèmes de l'administration et maîtriser quatre ou cinq langues étrangères[95].

La reconnaissance du fait que le domaine constitutionnel est imprégné de culture renvoie à un concept de culture aux niveaux les plus divers. Il ne s'agit pas seulement de la culture savante ou de la culture populaire. Des éléments que certains considèrent comme des éléments de « contre-culture » peuvent être inclus dans cette vision élargie de la culture. Si les Beatles font déjà partie de la culture savante, dans un certain sens, il est indéniable que les paroles du *Hip Hop* sont parfois intéressantes, qu'elles interpellent et donnent matière à réflexion au constitutionnaliste et à toute personne qui s'intéresse de près ou de loin à la politique.

La culture, en tant que pondération et ensemble de connaissances ou de savoirs, constitue aussi un espoir de modération. Et, surtout, cet espoir naît si on envisage la culture en tant que sagesse et style, en tant qu'un certain regard sur le monde et sur soi-même. Les progrès scientifiques et artistiques ne sont pas les seuls facteurs de progrès spirituel. Le véritable progrès spirituel est un facteur de concorde et de paix. Il ne faut néanmoins jamais oublier la leçon que Jean Anouilh donne dans son *Antigone*, où Créon, l'intellectuel-roi, choisit l'injustice de peur d'être considéré comme un faible[96]...

En outre, dans une acception encore plus large, l'idée de culture s'oppose en bloc à l'idée de nature. Nous entendons ici par « nature » une *phusis* dépourvue

---

[95] G. L. S. Shackle, *What makes an Economist?*, The University Press of Liverpool, 1953, p. 1.
[96] Cf. notre *Filosofia do Direito*, p. 229 et suiv.

de toute essence ou de toute coloration axiologique (contrairement à ce que l'on présuppose, notamment lorsque l'on parle de nature humaine ou de droit naturel[97]). Certaines théorisations politiques et constitutionnelles, surtout les plus pessimistes (Hobbes, Carl Schmitt, Julien Freund, Raymond Aron), cherchent à élucider ce qu'est l'Homme, ce qui a des répercussions politiques, déjà contaminées dans une certaine mesure par un présupposé anthropologique, dont certains ont considéré qu'elles s'apparentaient aux idéologies de droite (alors que celles de gauche – à commencer par la pensée de Rousseau, mais aussi celles de quelques libéraux européens – seraient optimistes). Mais la question idéologique ne nous intéresse pas directement ici[98]. Les Grecs disaient déjà *oi anthropoi kakoi eisin* – les hommes sont méchants. Montesquieu, de son côté, affirmait que l'homme a tendance à abuser du pouvoir[99]. Toutefois, les mêmes Grecs affirmaient aussi : *Paideia teleion ton nomon* – l'éducation (et donc la culture) est supérieure aux lois.

C'est bien de cela qu'il s'agit : reconnaître, dès le départ, que la culture est plus efficace que les lois et qu'il est possible d'élaborer des lois imprégnées de culture, sa *longa manus,* son agent le plus efficace. La loi et la constitution considérées comme des agents de culture – voilà la nouveauté. Et il faut beaucoup de culture pour combattre ce que la nature a de barbare, d'hostile et d'inhumain. Certains ont accueilli avec enthousiasme la sélection naturelle de Darwin. En effet, il s'agit précisément pour nous d'opérer une *sélection contre* la nature à l'état brut (et non pas la nature culturalisée de celui qui l'axiologise). Contrairement à la sélection naturelle, à la domination et à la destruction des plus faibles, l'Homme, l'humanité et la civilisation s'ennoblissent par la protection des plus faibles. Et, si

---

[97] Cf. notre *O Ponto de Arquimedes. Natureza Humana, Direito Natural, Direitos Humanos*, p. 21 et suiv. *et passim*.

[98] Cf. notre *Repensar a Política. Ciência & Ideologia*, p. 215 et suiv.

[99] Montesquieu, *De l'Esprit des lois*, XI, 4: "(...) c'est une expérience éternelle que tout homme qui a du pouvoir est porté à en abuser; il va jusqu'à ce qu'il trouve des limites.".

l'on songe à Casalmiglia, le droit est au fond cette protection des plus faibles, des minorités, des oppositions... face aux plus forts, au plus grand nombre, aux pouvoirs. Le droit constitutionnel joue ici un rôle important. En effet, en tant que science de culture et carrefour interdisciplinaire, il constitue une des tranchées avancées d'une autre forme de sélection : la *sélection culturelle* (v. le Préambule de la Constitution suisse).

Chapitre 10. *Le droit constitutionnel entre droit et politique*

Les relations entre le droit constitutionnel et la politique sont si nombreuses et si profondes que cela ne vaut pas la peine de tenter de les énoncer ici. En outre, elles sont auto-évidentes. Il existe toutefois une spécificité de la question qui mérite une brève allusion : et cette spécificité, de grand intérêt pratique, c'est justement le terrain de la justice constitutionnelle.

C'est que la présence politique dans le droit est si forte que la justice constitutionnelle elle-même pourrait être menacée en tant que justice juridique, « justice particulière » au sens que ce concept rêvet dans le contexte de l'autonomie du juridique. Cette crainte est cependant manifestement exagérée. Du moins, la « politicité » des tribunaux constitutionnels n'est-elle en tout cas pas, quand bien même elle se vérifierait, une pure et simple dépendance des juges vis-à-vis des partis, comme le proclament ses détracteurs.

Cependant, il est certain que divers auteurs et « acteurs » ou « opérateurs » juridiques ont fait part de leurs appréhensions, voire de leurs angoisses, fondées sur le fait que le droit constitutionnel entretient des relations si étroites avec la politique qu'il risque de devenir moins juridique. La politisation des tribunaux constitutionnels constitue un des mythes (qui ne se vérifie pas vraiment en fin de compte) d'une certaine classe juridique et de certains politiciens.

Comme l'a souvent souligné Peter Häberle, il arrive parfois que les juges des tribunaux constitutionnels (comme celui de Karlsruhe) soient nommés en raison de leur appartenance politique. Cet auteur rappelle, comme dernière exception, celle de son maître Konrad Hesse, 1975[100]. Les études d'Otto Bachoff sur ce sujet sont également bien connues[101].

Toutefois, des études sérieuses de sociologie du comportement juridique démontrent que le vote des juges constitutionnels n'est généralement pas influencé par leur appartenance politique. Ce mythe est alimenté par le manque de compréhension de l'importance, de l'autonomie et de la prééminence des questions constitutionnelles par certains professionnels du droit, peut-être en raison des lacunes de leur formation, où le droit constitutionnel est effectivement peu enseigné (il y a peu de disciplines dans les facultés de droit et, autrefois, il n'y en avait qu'une), en dépit de sa vitalité et de son importance pratique croissante à l'époque actuelle. Dans certains pays, la culture constitutionnelle est bien implantée et les avocats généralistes ne manquent pas – du moins dans les affaires les plus délicates – de consulter au moins un constitutionnaliste afin de pouvoir ainsi utiliser les armes de longue portée du droit constitutionnel pour défendre leur cause. Les gouvernements et les parlements ont aussi absolument besoin des constitutionnalistes sous peine d'établir fréquemment des normes inconstitutionnelles.

Mais ce qui est peut-être le plus intéressant, c'est que le pouvoir judiciaire constitutionnel peut se plaindre du pouvoir politique, qui a parfois tendance à se servir de la constitution et des juges comme alibi. Au Portugal, certains avaient l'habitude de critiquer la Constitution (dans sa version originelle et même après ses premières révisions) et de la désigner comme bouc émissaire de tous les maux nationaux et de l'incapacité d'action des gouvernements. Aujourd'hui encore, il y en a qui vivent dans ce rituel de critique de la constitution. En effet, la constitution est un symbole qui constitue une cible privilégiée pour les critiques. Mais ceux qui la critiquent sur ses aspects fondateurs, voire symboliques (pas sur les détails, bien

---

[100] Peter Häberle, *Conversaciones Académicas com...*, en particulier p. 121.

[101] Bachof, Otto, *Der Verfassungsgerichter zwischen Recht und Politik*, in Peter Häberle, *Verfassungsgerichtsbarkeit*, Darmstadt,Wissenschaftliche Buchgesellschaft, 1976.

sûr) se retrouvent ainsi en marge de la constitution. Or, étant donné que dans les pays libres, le noyau fondamental des constitutions équivaut, en général, à l'ordre démocratique, pluraliste, etc., la position anticonstitutionnelle est généralement considérée comme assez dangereuse et très grave dans ces pays, car l'alternative est normalement autoritaire ou totalitaire. Il y a sans doute des exceptions, mais il faut de l'imagination de la bonne volonté pour le concevoir.

Quoi qu'il en soit, il s'agit d'un problème qui se généralise. La juge allemande Limbach est même allée jusqu'à affirmer que : « La politique se dissimule allègrement derrière la Constitution fédérale allemande ». Mais reste à savoir quelle politique ? Parce qu'il faudrait concevoir les alternatives. L'absence de justice constitutionnelle étant aujourd'hui impensable, que faire ? Les juges ordinaires deviendront toujours constitutionnalistes si on leur donne cette compétence. Et ils deviendront non moins responsables de décisions politiques – dans la mesure de la dimension juridique et politique de cette branche du droit. Cela ne sert à rien de se leurrer : il y a de la politique dans la constitution et il y en aura toujours. Mais cela ne signifie pas que les décisions des cours constitutionnelles soient des complots partidaires.

La matière de la justice constitutionnelle peut être abordée selon plusieurs perspectives. La question de la constitutionnalité et de l'inconstitutionnalité lui est toutefois préalable. Nous sommes toujours convaincu que la meilleure approche de la garantie constitutionnelle est historico-comparatiste. Ce n'est qu'après avoir compris la genèse du contrôle de la constitutionnalité et les différents systèmes, ainsi que le rôle des principaux intervenants dans les polémiques originelles (comme Hans Kelsen et Carl Schmitt[102]) que l'on pourra saisir clairement et

[102] La dichotomie entre les systèmes diffus et concentré de contrôle de la constitutionnalité est de Carl Schmitt, *Der Hüter der Verfassung*. Le système de contrôle concentré s'inspire de Hans Kelsen. Aux EUA, la sentence du juge dans l'affaire Marbury *vs*. Madison est claire: « *the constitution is superior to any ordinary act of the legislature* ». On en conclut donc que tout juge pouvait vérifier la conformité de la loi par rapport à la Constitution (*judicial review*). Ces paternités

globalement, avec de la distance, les régimes juridiques du droit constitutionnel positif de chaque ordre juridique – là où le problème acquiert toute sa richesse pratique, depuis le début de chaque procédé de constitutionnalisation jusqu'au problème des éventuelles invalidités dont sont infectés les actes normatifs et qui entraînent leur lot de conséquences.

Un des remèdes les plus efficaces pour éviter que les désignations politiques dans les cours qui assument des fonctions constitutionnelles n'impliquent une perte d'indépendance et de qualité (parce que les désignations politiques en soi ne sont pas mauvaises – au contraire, elle apportent du sang nouveau, des idées nouvelles à l'organisme judiciaire), c'est précisément un exemple de géographie constitutionnelle, déjà mentionné : les auditions des candidats à la fonction de juge par les parlements. Il faudrait le faire partout. Nous sommes d'accord que les juges ne doivent pas être élus par les masses, car elles n'ont pas la compétence pour le faire. Mais le peuple a tout le droit d'être témoin de leurs idées. Et, devant ce vaste auditoire, les représentants du peuple peuvent beaucoup mieux choisir les juges. Seul le caractère public des auditions pourra permettre de prévenir l'élection de juges moins compétents ou plus susceptibles de se laisser influencer. La personnalité et la valeur des candidats sélectionnés seraient bien évaluées au cours de ces séances, qui devraient être transmises en direct par les chaînes de télévision. Les gardiens de la constitution doivent au moins être connus du grand public. Ce n'est pas une question de protagonisme, mais de sélection et de contrôle. On dit souvent que la sélection des candidats à un siège de député par les états-majors (ou mineurs) des partis n'est pas souvent très rigoureuse quant à leur compétence parlementaire potentielle. On ne peut pas courir le risque de telles désignations politiques pour les cours constitutionnelles ou les hautes cours qui ont des fonctions constitutionnelles. Si la qualité et

---

et les polémiques entre les pays fondateurs constituent des mémoires constitutionnelles qui ne peuvent être oubliées par la pression techniciste. Son mécanicisme n'a pas de mémoire.

l'indépendance des juges est mise en doute, on pourrait être tenté de donner raison à ceux qui veulent que les cours se composent exclusivement de juges de carrière, sans aucune désignation politique, ou aux défenseurs de l'abolition de cette juridiction concentrée.

Deuxième Partie
INSTRUMENTS D'ANALYSE

Chapitre 1. *Idée de droit constitutionnel et idée de droit*

L'*idée* de constitution et l'*idée* de droit constitutionnel semblent se situer sur un plan très éloigné des questions quotidiennes ; dans le *Begriffshimmel*[103] (le « ciel des concepts »), *l'idée* de droit n'est autre que la Justice, comme l'affirme notamment Radbruch dans sa *Rechtsphilosophie.*

Par conséquent, on peut dire que l'idée de droit constitutionnel, qui doit orienter les constitutionnalistes, les juristes et tous ceux qui sont appelés à appliquer la constitution (et nous le sommes tous en tant que citoyens), est l'idée d'une justice constitutionnelle. Non pas au sens propre et courant d'application pratique, procédurale, de garantie et de contrôle de la constitutionnalité, relevant évidemment des organes compétents, mais bien dans le sens d'aspiration à un ordre juste sur le plan constitutionnel, c'est-à-dire d'aspiration à un droit constitutionnel juste.

Même si nous vivons à une époque de « crétinisme technologique », comme l'a qualifiée le sociologue français Jean Duvignaud, ou de « barbarie civilisée », selon le penseur italien Pier-Paolo Ottonello[104], nous ne pouvons oublier la raison de notre présence sur les bancs d'un cours de droit et de notre

---

[103] Jhering, *Im juristischen Begriffshimmel*, 1884, 13e éd. 1924.

[104] Jean Duvignaud, *Sociologia*, trad. port., Porto, Paisagem, 1971; Pier-Paolo Ottonello, *La Barbarie Civilizzata*, Gênes, Edizioni dell'Arcipelago, 1993.

action juridique ultérieure, raison qu'a très éloquemment rappelée une étudiante de Luigi Lombardi Vallauri : « nous sommes là pour qu'il y ait plus de justice dans le monde »[105]. Aucun juriste digne de ce nom ne peut renoncer à cette fonction.

Toutefois, si la *constante et perpétuelle volonté* d'atteindre un ordre constitutionnel juste, non seulement dans les textes (la constitution écrite), mais aussi au niveau de la réalité constitutionnelle, ne doit jamais nous abandonner, ce n'est pas l'idée de droit constitutionnel qui peut, à elle seule, guider nos pas technico-juridiques dans ce domaine. La topique ontologique du droit, que révèle le fameux brocard d'Ulpien sur la Justice, n'est pas non plus très utile pour la délimitation épistémique du droit constitutionnel. Nous lui préférons une topique phénoménologique[106].

Bien que de nombreuses questions de justice se posent, en pratique, au juriste qui applique le droit constitutionnel et, bien sûr, au constitutionnaliste, il faut reconnaître que d'aucuns, plus technicistes, tendent souvent à imputer uniquement à la philosophie du droit les problèmes de la Justice (le *quid jus*). Or, la philosophie du droit ne peut servir d'alibi à l'ignorance et au mépris de la Justice. Certes, son rôle est de méditer sur les grands problèmes de la Justice. Mais c'est le droit positif, grâce à son application pratique (pour certains, un simple *quid juris*), qui doit assurer l'action de la Justice dans les cas particuliers (un *quid juris* tenant compte du *quid jus*), et pour ce faire, il ne peut être privé ni de la doctrine des sciences juridiques matérielles, positives (les branches du droit), ni donc du droit constitutionnel. La philosophie du droit n'a jamais pu faire justice directement et à elle seule. Mais un positivisme légaliste strict et aveugle non plus.

---

[105] Luigi Lombardi Vallauri, *Corso di filosofia del diritto*, Cedam, Padoue, 1978, nouvelle éd. 1981.

[106] Sur ces deux topiques, notre *Síntese de Filosofia do Direito*, p. 117 et suiv.

Chapitre 2. ***Droit constitutionnel et constitution: concept et notion***

L'*idée* mène au *concept* et à la *notion*. Les concepts de constitution et de droit constitutionnel sont loin d'être consensuels[107]. Par exemple, la doctrine portugaise a évolué[108]. Si l'on voulait faire une synthèse des synthèses, on pourrait dire que les définitions, descriptions ou « notions » semblent être passées d'une perspective plutôt étatique et normativiste (constitution en tant qu'ensemble de normes régissant le droit supérieur ou suprême de l'Etat) à une conception plus vaste, plus pluraliste et plus dynamique (pouvant aussi porter sur des sociétés politiques non étatiques – telles que la « communauté », par exemple – et être plus sensible à certains aspects qui ne relèvent pas exclusivement du texte codifié de la constitution).

Il importe finalement peu de parvenir à une « définition » pure ou complète du concept de constitution. Pour le constitutionnaliste français George Vedel, l'objet du droit constitutionnel est « indéfinissable mais présent »[109]. D'autres auteurs renommés, dont Burdeau, vont dans le même sens quant à l'impossibilité de définir cette *épistémè* ou son objet[110]. Dans ce cas, à quoi bon entreprendre un

---

[107] *Fronti nulla fides*: par exemple, un des rares ouvrages dont le titre semble se situer dans ce domaine de préoccupations est un texte très polémique qui est bien le fruit de son époque. Cf. le livre, du reste brillant, de António José Brandão, *Sobre o Conceito de Constitutição Política*, Lisbonne, s/éd., 1944.

[108] V. notre *Teoria da Constituição*, vol. I, p. 295 et suiv., et une synthèse : *Idem,* « Política Mínima », p. 98 et suiv.

[109] Georges Vedel, « Indéfinissable mais présent », in *Pouvoirs. Revue française d'études constitutionnelles et politiques*, n.° 11, Paris, P.U.F.,1990, p. 71.

[110] Georges Burdeau, « Une survivance : la notion de Constitution », in *L'Evolution du Droit Public – Etudes en l'honneur d'Achille Mestre*, Paris, s.n., 1956, pp. 53 et suiv. ; *Idem* « Sur un enseignement impossible », in *Mélanges Trotabas*, Paris, LGDJ, 1970, pp. 41 et suiv. Pendant un certain temps, des remarques sur un *requiem* pour la constitution se sont ajoutées à la constatation d'une « impossibilité » définitionnelle ou pédagogique. La constitution est un « temple allégorique habité par des ombres » et paré d'autres métaphores de ce genre. Dans sa thèse intitulée *Die Verfassung als rechtliche Grundordnung des Staates* (1945, trad. esp. de Sergio Diaz Ricci et Juan

exercice supplémentaire d'*ars combinatoria* ? Jacques Leclercq, sociologue et jusphilosophe belge, a ironisé d'une manière décisive sur l'opération si peu originale qui consiste à ajouter une énième définition à toutes celles qui existent déjà[111]. Et pourtant, presque tout professeur voulant devenir auteur et surtout « autorité » doctrinale tend à succomber à la tentation de créer sa propre définition de tel ou tel concept et d'exiger de ses étudiants qu'ils la restituent fidèlement. *Sancta simplicitas*!

Nous pensons qu'il faut résister à cette tentation qui n'apporte rien d'autre à n'importe quelle discipline qu'un simple exercice de compilation. Les différentes notions fournies par les différents auteurs doivent nous suffire. Au fond, elles tentent toutes de s'approcher le plus possible de l'essence profonde de la constitution.

La formule la plus concise pour rendre compte de ce qu'est la constitution provient sans doute d'Allemagne – mais il semble que son auteur, s'il y en a un seul, n'a pas su se faire connaître, nous ne l'avons jamais vu cité : ironie du sort pour une si féconde trouvaille. Il s'agit de considérer la constitution comme le « statut juridique du politique ».

Peu de formules ont été aussi heureuses. On y retrouve les deux éléments essentiels de la constitution : le tigre sauvage et libre qu'est la politique et le dompteur qu'est le droit. Et leur relation est adéquate : il s'agit d'un statut juridique (elle est donc plutôt droit que politique) portant sur la politique (l'objet de ce statut juridique).

Il faut souligner, d'une part, que cette formule présente aussi l'avantage de

---

José Reyven, avec une étude préliminaire de Francisco Fernando Segado, *La Constitución como Ordenamento Jurídico Fundamental del Estado*, Madrid, Dykinson, 2005, notamment p. 72 et suiv.), Werner Kaegi pense encore à la crise mais aussi déjà à la reconstruction de l'Etat constitutionnel. La clé du problème nous semble résider dans le fait (ou plutôt l'interprétation) que la reconstruction constitutionnelle est permanente : c'est là que se situe la différence de paradigme – assumer que la crise et donc la reconstruction sont constantes : la constitution est en quelque sorte une *Constitution-Sysiphe*.

[111] Jacques Leclercq, *Du droit naturel à la sociologie*, Paris, Spes, 1960.

nous rappeler une autre désignation, qui a déjà eu cours dans plusieurs pays[112], à savoir celle de « droit politique », pratiquement synonyme de « droit constitutionnel », et, d'autre part, que H. Triepel n'a pas manqué d'insister sur cette *politicité*, cette caractéristique du « droit constitutionnel » qui l'assimile au « droit politique », tandis que Smend le considère comme le « droit pour le politique » (*la chose politique – res politica*).

On peut retenir beaucoup de topiques des autres définitions (ou des autres genres d'approximation). Mais ces définitions ne sont généralement valables que pour les constitutions modernes ou démocratiques.

Dans ces domaines qui sont les nôtres, la théorie est toujours pratique et la pratique est toujours théorie. Dans le domaine du droit en général, la méthodologie est particulière, car elle est faite de mots et de concepts, comme l'a souligné Francisco Lucas Pires : « En fait, et contrairement à une méthodologie libérale radicale, la théorie ne s'oppose pas à la technique, surtout dans un domaine comme celui du droit, où ce qui est technique – technique juridique – est avant tout un concept »[113].

Il y a malgré tout des matières plus pratiques que d'autres. Le débat sur la Constitution européenne a été un moment unique où nous avons pu entrevoir l'utilité pratique (encore que très théorique, il s'agit toujours de théorie-pratique en droit) d'une définition du concept de constitution. Mais la faiblesse de cet instrument théorique que sont les définitions, les concepts, etc. s'est révélée une fois de plus lors de ce débat. Selon certains, toute constitution suppose l'existence d'un Etat auquel elle s'applique, c'est pourquoi ils soutiennent qu'il ne peut y avoir de Constitution européenne puisqu'il n'y a pas d'Etat européen. D'autres, au

---

[112] Notamment en Espagne, au temps du « generalissimo » Franco. Certains disent que cette désignation cachait en quelque sorte l'inexistence, à cette époque-là, d'une vraie constitution moderne, codifiée, avec les Droits de l'Homme et la séparation des pouvoirs.

[113] Francisco Lucas Pires, *Teoria da Constituição de 1976. A Transição dualista*, Coimbra, s/éd., 1988.

contraire, estiment qu'une constitution n'implique pas nécessairement l'existence d'un Etat et ne voient donc aucun obstacle à la Constitution européenne. La Convention européenne a d'ailleurs eu la subtilité de baptiser son projet sous un nom hybride, à la fois *traité* et *constitution*, ce qui, à l'époque, a permis de le sauver grâce au *tertium genus* ou plutôt à l'ambiguïté d'être et de ne pas être à la fois l'un et l'autre... Mais, comme on le sait, malgré cette subtilité, l'approbation d'une Constitution européenne s'est révélée une *via sacra*, qui a emprunté un détour nominaliste, le fameux « Traité » de Lisbonne. Certes, un traité, mais qui n'en reste pas moins une constitution, comme nous l'avons déjà vu en passant.

En somme, il semble que la notion de constitution la plus large, qui n'en est pas moins rigoureuse pour autant, corresponde au « statut juridique du politique », formule simple et synthétique. Quant au droit constitutionnel, c'est à la fois la réalité juridique qui entoure ce statut (au sens phénoménologique, sociologique) et la discipline épistémologique et universitaire qui l'étudie.

Chapitre 3. *Essai de classification constitutionnelle*

Nous vivons une époque classificatoire. Une des formes actuelles de connaissance est le classement[114]. Tout a commencé, à l'époque moderne, avec les dictionnaires et les encyclopédies. Mais, de nos jours, les catégories deviennent difficilement compréhensibles : les sigles, si souvent inintelligibles, sauf pour les spécialistes du domaine en cause, sont l'exemple de cette tendance nominaliste dominante à l'époque actuelle. Il en va de même en droit constitutionnel, où certains s'acharnent à tout réduire à des schémas, à des tableaux, à des graphiques et à des étiquettes, ce qui constitue une approche simpliste et primaire. Certaines matières, telles que les matières processuelles et procédurales, organiques et formelles, peuvent être abordées de la sorte au niveau didactique. Mais la compréhension plus profonde des problèmes ne peut jamais être schématique. Cependant, de grands noms (Loewenstein, Bryce, Smend, Dicey, Mac-Bain, etc.) ont succombé à la tentation classificatoire et ont inventé certaines des classifications dont s'inspirent celles que nous présentons ici.

Aujourd'hui, l'abus classificatoire en droit constitutionnel se manifeste par exemple dans l'échec de la division des droits fondamentaux en générations, qui se seraient succédé de la première à la cinquième au cours de l'Histoire. On constate actuellement que les époques sont discontinues, qu'elles se superposent, s'entrecroisent, etc. Certains aspects d'une « génération » sont repris dans une autre. Le droit à la paix, par exemple, revient dans plusieurs générations[115].

La classification des constitutions comporte également de sérieux risques. Des risques de déformation, de distorsion, d'incompréhension. Toutefois, au

---

[114] Umberto Eco, *Vertigine della lista*, Milan, Bompiani, 2009.
[115] V. notre *Geografia Constitucional*, p. 37 et suiv.

premier abord, il est peut-être avantageux de sacrifier à ce style et d'ébaucher quelques classifications dont la validité sera nuancée par la connaissance ultérieure, plus fine et plus profonde, comme cela arrive au débutant qui commence par la géométrie euclidienne. De même, certaines des très brèves explicitations actuelles ne prendront tout leur sens que bien plus tard. Beaucoup de choses qui paraissent confuses aujourd'hui deviendront simples. Et l'inverse est vrai aussi...

Nous proposons donc de classer les constitutions selon divers critères :

3.1. *Selon la forme-manifestation* :

Les constitutions peuvent se manifester, naître et se révéler à nous de façon plus ou moins formalisée et organisée. On peut ainsi distinguer:

3.1.1. *Constitution écrite* : De nos jours, une constitution est habituellement écrite. Deux modalités sont possibles[116] :

3.1.1.1. *Constitution écrite éparse* : Une constitution écrite éparse se trouve essentiellement dans divers textes écrits (les éléments non écrits plus ou moins importants du droit coutumier ne sont toutefois pas exclus ici ni dans n'importe quel autre type). Ce qui distingue une constitution écrite éparse, telle que la Constitution britannique, d'une constitution non écrite est le fait que les éléments écrits dans la constitution britannique coexistent avec des éléments non écrits,

---

[116] Nous persistons à croire que seules ces deux modalités existent, malgré le titre suggestif et quelque peu provocateur de Pedro Cruz Villalón, *La Constitución Inédita. Estúdios ante la Constitucionalización de Europa*, Madrid, Editorial Trotta. 2004. La constitution *inédite* est un texte écrit mais elle n'est pas considérée comme une constitution formelle (dans le cas du projet de Traité constitutionnel de l'Union européenne ou du Traité de Lisbonne). Nous serions plutôt tenté de dire que le Traité de Lisbonne, ce qui nous intéresse maintenant du point de vue pratique, est une constitution qui n'est pas encore reconnue en tant que telle. Ce manque d'assomption de sa nature n'aura pas une importance énorme pourvu qu'il soit appliqué avec toutes les conséquences du droit que l'on qualifie encore de « communautaire », en particulier la primauté de ses normes. Il s'agit là d'un signe évident (bien que formel) de sa constitutionnalité.

les premiers prévalant sur les seconds, étant donné l'existence d'un *corpus* significatif d'éléments écrits, certes traditionnels et épars (*Magna Carta*, *Bill of Rights*, etc., voire les Traités de l'intégration européenne du Royaume-Uni, les arrêts, etc.). D'un autre côté, la tradition orale prévaut dans une constitution non écrite. Or, si la Constitution britannique est bel et bien traditionnelle, elle n'est cependant pas marquée fondamentalement par la simple tradition orale.

3.1.1.2. *Constitution écrite codifiée* : Cette constitution est exposée de façon systématique, scientifique et succincte dans un code de droit politique et elle présente toutes les caractéristiques de la codification[117]. Aujourd'hui, presque toutes les constitutions adoptent cette forme et cette méthodologie.

3.1.2. *Constitution non écrite* : Comme nous l'avons vu, il s'agit d'une constitution orale, traditionnelle au sens le plus pur du terme, dans laquelle d'éventuels éléments écrits seraient exogènes. Ce sont les constitutions (au sens large du terme) des peuples sans écriture ou dont l'écriture est résiduelle.

3.2. *Selon la relation forme / contenu* : Cette classification est une des plus complexes. Elle doit être très soigneusement pondérée. En effet, il ne s'agit pas ici de classer les constitutions en général, de tel ou tel ordre juridique, de telle ou telle communauté, de telle ou telle société ou de tel ou tel Etat, mais plutôt d'envisager ce que peuvent être les divers aspects d'une même constitution dans une seule de ces entités. Certes, nous admettons que les catégories 3.2.1 et 3.2.2 puissent être utilisées de façon imparfaite par certains pour étiqueter une constitution particulière (d'une certaine époque, en un certain lieu), mais cela ne nous semble pas très avantageux. Cela risque bien souvent de provoquer un glissement de sens

[117] V. Bartolomé Clavero, « Codificacion y constitucion: Paradigmas de un binomio », in *Quaderni Fiorentini per la storia del pensiero giuridico moderno*, Milan, Giuffrè, 18 (1989), pp. 79-145.

vers la question de la force normative des constitutions concernées. Dire, par exemple, que la constitution n'était que formelle aux temps d'Hitler ou que les constitutions du Moyen Âge étaient « matérielles » (puisque non codifiées, mais « vécues ») disperse le sens des concepts dans une polysémie confuse.

3.2.1. *Constitution matérielle* : La constitution matérielle est la substance, le noyau d'une constitution. Elle n'a pas besoin de forme écrite (ou codifiée) pour exister. C'est pourquoi certains classent dans cette catégorie les constitutions sans texte codifié issues du constitutionnalisme traditionnel, historique, ancien, etc. Mais cela revient à classer dans la catégorie des simples constitutions formelles les constitutions qui sont bel et bien dotées de cette caractéristique formelle mais qui contiennent également des éléments matériels dans leur texte codifié. Nous estimons que, dans ce cas, il ne faut pas opposer la constitution formelle à la constitution matérielle : actuellement, la plupart des constitutions formelles contiennent des constitutions matérielles (du moins dans une certaine mesure).

3.2.2. *Constitution formelle* : Il s'agit, comme nous l'avons vu, de la dimension textuelle d'une constitution, normalement codifiée. Mais elle peut également se présenter comme l'ensemble des textes d'une constitution écrite éparse.

3.2.3. *Constitution instrumentale* (à ne pas confondre avec la constitution « purement instrumentale ») : La constitution instrumentale est tout simplement le support matériel, physique, de la constitution formelle. Comme nous l'avons dit, un des exemples les plus significatifs et les plus récents de cette catégorie, c'est l'accord orthographique lusophone qui a soulevé un problème intéressant : l'orthographe des constitutions instrumentales devra être adaptée à des normes infra-constitutionnelles (cet accord lui-même) dans les pays de la CPLP

(Communauté des pays de langue portugaise), alors que les constitutions formelles ne subiront, bien sûr, aucun changement. A moins de considérer que l'accord est un ensemble de normes matériellement constitutionnelles... étant donné l'importance de la langue. Mais il nous semble que ce serait exagérer, car il ne s'agit que d'un des aspects de la forme de la langue et non de son âme.

3.3. *Selon la relation forme / réalité constitutionnelle* : Les constitutions peuvent être classées en trois catégories, conformément à la grille de Karl Loewenstein, selon leur degré d'effectivité, de réalisation dans la vie des institutions et dans la vie politique et sociale en général :

3.3.1. *Constitution normative* : Dans la constitution normative, l'harmonie entre la constitution formelle et la constitution matérielle est telle que la réalité constitutionnelle coïncide avec elles. En d'autres termes moins substantialistes et peut-être même moins idéalistes, la constitution normative est la constitution dont le texte s'applique effectivement à la réalité constitutionnelle et qui correspond tant aux attentes des citoyens qu'à la véritable action constitutionnelle du pouvoir (du moins à un degré raisonnable). Ces deux exigences peuvent évidemment être dissociées et seule l'une ou l'autre peut être satisfaite. En outre, une constitution n'est pas nécessairement normative, par exemple si elle ne répond pas aux attentes les plus profondes des citoyens ou si, au contraire, le pouvoir ne la respecte pas. Certains ne font que la tolérer tandis que d'autres l'élaborent à des fins purement propagandistes : discours légitimant.

3.3.2. *Constitution nominale* : La concrétisation imparfaite ou déficiente de la constitution dans la réalité constitutionnelle, notamment en raison de son incapacité à contrôler le pouvoir réel (les relations réelles de pouvoir, quelquefois contre les droits consacrés), est le principal critère permettant de qualifier un texte constitutionnel de « constitution nominale ».

3.3.3. *Constitution sémantique ou « purement instrumentale »* : Une constitution sémantique ou « purement instrumentale » est un texte constitutionnel servant uniquement de discours légitimant, de rideau de fumée pour cacher une réalité despotique dont la nature est contraire à l'idée même de constitution.

3.4. *Selon la relation forme / projet* : Apparemment, la dimension d'une constitution n'a rien à voir avec son projet, son caractère programmatique ou le bilan qu'elle établit. Même s'il peut théoriquement y avoir une constitution hyper-programmatique synthétique et une constitution analytique d'un « réglementarisme » rébarbatif et insipide, sans l'ombre d'un vrai *programme*, nous pouvons néanmoins distinguer la constitution analytique de la constitution synthétique :

3.4.1. *Constitution analytique* : Il est généralement admis qu'une constitution analytique est une constitution qui développe un programme politique, culturel, social ou autre (en général, tous à la fois) dans un corps articulé, suffisamment ample et détaillé, et qui contient des matières allant bien au delà de la simple organisation supérieure de l'Etat ou du pouvoir (*Government*).

3.4.2. *Constitution synthétique* : A l'inverse, les constitutions considérées comme synthétiques tendent à se limiter aux éléments classiques d'identification de l'Etat et de ses organes. Notons que ces deux dimensions (contours de l'Etat et de ses organes les plus importants) correspondent au type idéal (hypothétique) de dimension minime (et minimaliste). Même les constitutions synthétiques réelles que l'on trouve çà et là vont plus loin que ces prescriptions désincarnées.

3.5. *Selon le procédé constituant (ainsi que l'époque et le genre de constitution)*

Comme nous le verrons en temps utile, deux types de constitutions se sont succédé, entrecroisé, superposé au cours de l'Histoire :

3.5.1. *Constitution naturelle, traditionnelle, historique, ou coutumière* : La première modalité se crée de façon pour ainsi dire organique. Elle se fonde sur les anciennes libertés des peuples et se caractérise par sa forme écrite éparse voire non écrite. Elle contient, en substance, des modes de protection des particuliers ou des groupes et non de protection universelle. De plus, la représentation se situe plutôt face au pouvoir qu'au sein du pouvoir lui-même.

3.5.2. *Constitution volontaire (ou volontariste, pour certains), moderne ou dogmatique* : Suite aux revendications issues des révolutions constitutionnelles (à commencer par leur cosmovision), les constitutions traditionnelles orales ont été couchées sur le papier. Mais l'on n'a pas simplement enregistré les privilèges acquis et les coutumes ancestrales. Il y a eu un véritable saut qualitatif. La constitution moderne a adopté des modes de protection des personnes plus universels, même si, dans un premier temps, certains ont critiqué leur caractère formel et « proclamateur ». La souveraineté du peuple a placé la représentation politique au cœur du pouvoir lui-même.

3.6. *Selon le principe constituant*

3.6.1. *Constitution démocratique (ou promulguée, voire populaire)* : Les constitutions issues du processus constitutionnaliste moderne sont généralement démocratiques. Elles émanent du pouvoir constituant du peuple de façon directe ou indirecte.

3.6.2. *Constitution octroyée* : Il arrive que, pour diverses raisons, les monarques interviennent directement dans le processus constitutionnel et vont même parfois jusqu'à rédiger eux-mêmes – ou faire rédiger – des textes constitutionnels qu'ils donnent, offrent ou octroient à leurs sujets. Le roi du Portugal D. Pedro IV nous fournit un exemple de ce type d'intervention : il était encore Empereur du Brésil lorsque, « corrigeant » de sa main, avec l'aide de son secrétaire, la Constitution brésilienne, il fit naître la Charte constitutionnelle portugaise de 1826, qu'il envoya au Portugal par l'intermédiaire de l'ambassadeur de Grande-Bretagne. Ces chartes ne sont pas à proprement parler des constitutions, car il leur manque le pouvoir constituant du peuple. Ce mouvement constitutionnel d'adaptation aux circonstances, de prévention de la révolution et de partage volontaire du pouvoir est caractéristique d'un certain « constitutionnalisme » germanique, qui remonte à la Constitution bavaroise de 1808. En France, la Restauration allait aussi produire sa *Charte constitutionnelle* en 1814.

3.6.3. *Constitution dualiste (résultant d'un « pacte »)* : Elle se situe en équilibre entre la constitution issue du principe monarchique et octroyée par le souverain (certes, naturellement quelque peu « démophile ») et le pouvoir constituant du peuple. Dans certains cas, le monarque (appelé « souverain ») et le peuple (titulaire de la « souveraineté » dans le nouvel ordre post-révolutionnaire en général) participent tous les deux au processus constituant. L'octroi peut être ratifié par une assemblée représentative, comme la Constitution de l'empire allemand de 1871. Il peut au contraire être précédé d'une « autorisation » du peuple, selon la méthode bonapartiste de l'exercice du pouvoir constituant. De toute façon, cette catégorie peut être considérée comme appartenant à la précédente, si on ne doit pas établir de fines distinctions.

3.7. *Selon la stabilité*[118] : La révision des constitutions peut être plus ou moins difficile, conformément à leurs propres normes. Cela dépend de ce qu'elles prévoient (sur le plan formel) ou de ce qui se passe en réalité (sur le plan réel et matériel), mais elles peuvent toujours être révisées voire rompues par voie révolutionnaire. On peut ainsi classer les constitutions de la plus pétrifiée, tout à fait impossible à réviser, à la plus flexible, en quatre catégories:

3.7.1. *Constitution immuable* : Elle n'admet aucune révision par voie constitutionnelle, que cette révision soit totale, partielle, à court terme ou différée dans le temps. Par conséquent, celle-ci ne pourra être « révisée » que par une rupture constitutionnelle, plus ou moins révolutionnaire. Ce cas est rare. Toutefois, notons que la révolution est en train de s'intégrer à la doctrine et commence à être perçue comme une source de droit. Il nous semble néanmoins que beaucoup d'incertitudes persistent[119].

3.7.2. *Constitution rigide* : Elle n'admet qu'une révision très limitée. La rigidité peut s'appliquer à divers éléments : matières (contenu), temps, procédé de révision constitutionnelle, entités qui proposent et / ou approuvent, etc. La combinaison d'obstacles à la révision résultant de la rigidité de plusieurs de ces éléments peut rendre le processus si complexe qu'une constitution virtuellement rigide se transforme en constitution immuable, surtout si l'approbation de la révision est soumise à une majorité qualifiée très large dans des sociétés très divisées sur le plan politique.

---

[118] Cf. James Bryce, *Constituciones Flexibles y Constituciones Rígidas*, 2e éd. cast., Madrid, Instituto de Estúdios Políticos, 1962; Alessandro Pace / Joaquín Varela, *La Rigidez de las Constituciones Escritas*, Madrid, Centro de Estúdios Constitucionales, 1995; Francesco Rimoli, «Costituzione Rígida, Potere di Revisione e Interpretazione per Valore», in *Giurisprudenza Costituzionale*, XXXVII, n.° 5, 1992.

[119] Georges Liet-Veaux, *La continuité du droit interne : essai d'une théorie juridique des révolutions*, Paris, Sirey, 1942; André Vincent, *Les révolutions et le droit*, Paris, LGDJ, 1974.

3.7.3. *Constitution semi-rigide* : Cette constitution prévoit une évolution prudente de son texte et permet souvent une révision périodique selon des exigences raisonnables. En fait, bien que les possibilités de révision soient raisonnables dans la prévision, certains auteurs, dont nous, estiment que l'on abuse souvent des révisions. Ces abus entraînent une banalisation du processus qui finit par s'apparenter à un phénomène symétrique dans la *praxis* constitutionnelle, celui que l'on peut observer dans les constitutions souples. La Constitution brésilienne illustre ce dérapage de la constitution semi-rigide vers la constitution souple. En effet, elle a fait l'objet d'innombrables révisions, appelées « emendas » (« amendements » constitutionnels), certainement par emprunt à la terminologie des EUA.

3.7.4. *Constitution souple* : Les constitutions souples peuvent toujours être soumises à une révision constitutionnelle. Le processus est très simple et équivaut à celui des révisions des lois ordinaires. La tradition ou l'usage constitutionnel peut toutefois rendre de telles révisions plus complexes que le texte ne pouvait le laisser supposer.

Certains plaident aujourd'hui en faveur de constitutions souples, révisables, en invoquant parfois des arguments mal digérés de prétendue « démocratisation », de besoin de « flexibilité » pour accompagner le progrès, etc. Il s'agit, en général, de revendications qui cachent des projets de gouvernamentalisation et, à la limite, de déconstitutionnalisation (abaissement de la constitution au niveau de la loi ordinaire). De plus, à l'époque actuelle, une constitution sans défense contre la mutation législative risque de succomber non seulement aux forces partisanes les plus fortes de chaque moment politique, mais aussi aux pressions de l'économie et de la finance, ce qui est encore plus grave, car il ne s'agit pas d'un pouvoir légitimé par le peuple.

Troisième Partie
CONSTITUTION, SOCIÉTÉ, POUVOIR

Chapitre 1. *Apparence et Essence, Être et Sens en Droit constitutionnel*[120]

Nous pourrions envisager la constitution comme un simple instrument technique destiné uniquement à distribuer le pouvoir entre ses divers prétendants et le droit constitutionnel comme « l'ensemble des normes » (syntagme à connotation juspositiviste) destinées à régler cette distribution. Une telle constitution, qui se limiterait à distribuer et à organiser des pouvoirs, ne serait pas dénuée de sens. Une société sans droits et où les fins de l'Etat ne seraient pas explicites pourrait, évidemment, dissimuler de nombreuses fins. Mais, comme nous l'avons vu, selon l'article 16 de la Déclaration des Droits de l'Homme et du Citoyen de 1789, il ne s'agirait toutefois pas d'une véritable constitution, puisque *la garantie des droits* n'y serait pas *assurée* (et qu'il n'y aurait peut-être même pas de droits).

Par exemple, la constitution indonésienne s'en remet si souvent à la loi ordinaire que nous doutons qu'elle contienne le noyau du pouvoir constituant. Il semblerait plutôt qu'elle le confie au législateur ordinaire... Ce qui implique une conception particulière du pouvoir et de ses détenteurs.

Les exemples ne manquent pas et nous pourrions en citer d'autres. Ce que

---

[120] V. notre *Constituição Viva. Cidadania e Direitos Humanos*, *passim* e *Filosofia do Direito*, p. 653 et suiv.

nous voulons dire, c'est que toute constitution a son propre sens politique. Il y a toujours une sorte de code génétique constitutionnel.

Des récits plus ou moins légitimants (et donc mythiques), tels que les préambules (ainsi que les « exposés des motifs » des lois – comme le soulignerait José Calvo González) constituent d'excellentes ressources au sujet des justifications explicites des constitutions. Dans la dialectique avec la réalité constitutionnelle et d'autres textes, ces récits peuvent nous aider à comprendre les raisons implicites et tacites. En droit général comme en droit constitutionnel, il faut distinguer les discours légitimants des déterminations plutôt fondatrices et véritablement essentielles. Ils coïncident parfois, mais pas toujours. Nombreux sont les Etats autoritaires qui se sont officiellement dotés de constitutions aux contours plus ou moins démocratiques. Nous vivons en quelque sorte une époque de « pan-constitutionnalisme » où les Etats prennent habituellement la forme apparente d'un « Etat constitutionnel ». Et, avec plus ou moins de restrictions, ils signent même des conventions internationales sur les droits de l'homme...

Le constitutionnaliste n'est pas un lecteur naïf de constitutions ébahi devant leurs merveilles. Il doit connaître le système juridique et le système politique qui les produisent. Il doit les connaître selon une perspective à la fois historique et comparatiste. Il doit aussi élaborer correctement l'archéologie des sens lui permettant de comprendre non seulement le sens des normes mais aussi l'esprit du système.

Chapitre 2. *Fondement et légitimation*

Le fondement et la légitimation sont des questions récurrentes et extrêmement importantes en droit constitutionnel, ne serait-ce qu'en raison de la fonction fondatrice de celui-ci dans le système juridique en général et dans chaque ordre juridique en particulier.

Cependant, même s'il est facile pour un juriste positiviste d'invoquer la constitution pour justifier son travail et ses déductions normatives en chaîne (comme dans la pyramide du positivisme logique de Kelsen), l'exigence est plus grande lorsqu'il faut aller au delà de la légitimation purement formelle d'une perspective logique ou légaliste.

Il ne s'agit toutefois pas de recourir à des recettes simples. Le problème de la légitimité est un des plus complexes, voire des plus mystérieux, du droit et de la politique. Il débouche sur d'autres problèmes dans le plus politique des droits qu'est le droit constitutionnel. Mais c'est justement parce qu'il est complexe que ce problème compte parmi ceux qui doivent avoir la primauté et doivent être posés en priorité lorsqu'il s'agit de percevoir la raison d'être et la raison de l'obéissance à n'importe quel ordre juridique et à n'importe quelle constitution[121].

Au fond, ces topiques soulèvent la question de la justification du pouvoir, de la raison pour laquelle les uns ordonnent et les autres obéissent, que ce soit dans une société politique générale ou dans une microsociété.

Il est évident que les problèmes de la légitimité et de la légalité ne coïncident absolument pas, même s'ils sont parfois proches (nous sommes dans un

---

[121] Fábio Konder Comparato, « Sobre a Legitimidade das Constituições », in *Constituição e Democracia. Estudos em Homenagem ao Professor J. J. Gomes Canotilho*, coord. de Paulo Bonavides / Francisco Gérson Maques de Lima / Faya Silveira Bedê, São Paulo, Malheiros, 2006, p. 49 et suiv.

domaine où presque tout « a quelque chose à voir » avec presque tout). Ce qui est légal peut ne pas être légitime et ce qui est légitime peut ne pas être légal. Même s'il est souhaitable que l'un et l'autre soient proches, voire qu'ils se confondent, il faut parfois « sortir de la légalité pour entrer dans le droit », non dans le sens napoléonien mais plutôt dans le sens d'agir *selon le code, mais au delà du code…*

Certaines des théorisations les plus classiques nous renvoient de manières diverses à une société mythique sans pouvoir, à un état de nature où l'homme peut être un loup pour l'homme (Hobbes) ou un bon sauvage (Rousseau), voire à une société où le problème le plus épineux résulte de l'exagération de la légitime défense face aux offenses et aux affronts, puisque l'homme est juge dans sa propre cause (Locke). Voilà donc trois réponses idéologiques différentes pour caractériser un âge d'or (le mythe, une fois de plus) sans pouvoir centralisé ni monopole juridique de la coercition, contrairement aux sociétés politiques « post » état de nature, où le droit remplit ces deux fonctions.

D'après les théories contractualistes, le passage de la liberté naturelle, sans pouvoir, à la société politique (que l'on désigne souvent par le terme imprécis mais commode « Etat ») résulte d'un « contrat social » mythique lui aussi (tandis que pour les naturalistes, tels qu'Aristote, Thomas d'Aquin et d'autres, l'homme a toujours vécu dans une société politique). Bien qu'il existe de nombreuses variantes et qu'on imagine même parfois la possibilité de pactes successifs et complémentaires, les peuples auraient transmis le pouvoir à quelques-uns, notamment aux monarques, qui pouvaient ainsi l'exercer en toute légitimité (dans le contexte et selon les « lumières » mentales de cet « ordre de choses » primordial).

Toutefois, cette transmission a été progressivement soumise à des conditions, surtout selon les auteurs moins monarchiques ou moins autoritaires qui réservaient aux peuples le droit de « repentir », ainsi qu'un certain contrôle sur leurs souverains.

Il existe plusieurs exemples de pactes conditionnels mythiques, notamment le brocard classique *rex eris si recte facias, si non facias non eris,* ou la description contractuelle de la monarchie traditionnelle portugaise (citée *supra*) que l'on doit au poète et avocat Teixeira de Pascoaes (1877-1952).

Nous avons tout d'abord le fondement du pouvoir. Il peut résider dans le contrat social, dans une appétence particulière (par exemple le charisme, l'élection, ou la sagesse patriarcale), voire dans une sorte d'onction divine (avec ou sans médiation populaire). En effet, si certains disent *omnia potestas a Deo,* d'autres ajoutent *per populum* et on imagine bien pourquoi le dramaturge iconoclaste Bertold Brecht demande à ce propos quelque chose comme : « tout le pouvoir vient du peuple, mais alors, où va-t-il ? ».

Max Weber[122], sociologue de formation juridique, a bien décrit les types de légitimité des détenteurs du pouvoir : le leader charismatique, patriarcal, ou rationnel-légal (ce dernier type désigne tout dirigeant ne possédant pas les deux autres caractéristiques et légitimement choisi conformément aux institutions modernes)[123].

Outre le fondement du pouvoir, qui fait toujours appel à des éléments mythiques et/ou psychologiques, la question de sa légitimation se pose à de nombreux moments de l'activité de l'Etat, ce qui renvoie donc directement ou indirectement au droit constitutionnel (même lorsqu'il s'agit de droit administratif, fiscal, urbanistique, environnemental ou autre, l'ombre justificative et l'*ultima ratio* du droit constitutionnel planent toujours).

Les actes administratifs doivent être fondés. Les décisions doivent être justifiées. Les actes politiques doivent être bien expliqués. Le climat constitutionnel de l'Etat constitutionnel est essentiellement un climat d'appel à la

---

[122] Max Weber, *Wirtschaft und Gesellschaft. Grundriss des verstehenden Soziologie*, trad. angl., *Economy and Society*, Berkeley, University of California Press, 1978, 2 vols., surtout. vol. I, p. 215 et suiv.
[123] V. notre *Política Mínima*, p. 79 et suiv.

légitimation. Cela fait partie de la culture de dialogue et de légitimation par la procédure (*Legitimation durch Verfahren*[124]) et par le consensus (ou les efforts pour l'obtenir) dont sont imprégnées nos sociétés, non seulement démocratiques (sur le plan politique) mais aussi pluralistes (sur le plan politique, culturel et social).

De nos jours, même dans le petit domaine de sa micro-entreprise, le propriétaire ne peut pas prendre de décision tyrannique ni ne pas justifier des options importantes concernant la vie de ses employés[125]. Ce n'est pas une question de constitutionnalité, mais d'adéquation à la culture d'une époque, de politesse même, et, sous un angle plus utilitariste, de motivation du personnel, une stratégie de resources humaines. Le temps du « je peux, je veux, j'ordonne » n'est certes pas terminé, parce que la complexité de nos sociétés a pulvérisé les pouvoirs et que de petits tyrans poussent comme des champignons en marge d'un système démocratique participatif et de garanties. Mais tout dépend de l'amour de la liberté des intéressés et nous croyons que la prise de conscience des droits, qui se généralise de plus en plus, avec parfois de graves conséquences personnelles pour ceux qui dénoncent les scandales, finira par anéantir ces vestiges d'époques passées. Bien que les mentalités autoritaires (comme les pauvres, selon l'Evangile) seront toujours parmi nous, il y a une énorme différence entre une société fondée essentiellement sur la force des maniaques du pouvoir, voire des psychopathes, et une société où le pouvoir est au service de tous, incarné par la compétence alliée à la souplesse, dirigée par l'intérêt général, sans trituration de la personnalité et des intérêts de chacun. De même, les pauvres étant, par définition, les salariés d'aujourd'hui, il n'est pas difficile de concevoir une société de dignité dans le travail, une société ayant éradiqué l'indigence, ce degré de misère en-deçà de la dignité humaine. Cela, le droit constitutionnel ne peut pas l'accepter non plus,

---

[124] Niklas Luhmann, *Legitimation durch Verfahren*, Neuwied / Berlin, Luchterhand, 1969.
[125] V. notre *Pensar o Estado*, Lisbonne, Quid Juris, 2009, p. 33 et suiv.

c'est pourquoi il existe des mesures d'assistance sociale et de revenu minimum garanti pour tous.

La recherche du fondement du pouvoir et du sens de la constitution et des constitutions est une tâche complexe qui exige une grande érudition et une large interdisciplinarité. Cela nous entraîne dans les arcanes les plus profonds et les plus mystérieux de nos domaines et nous fait pratiquement passer à la philosophie politique et à la philosophie du droit, voire au delà dans certains cas. La magie du pouvoir provient essentiellement de ses racines mythiques et animistes.

Si nous ne pouvons ignorer la question du fondement – ni celle de l'être, d'ailleurs – elle ne dépend toutefois pas de nos forces théoriques. Par contre, comme nous l'avons déjà évoqué, la justification quotidienne est non seulement un impératif constitutionnel, mais aussi un vecteur qui traverse l'ordre juridique actuel de part en part et une application nécessaire de notre culture constitutionnelle, qui est une culture de droits, d'écoute et de participation.

Il a beaucoup été question de légitimité et de légitimation lors de la phase la plus aiguë de la discussion du projet giscardien de constitution codifiée pour l'Union européenne. Pour évaluer les positions des différents acteurs politiques et juridiques en ce moment historique, il faut absolument tenir compte de deux vecteurs qui interagissaient : d'une part, leurs conceptions politiques profondes (notamment quant au rapport entre leur nationalisme et leur européisme, entre leurs préoccupations sociales et leur libéralisme économique), d'autre part, leur adhésion à des théories juridiques (plus d'Etat ou non, internationalistes, communautaristes, constitutionnalistes, etc.). Cet événement historique a prouvé que les concepts sont de nouveau en train de changer et qu'ils ne correspondent plus vraiment à la réalité. D'ailleurs, l'Union européenne est un *novum*, une nouvelle réalité qui lance encore de grands défis juridiques et constitutionnels.

Et c'est ici que le rôle créatif et intégrateur du droit intervient à nouveau. Le droit ne peut se laisser entraîner par la simple *force normative des faits*, notamment des faits consommés (ou accomplis), mais il ne peut pas non plus s'enfermer dans le château endormi de la belle au bois dormant[126].

[126] Cf. Rogério Ehrhardt Soares, *Direito Público e Sociedade Técnica*, p. 5.

Chapitre 3. *Légitimité et Légitimation*

On distingue traditionnellement la légitimité de titre (ou bien « d'origine », selon, par exemple, Victor Bazin) de la légitimité d'exercice. En droit, le titre est fondamental. Un titre juridique est ce *ratio* permettant de fonder les vicissitudes essentielles d'une relation juridique. Les relations juridiques se créent, se modifient et se dissolvent justement au moyen des titres juridiques.

Ceci dit, des titres tels que l'acquisition originaire, le contrat, le testament, la loi, etc., et même, pour certains, la « nature humaine » ou la « qualité d'être humain » (ce qui implique toute une problématique philosophique et sociale) sont les fondements de la légitimité de la possession de A ou de B. L'attribution de son dû à chacun (*suum cuique*), que le droit doit assurer, dépend du titre juridique dont chacun est porteur. Il en va évidemment de même en droit constitutionnel puisque celui-ci distribue les pouvoirs et les honneurs en fonction des titres. Et, bien qu'il ne soit pas la source ultime de cette attribution, comme nous l'avons vu, il travaille aussi avec les droits fondamentaux et les droits de l'homme.

Bien sûr, la légitimité de titre est importante, mais la légitimité d'exercice l'est encore davantage. Les tyrans (au sens étymologique grec) qui accèdent au pouvoir d'une manière peu constitutionnelle, grâce à leur charisme, et, bien souvent, par des moyens révolutionnaires ou des coups d'Etat, peuvent devenir des hommes d'Etat légitimes s'ils gouvernent bien, ce qui est très rare, voire impossible (du moins de nos jours), mais il faut admettre cette possibilité théorique, issue de la mythologie « historiographique »...

Si tant est qu'elle existe, la légitimité d'exercice justifie l'illégitimité de titre. Cela ne signifie pas qu'il faille s'exposer aux risques que font courir de telles situations. En effet, celui qui accède au pouvoir par des moyens illégitimes continue normalement sur la même voie lorsqu'il y est, même si le pouvoir semble institutionnaliser les révolutionnaires. En effet, de Michael Collins lors de la révolution pour l'indépendance de l'Irlande[127] à des cas plus récents, nous constatons que le pouvoir tend à modérer les plus radicaux, qu'il s'agisse d'individus ou de groupes politiques. Il suffit de penser à l'évolution du Hamas.

Paradoxalement, et avec la distance qui s'impose, quelqu'un a affirmé qu'un gouvernement de la Mafia ne serait pas nécessairement un gouvernement mafieux. On retrouve l'idée des deux faces de Janus de la politique[128] reprise par le constitutionnaliste et politologue français Maurice Duverger : tout gouvernement, aussi dictatorial et autocratique qu'il soit, doit aussi être « administration » et s'occuper de choses utiles, pratiques. Il doit par exemple assurer un minimum d'assistance médicale ou organiser la collecte des déchets.

Si un parfait accès au pouvoir par le titre garantit la *légitimité*, du moins au niveau formel, seule une conduite irréprochable dans l'exercice du pouvoir confère la *légitimation*. Un pouvoir légitime est donc un pouvoir qui possède surtout la légitimation que lui confère sa conduite irréprochable. A l'époque actuelle et dans notre sphère culturelle, c'est d'autant plus vrai que la plupart des gouvernements sont élus conformément à des normes constitutionnelles. S'ils sont légitimes sur le plan formel, ils doivent toutefois confirmer leur légitimité par leurs actes, notamment en tenant leurs promesses électorales. Et en agissant avec équilibre, notamment vis-à-vis de la société en général. Un gouvernement minoritaire, par exemple, sans renier ses idées et ses programmes, ne doit pas seulement négocier avec les oppositions, comme un simple comptable des votes du parlement. Plus que tout autre, il doit tenir compte de *l'intérêt général* et savoir ce qu'il doit proposer et ce qu'il doit oublier provisoirement.

---

[127] Cf. Neil Jordan, *Michael Collins. Film Diary & Screenplay*, London, Vintage, 1996

[128] Maurice Duverger, *Introduction à la politique*, Paris, Gallimard, 1963; Idem, *Janus, les deux faces de l'Occident*, Paris, Gallimard, 1962.

Le problème de la légitimité ne s'arrête toutefois pas là. En effet, si la démocratie politique formelle – le rituel électoral – constitue une grande avancée culturelle par rapport à d'autres modes de désignation des détenteurs du pouvoir, la question de leur légitimité n'est toujours pas entièrement résolue et nous devons donc nous en soucier.

En fait, l'opinion publique et la formation de la volonté électorale se heurtent aujourd'hui à de nombreux obstacles et sont souvent détournées sous l'influence de pouvoirs factuels puissants : à commencer par les médias, qui peuvent être contrôlés, de façon plus ou moins souple, par diverses entités publiques ou privées, voire par le pouvoir économique.

Malgré les pressions exercées sur l'électorat et son niveau de préparation et d'information plus ou moins élevé, on n'a encore rien trouvé de mieux pour justifier la légitimité du pouvoir que le vote populaire qui permet la représentation de toute communauté, transformée ainsi en un ensemble de votants, en un électorat.

Le problème de la représentation en soi est très complexe. La confiance de l'électeur en son représentant (qui n'est ni commissaire ni nonce, mais qui a une plus grande liberté) est souvent ébranlée par les désillusions causées par nombre d'élus, dans de nombreux pays et à l'occasion de nombreuses élections. Toutefois, la méthode électorale semble être la seule connue pour assurer l'audition de tous les intéressés, tout en évitant le populisme qui ne respecte pas la véritable opinion, comme c'est souvent le cas en « démocratie directe », notamment référendaire.

Le referendum semble permettre au peuple de s'exprimer plus pleinement. En fait, le simplisme de l'alternative entre « oui » ou « non » favorise la prolifération de démagogues qui jouent sur le simplisme et le mécontentement et comptent sur la désinformation et le manque de culture des masses pour parvenir à leurs fins, ce à quoi ils arrivent presque toujours. Le referendum sur le port d'armes à feu au Brésil offre un bel exemple : l'homme armé a été glorifié et on a parlé d'un prétendu « droit naturel » à l'armement, dans une réédition inappropriée d'une mythologie du *Far West*. C'est le plus souvent le prestidigitateur qui a le plus de chances de gagner en cas de referendum.

D'autre part, la démocratie référendaire ne distingue pas les positions intermédiaires et favorise des résultats artificiels qui ne résultent pas du dialogue pouvant mener au compromis. Cela finit par privilégier les coalitions négatives et les fausses majorités positives. Prenons, par exemple, les referendums français et néerlandais sur la Constitution européenne où les plus révolutionnaires et les nationalistes les plus conservateurs ont tous voté « non », les premiers, par crainte du libéralisme du traité, et les seconds, de peur de perdre leur souveraineté.

Finalement, le referendum peut devenir un instrument pour les majorités enflammées par des démagogues, surtout conservateurs voire réactionnaires, contre certaines minorités (immigrés, homosexuels, minorités ethniques ou religieuses, etc.) incapables de se défendre contre la masse. Le résultat est pervers et peut accroître les conflits, comme celui qui a abouti à la prohibition des minarets en Suisse. De même, nous sommes persuadé que le résultat d'un référendum serait en faveur de la réintroduction de la peine de mort dans certains pays – parce que la masse, excitée, pense à sa sécurité ainsi qu'à la vengeance. Cela serait une véritable catastrophe civilisationnelle, un énorme retour en arrière. Et cela n'a rien à voir avec la démocratie. On sait bien que le danger qui la menace est la démagogie et celle-ci se situe à deux doigts de la tyrannie...

Si les représentants trahissent les aspirations des électeurs, les referendums sont souvent propices à un climat radicalisé, où les excès l'emportent sur les solutions de compromis et de modération[129].

---

[129] V. notre *Política Mínima*, p. 198 et suiv.

Chapitre 4. *Pouvoir constituant et Constitution matérielle*

1. *Origines du pouvoir constituant*

Le pouvoir constituant compte parmi les concepts dont on connaît la date de naissance, alors qu'il nous semble incroyable qu'il n'ait pas toujours existé[130]. Etant donné l'universalité du concept de constitution et le constat de l'existence de constitutions de tout temps et en tout lieu, il semblerait normal qu'il y ait toujours eu un pouvoir constituant concomitant, c'est-à-dire un pouvoir émanant du peuple qui donne lieu à la création de la constitution, qu'il s'agisse d'une évolution silencieuse sur plusieurs siècles à l'époque du constitutionnalisme naturel ou d'un acte solennel, d'une proclamation, d'un « cri d'Ipiranga » (comme celui de l'indépendance du Brésil) aux répercussions immédiates à l'époque du constitutionnalisme volontariste. L'existence de ce pouvoir de faire la constitution de tout temps et en tout lieu ne peut pas être niée, car elle est attestée par ses créatures, les constitutions. Le seul problème, c'est que cela n'a pas toujours été perçu.

D'ailleurs, la datation de la naissance du pouvoir constituant (confondue avec le moment de sa captation théorique) ne peut être qu'un pur effet du « chronocentrisme », de cette sorte d'ethnocentrisme temporel dont nous sommes

---

[130] En théologie, il en va de même de la Trinité. Ce n'est pas un dogme exprimé littéralement dans la Bible (contrairement au monotheísme : Deut. VI, 4, etc.). Elle a été élaborée doctrinalement, du moins pendant deux siècles et demi, jusqu'aux formulations de Nicée et de Constantinople et la querelle du *Filioque* divise toujours les orthodoxes. Mais aujourd'hui, l'apprenti théologien pourra toujours s'étonner de l'historicité de la doctrine, car il voit de la Trinité partout dans sa Bible. De même, le constitutionnaliste d'aujourd'hui voit du pouvoir constituant partout dans le droit constituionnel. Ce n'est pas une question d'essence, c'est le parcours de la découverte, du moins dans notre discipline... V., pour illustration, M. James Sawyer, *Survivor's Guide to Theology*, Grand Rapids, Michigan, Zondervan, 2006, chapitre 2, 5.

souvent victimes[131]. En y regardant de plus près, nous nous apercevons que le constitutionnalisme naturel, historique, traditionnel, naturellement doté de forces créatrices de vecteurs constitutionnels en raison de son caractère « organique » et du flou quant à l'identité de ses fauteurs, protagonistes ou auteurs, tend naturellement vers la mythification du législateur primordial (s'il existe ou si on l'invoque), perçu comme un dieu, un demi-dieu ou un héros. Mais ce constitutionnalisme ne nous lègue pas d'assemblée constituante. Tout reste très ancien et très nébuleux. Cela en dit long sur l'absence de théorisation à cette époque pré-révolutionnaire.

Il a ainsi fallu attendre jusqu'au XVIIIe siècle pour entrevoir les premiers contours explicites du concept de pouvoir constituant. Il s'agissait des premières manifestations du constitutionnalisme moderne. En effet, c'est dans le constitutionnalisme moderne, avec sa dimension nettement volontaire (parfois même volontariste), que se trouvent les conditions nécessaires à la création de la catégorie « pouvoir constituant ».

Dans le *Federalist Paper* n.° 78, du 14 juin 1788, consacré au pouvoir judiciaire, Alexander Hamilton avait déjà conçu la notion de pouvoir constituant sans en avoir encore créé le terme : « There is no position which depends on clearer principles, than that every act of a delegated authority, contrary to the tenor of the commission under which it is exercised, is void. No legislative act, therefore, contrary to the Constitution, can be valid. To deny this, would be to affirm, that the deputy is greater than his principal; that the servant is above his master; that the representatives of the people are superior to the people themselves; that men acting by virtue of powers, may do not only what their powers do not authorize, but what they forbid. »

D'Holbach, lui aussi, dans son article *Représentants*, de l'Encyclopédie de Diderot et d'Alembert, s'en approche, à condition que l'on considère que les

---

[131] V. notre *Filosofia do Direito*, p. 255 et suiv.

constituants dont il parle sont tout simplement les électeurs et non pas leurs représentants : « les représentants supposent des constituants de qui leur pouvoir est émané ».

L'idée de la représentation existait déjà chez ces deux auteurs, mais seul Sieyès la présente comme le principe dynamique et la clé de voûte du constitutionnalisme moderne[132]. Lorsque l'abbé Sieyès a avancé l'idée de pouvoir constituant (l'expression est encore utilisée en français par certains puristes germaniques) dans son fameux *Qu'est-ce que le Tiers Etat ?* (écrit en 1788 et publié l'année suivante), nous ne savons pas s'il se rendait compte qu'il était en train d'inventer un concept fondamental du constitutionnalisme moderne ou si cette expression avait simplement surgi de sa plume comme un simple argument dans le feu de la lutte politique.

Cela arrive plus souvent qu'on ne croit : les théoriciens ne produisent pas les grandes théories à tête reposée mais bien dans le feu de l'action, lorsqu'ils mettent la main à la pâte (et parfois dans le sang) en participant activement à la réalité et à la lutte politique de leur époque.

Les mots de Sieyès sont devenus le texte « sacré » dans ce domaine : « La nation existe avant tout, elle est l'origine de tout. Sa volonté est toujours légale, elle est la loi elle-même. Avant elle et au-dessus d'elle il n'y a que le droit *naturel*. Si nous voulons nous former une idée juste de la suite des lois *positives* qui ne peuvent émaner que de sa volonté, nous voyons en première ligne les lois *constitutionnelles*, qui se divisent en deux parties : les unes règlent l'organisation et les fonctions du corps *législatif*; les autres déterminent l'organisation et les fonctions des différents corps *actifs*. Ces lois sont dites *fondamentales*, non pas parce qu'elles peuvent en ce sens devenir indépendantes de la volonté nationale,

---

[132] V. Dimas Macedo, *O Discurso Constituinte. Uma Abordagem Crítica*, 3e éd., Belo Horizonte, Fórum, 2009, p. 39 et suiv.. A propos de cette figure cruciale de la Révolution française et de la théorie constitutionnelle, Paul Bastid, *Sieyès et sa pensée*, nouv. éd., Paris, Hachette, 1970; Jean-Denis Bredin, *Sieyès. La clé de la Révolution française*, Paris, Fallois, 1988.

mais parce que les corps qui existent et agissent par elles ne peuvent point y toucher. Dans chaque partie, la constitution n'est pas l'ouvrage du pouvoir constitué, mais du pouvoir constituant. Aucune sorte de pouvoir délégué ne peut rien changer aux conditions de sa délégation. C'est en ce sens que les lois constitutionnelles sont *fondamentales*. »[133]

Certains puristes considèrent le pouvoir constituant comme la méthode permettant de créer des constitutions de manière inoffensive et non révolutionnaire. C'est possible à l'heure actuelle dans des démocraties instituées lorsque les assemblées constituantes peuvent être convoquées sans problème majeur. Nous devrions, cependant, nous souvenir de l'histoire constitutionnelle un peu plus ancienne, où le pouvoir constituant finit toujours (ou presque toujours) par jouer un rôle révolutionnaire. Il y a quelque chose de violent et de sacré[134] dans ces moments fondateurs. Et, curieusement, il y a presque toujours une tache, une imperfection « démocratique » à la naissance d'une nouvelle constitution, comme au début du processus de codification de la Constitution européenne (tout serait tellement plus simple et plus clair démocratiquement si le Parlement européen avait décidé que sa prochaine législature serait constituante ! Nous n'aurions pas de convention giscardienne, mais bien une assemblée constituante élue directement par les Européens et on échapperait certainement à tout referendum, sauf peut-être dans quelques cas particuliers...).

Le pouvoir constituant de la première constituante française est impur et imparfait, c'est pourquoi il a besoin d'une légitimation postérieure. Comme le souligne Sieyès: « Les représentants de la nation française, réunis en Assemblée nationale, reconnaissent qu'ils ont par leurs mandats la charge spéciale de régénérer la Constitution de l'Etat. En conséquence ils vont, à ce titre, exercer le

---

[133] Emmanuel Sieyès, *Qu'est-ce que le Tiers Etat ?*, éd. crit. de Edme Champion, p. 68, *apud* http://visualiseur.bnf.fr/Visualiseur?Destination=Gallica&O=NUMM-89685

[134] René Girard, *Des choses cachées depuis la fondation du monde*, Paris, Grasset, 1978; *Idem*, *La violence et le sacré*, Paris, Grasset, 1972 ; Idem, *Le Bouc Emissaire*, Paris, Grasset, 1982.

pouvoir constituant, *et pourtant, comme la représentation actuelle n'est pas rigoureusement conforme à ce qu'exige une telle nature de pouvoir*, ils déclarent que la constitution qu'ils vont donner à la nation, quoique provisoirement obligatoire pour tous, ne sera définitive, qu'après qu'un nouveau pouvoir constituant, extraordinairement convoqué pour cet unique objet, lui aura donné un consentement que réclame la rigueur des principes »[135].

Dans *Qu'est-ce que le Tiers Etat ?,* ayant probablement reconnu les imperfections et les défauts de la représentativité du pouvoir constituant originaire, Sieyès ne manque pas de donner à la Nation (qui correspond aujourd'hui à tout corps politique constituant, quel qu'il soit) une grande latitude d'intervention *a posteriori*, c'est-à-dire un grand pouvoir de révision constitutionnelle : « il serait ridicule de supposer la nation liée elle-même par la Constitution à laquelle elle a assujetti ses mandataires. Non seulement la nation n'est pas soumise à une Constitution, mais elle ne peut pas l'être, mais elle ne doit pas l'être, ce qui équivaut encore à dire qu'elle ne l'est pas »[136]. Et il peut donc conclure : “(...) la Constitution d'un peuple n'est et ne peut être que la Constitution de son gouvernement et du pouvoir chargé de donner des lois, tant au peuple qu'au gouvernement. Une Constitution suppose avant tout un pouvoir constituant »[137].

Et la constitution finit par suivre la doctrine. L'article 28 de la Constitution du 24 juin 1793 allait rejoindre ces affirmations : « un peuple a toujours le droit de revoir, de réformer et de changer sa Constitution. Une génération ne peut assujettir à ses lois les générations futures ».

---

[135] Emmanuel Sieyès, *Reconnaissance et exposition raisonnée des droits de l'Homme et du Citoyen*, 20 et 21 juillet 1789, *in* François Furet / Ran Halevi (textes réunis et annotés par), *Orateurs de la Révolution française*. I. *Les Constituants*, Paris, Gallimard, La Pléiade, 1989, p. 1005 (c'est nous qui soulignons).
[136] Emmanuel Sieyès, *Qu'est-ce que le Tiers Etat* ?, cit., p. 69.
[137] Idem, *Reconnaissance et exposition raisonnée des droits de l'Homme et du Citoyen*, cit., p. 1013.

Il faut cependant l'interpréter correctement. C'est le peuple (pas ses représentants formels) qui est titulaire de ce droit, c'est-à-dire du pouvoir constituant originaire. Cela ne signifie pas que des limites de révision constitutionnelle ne puissent pas être imposées dans le cadre d'une constitution. Il peut y en avoir et elles peuvent être utiles. Mais ce que cet article justifie, c'est la possibilité de changer de constitution, si les conditions deviennent insupportables au sein d'une constitution donnée. Ce que cet article proclame, ce n'est pas la banalisation de la constitution, c'est la justification juridique de la révolution comme source de pouvoir constituant.

2. *Pouvoir constituant et Constitution matérielle*

2.1. *Formes de pouvoir constituant*

2.1.1. *Pouvoir constituant originaire et dérivé*

Avant d'aller plus loin, il est important de définir les deux types de pouvoir constituant. Le *pouvoir constitutionnel originaire* émane du peuple et remonte au virage historico-spirituel que constitue l'élaboration de toute constitution. Dans ces moments fondateurs, les représentants choisis par le peuple ou assumant en quelque sorte sa représentation symbolique sans mandat, sans mandat direct, voire en débordant leur mandat, tous ces représentants incarnent le *pouvoir constituant dérivé* qui résulte du premier type de pouvoir constituant. Il faut toutefois nuancer. Le *pouvoir constituant dérivé* (assumé par les députés constituants en vertu – *ex vi* – du pouvoir constituant originaire) existe déjà et agit dans l'acte de création d'une première version de la constitution. Cependant, on appelle aussi *pouvoir constituant dérivé* le pouvoir de révision constitutionnelle d'une assemblée qui remplit des fonctions constituantes conformément à la Constitution en vigueur.

Nous pouvons ainsi dire que la question de la rigidité ou de la souplesse d'une constitution relève du pouvoir constituant dérivé.

2.1.2. *Différentes cultures constituantes :* Révéler, *ou* Dire *ou* Créer

La façon de concevoir le pouvoir constituant et le procédé de création d'une constitution varie naturellement selon les cultures constitutionnelles. Les Anglais, les Américains et les Français attendent de leurs révolutions constitutionnelles des fonctions différentes : *révéler*, *dire*, ou *créer*[138]. Tous les procédés constituants relèvent au moins d'un de ces projets : *révéler* la constitution existante, traditionnelle, projet typique de la conception britannique à peine transformé dans la conception nord-américaine du *dire*, et, enfin, le procédé de rupture de la Révolution Française, où il s'agit de *créer* une nouvelle Constitution, voire « la » Constitution, universaliste, et ce, conformément à certains réquisits modernes (à commencer par la triade mythique dont nous avons parlé).

2.2. *De la constitution matérielle au pouvoir constituant et vice versa*

Dans les limites que nous nous sommes fixées, il est impossible d'aborder les innombrables théories ou définitions de ce qu'est ou a été la constitution matérielle. Nous n'évoquerons donc que quelques-unes des théories qui se sont installées au cours de l'Histoire. Nous ne sélectionnerons pas nécessairement les plus courantes, mais plutôt celles qui nous semblent essentielles pour y voir clair à ce sujet.

Même si l'on attribue le concept historico-universel de constitution de façon mythique à Lassale, la conscience de l'existence – connaturelle à toute société, quel que soit le groupe politique – d'un noyau juspolitique (appelons-le ainsi) ou la conscience d'une certaine organisation du pouvoir, telle que celle de la

---

[138] J. J. Gomes Canotilho, *Direito Constitucional e Teoria da Constituição*, surtout. p. 68 et suiv.

première fonction indo-européenne (formule qui souligne la syncrèse), est très ancienne. Cette intuition a notamment été désignée par les formules *Nomos*, *Constitutio* ou *Lois fondamentales des Royaumes*[139].

Or la véritable constitution matérielle[140], dans son sens le plus profond, est précisément cet ensemble organisé spontanément, ce *Nomos*, qui s'oppose à la *Taxis*, à l'organisation créée volontairement par les hommes[141].

Nous pouvons concevoir cet ordre des sociétés comme quelque chose qui leur est intrinsèque et immanent ou comme quelque chose qui leur est communiqué de l'extérieur (par une entité supérieure, surnaturelle par exemple). Mais dans ce sens premier, et quelle que soit la perspective, la constitution matérielle est quelque chose qui s'impose de façon absolue et naturelle. C'est pourquoi elle est si proche de l'idée d'un droit naturel, du moins dans sa version politique : un droit naturel politique ou « constitutionnel ». La comparaison classique entre le *Nomos* et les remparts de la Cité, de la Polis, apparaît alors comme une évidence.

Les constitutions écrites n'existaient pas avant que les princes n'aient décidé de construire leur « œuvre d'art », l'Etat, et n'en soient arrivés, en concentrant de plus en plus le pouvoir, à choisir le pouvoir de la loi positive, écrite, divulguée et adoptée universellement sur leurs territoires. Il convient de rappeler que, pour les premiers constituants, l'oubli des lois fondamentales (ou constitution matérielle) dans la loi positive des princes est la source de tous les maux de leur époque. Ces mêmes constituants ont toutefois compris que cette lacune du pouvoir tout-puissant de la loi ne pouvait être comblée que par la loi elle-même. Convertis au légalisme, les constituants n'allaient pas restaurer la

---

[139] V. Manoel Gonçalves Ferreira Filho, *O Poder Constituinte*, 5e éd., São Paulo, Saraiva, 2007 ; François Olivier-Martin, *Histoire du Droit français, des origines à la Révolution*, Paris, CNRS, 1990 ; Idem, *Les Lois du Roi*, réimp., Paris, Editions Loysel, 1988.

[140] Rogério Ehrhardt Soares, "Constituição. Política", *Polis*, vol. I, Lisbonne / São Paulo, Verbo, 1983, col. 1.164 et suiv.

[141] F. A. von Hayek, *Droit, législation et liberté. I – Règles et ordre*, trad. fr., Paris, P.U.F., 1973.

constitution matérielle non écrite ou écrite de façon éparse, mais bien doter les pays (devenus des Etats) de constitutions formelles, c'est-à-dire de lois à valeur souvent renforcée, supérieures à toute autre[142].

C'est précisément de là que vient la relation avec le pouvoir constituant. Comme l'affirme Rogério Ehrhardt Soares : « L'apparition de la constitution formelle pose un nouveau problème : celui de la découverte d'une source de légitimation constitutionnelle pour éviter que la constitution soit le résultat de la plus grande force factuelle existant au moment de sa publication. C'est la question du pouvoir constituant qui recourt malgré lui à un principe de constitution matérielle : le principe de la souveraineté nationale (constitutions démocratiques) ou le principe monarchique (constitutions octroyées) sont des ingrédients normatifs antérieurs à la constitution formelle »[143].

Le vecteur idéologique et normatif qu'est la « constitution matérielle » allait lui aussi acquérir un rôle similaire (quoique plus efficace et mieux connu) à celui du *Contrat social*, où les peuples transfèrent leur pouvoir au prince (tout en conservant la possibilité de revenir sur leur décision). Grâce au pouvoir constituant, le peuple conserve sa liberté essentielle et naturelle tandis que le pouvoir du prince, y compris celui des *lois qui gouvernent*, même les plus élevées (les constitutions), est un pouvoir délégué, susceptible d'être retiré.

La mentalité juspositive légaliste courante (ainsi que de nombreux pouvoirs qui, en pratique, se convertissent au légalisme car celui-ci les sert sans discuter) a évidemment largement contribué à l'oubli de ces questions. Elle essaie toujours d'oublier tout ce qui n'est pas l'exégèse mécanique pure et simple du commandement – quand elle ne considère pas cela comme quelque chose de « métaphysique » et « sans intérêt pratique », ce qui, de nos jours, ne peut être considéré que comme une calomnie, fruit évident de la mauvaise foi ou d'une

---

142 *Idem*, col. 1.166.

143 *Idem, Ibidem*.

inacceptable ignorance. Lorsqu'on en arrive à ce point (qui semble même paradoxal), « [la] constitution devient une promesse du détenteur matériel du pouvoir » car « (...) la maîtrise graduelle des préjudices positivistes pousse toutefois à considérer les problèmes constitutionnels uniquement comme des questions post-constitutionnelles renvoyant à un texte particulier. La constitution se transforme dans une promesse du détenteur matériel du pouvoir »[144].

Cependant, comme le cygne de Goethe, la constitution matérielle revient encore et toujours. *La Nature revient au galop !* Les processus révolutionnaires et constituants sont pour elle l'occasion de se faire entendre à nouveau. En effet, le pouvoir constituant n'étant pas une simple construction théorique mais bien l'expression théorique de la volonté du peuple, il doit toujours respecter les limites et les recommandations sourdes de la constitution matérielle (en s'y référant implicitement ou explicitement).

Il ne faut pas oublier que la constitution matérielle progresse, elle aussi : à l'époque actuelle, il ne faut pas la confondre avec la leçon des lois fondamentales du Moyen-Âge. Par exemple, il n'est sans doute pas trop audacieux de dire que, de nos jours, dans les pays les plus évolués sur le plan civilisationnel et culturel, les droits de l'homme ou la séparation des pouvoirs s'intègrent naturellement à la constitution matérielle. Cela ne simplifie pas les concepts, mais les concepts doivent accompagner la réalité sociale en mouvement...

Il faut aussi noter que le pouvoir constituant n'est pas illimité (contrairement à ce qu'on dit souvent) ni dénué de sens : ce sens lui est conféré par la constitution matérielle, dont la concrétisation pose exactement les mêmes problèmes que ceux du droit naturel.

Il y aura toujours des visionnaires qui voudront inclure tant au droit naturel qu'à la constitution matérielle des chimères qui ne correspondent ni aux possibilités de la nature des choses et des hommes, ni aux véritables sentiments de

---

[144] *Ibidem*, col. 1167.

ces derniers. Il y aura toujours des réactionnaires qui tenteront d'arrêter le temps afin de les ramener tous deux (ou soit le premier, soit la deuxième) à des formules caduques qu'ils considèrent comme la vérité pure. Il y aura toujours des égoïstes en tout genre qui essayeront de faire passer par l'un ou par l'autre ce qui n'est rien d'autre que leurs conceptions personnelles, ou les idées qui servent leurs intérêts. Pour toutes ces raisons, il nous semble que tout chercheur prudent devrait reconnaître son ignorance à propos de certaines matières.

Néanmoins, nous avons ici une situation semblable à celle de Saint Augustin au sujet du Temps : si on ne nous demande pas ce que c'est, nous en avons sans doute une idée. Diffuse, sans réquisits ni éléments de type légal (*Tatbestand*), mais une idée, quand même. D'autre part, nous savons très bien ce qu'est la constitution matérielle : il suffit qu'elle soit grossièrement violée pour que nous en prenions pleine conscience. Il arrive que les remparts de la Cité s'effondrent. Le consensus à ce sujet en est le signe. Lorsque les Portugais se sont donné la main et se sont vêtus de blanc pour Timor Lorosae, envahi par l'Indonésie, ce n'était pas les remparts de leur polis qui étaient en danger mais bien ceux du village global. Pourquoi ? Parce qu'il s'agissait bel et bien du cri de la Constitution matérielle de Timor qui réclamait le plus légitime et le plus élémentaire de ses objectifs : exister en tant qu'Etat souverain.

Il est tout aussi délicat de définir la constitution matérielle de tel ou tel pays que d'établir un catalogue du droit naturel pur, surtout si on l'envisage comme immuable (ce qui n'est pas notre cas, bien entendu). La polysémie de cette expression (ou son ambiguïté, si on se limite à ses deux dimensions essentielles) explique en partie cette difficulté. On pourrait en tout cas dire que la constitution matérielle constitue « l'ensemble des objectifs et des valeurs constitutives du principe effectif de l'unité et de la permanence d'un ordre juridique (dimension objective) et l'ensemble des forces politiques et sociales (dimension subjective) qui expriment ces objectifs ou ces valeurs, tout en assurant leur poursuite et leur concrétisation, quitte à déborder du cadre de la constitution écrite. (...) La constitution matérielle ne se ramène pas à un simple 'pouvoir de fait' ('relations de pouvoir et d'influence', 'fait politique pur'), elle possède également une fonction ordonnatrice »[145].

Il y a aussi une autre relation importante entre deux concepts cruciaux, celui de « constitution matérielle » et celui de « force normative de la constitution » : « La *force normative de la constitution* (Konrad Hesse) présuppose le plus souvent la volonté de constitution (...), autrement dit, l'explicitation dans la constitution écrite ou formelle de l'ensemble des objectifs et des valeurs débattus par les constellations politiques et sociales au niveau de la constitution matérielle »[146].

C'est cette dialectique qui explique les contrastes, les divergences entre la réalité constitutionnelle multimodale et la lettre de la loi (la constitution formelle) et qui comporte non seulement des normes coutumières et des pratiques constitutionnelles, mais aussi des normes écrites ineffectives, des transitions ou des développements constitutionnels, etc.

2.3. *La constitution matérielle dans la constitution formelle*

N'en déplaise à certains, ce sujet offre un énorme intérêt pratique. En y regardant de plus près, on constate que les législateurs constituants cherchent à déterminer ce qu'est la constitution matérielle en la positivant en quelque sorte, par tentatives successives. Ils le font en établissant des clauses « pétrifiées » qui interdisent toute révision constitutionnelle ou en fixent les limites matérielles proprement dites[147]. Ces limites correspondent à une forme minimale de

---

[145] J. J. Gomes Canotilho, *Op. Cit.*, p. 1139.
[146] *Idem, Ibidem*.
[147] Cf. Marie-Françoise Rigaux, *La théorie des limites matérielles à l'exercice de la fonction constituante*, Bruxelles, Larcier, 1985; Costantino Mortati, "Concetto, Limitti, Procedimento della Revisione Costituzionale, in *Rivista Trimestrale di Diritto Pubblico*, 1952.

constitution matérielle dont le sens a évolué, ne l'oublions pas.

De nos jours, étant donné l'existence de la constitution formelle, la constitution matérielle apparaît normalement comme la partie essentielle de l'ensemble de la constitution formelle, celle qui détient la dignité constitutionnelle (en admettant qu'il y ait des matières formellement constitutionnelles mais, en quelque sorte, matériellement administratives ou de tout autre genre infraconstitutionnel). Il faut encore ajouter à cette constitution « lyophilisée » ce qu'on doit y inclure en bonne théorie. Il s'agit par exemple des sources de droit, qui se trouvent traditionnellement dans les Codes civils de divers pays (peut-être pour les préserver d'un éventuel changement constitutionnel)[148].

Le sens de l'expression (et le concept opératoire, le paradigme) « constitution matérielle » a changé depuis l'époque classique puisque le contexte a changé lui aussi. La positivation est indubitablement au centre du problème.

Nombreux sont ceux qui manifestent un certain enthousiasme pour la positivation (la preuve en est la force de ce paradigme juridique et la façon dont il fonctionne en tant que philosophie spontanée des juristes, y compris des plus pluralistes et moins légalistes) et qui croient que leurs mythes les plus chers, à savoir le « droit romain », le « droit naturel », ou la « constitution matérielle » (qui fonctionnent bien comme des mythes ici), se sont matérialisés chacun dans son texte normatif. On a pu le constater avec le Code civil allemand de 1900 (BGB – *Bürgerliches Gesetzbuch*) et on le constate encore aujourd'hui avec les constitutions ou les déclarations universelles de droits. En fait, la Justice (y compris le « juste constitutionnel matériel ») n'est jamais pleinement matérialisée et son idéal doit évoluer même si les textes sont excellents. On constate toutefois que la positivation des grandes valeurs et des grands principes, la consécration de beaux instituts juridiques, etc., a fait passer le travail du juriste et du défenseur de la Justice à un autre plan. Il utilise désormais les textes pour obtenir justice. Ce qui

---

[148] Cf., p.ex., notre *Res Publica. Ensaios Constitucionais*, Coimbra, Almedina, 1998, p. 87 et suiv.

constitue un avantage dans un contexte légaliste comme il y en a encore à plusieurs niveaux juridiques et dans plusieurs pays, à condition que le texte lui-même ne soit pas discrédité en tant que discours « politique », « proclamateur », « non juridique », etc. Et cet étiquetage anticonstitutionnel menace tous les textes constitutionnels... Du moins, jusqu'à ce que la mentalité juridique commune (bureaucratique) change.

Face à la mentalité moderne, positiviste (de façon souvent inconsciente), les raisons ou les principes qui ne sont pas écrits (et intégrés à des normes très spécifiques et légales, voire réglementaires!) ont beau être évidents, profonds, beaux, vrais ou justes, ils obtiennent rarement gain de cause. La positivation est donc essentielle, même s'il ne faut jamais renoncer à expliquer en prêchant normalement dans le désert que le texte des normes ne constitue pas le droit dans sa totalité et qu'il n'est même pas le plus important. Il faut aussi y apporter le plus grand soin, de peur que cette idée ne se confonde avec une perspective de « droit libre » et que la noblesse du droit immatériel ne s'entache d'intérêt sous un voile plus ou moins poétique ou théorique.

2. 4. *A la recherche de la constitution matérielle*

Aujourd'hui, il est difficile de cerner la constitution matérielle. Pour ce faire, il faut recourir aux aspects les plus profonds et les plus durables de la constitution. Au Portugal, par exemple, ce qui, en pratique, est le plus stable, c'est le préambule, même si tout le monde n'est pas d'accord là-dessus. Les limites matérielles de la révision constitutionnelle de l'article 290 (aujourd'hui l'article 288) ont été modifiées lors de la révision constitutionnelle de 1989, ce qui a impliqué une double révision[149]. Cette double révision nous a toujours choqué, car, en subvertissant le sens des textes normatifs, elle a réduit la force normative de la

[149] Cf. J. J. Gomes Canotilho, « O Problema da Dupla Revisão na Constituição Portuguesa », in *Revista Fronteira* (tiré à part), décembre 1978.

Constitution toute entière, selon le principe de la loi de Gresham : « la mauvaise monnaie chasse la bonne ». Et ce qui est resté de bon n'échappe pas à la menace d'une nouvelle double révision...

On pourra toujours soutenir que la constitution matérielle change et que les limites matérielles d'une constitution peuvent ainsi être exceptionnellement modifiées, ce qui permet de faire l'économie d'une révolution. Certes, la constitution matérielle change. Mais, sans parler du cas concret et historique de la double révision, peut-elle, par exemple, régresser en matière de valeurs constitutionnelles ?

Le pluralisme intrinsèque[150] de nos Etats constitutionnels actuels rend très difficile toute démarche au delà du texte (*praeter constitutionis*), car il est très difficile de parvenir à un consensus. Et il n'est pas facile de sortir de là, car l'alternative à ce consensus (et à un moyen dialectique, topique et rhétorique d'arriver à des consensus) constituerait un changement de paradigme politique inadmissible et indésirable, à savoir le passage à une perspective autoritaire ou totalitaire.

Personne ne peut affirmer qu'il communique directement avec la constitution matérielle ou avec le droit naturel. Même les valeurs finissent par devoir être densifiées par des éléments obtenus par consensus. Nous nous retrouvons donc dans une situation aporétique de la constitution matérielle. Si celle-ci inspirait le pouvoir constituant, si elle le limitait dans son "utopie" et le guidait vers le « bien commun » *hoc sensu*, la constitution formelle qui en résulterait serait assurément pourvue de force normative et bien accueillie par les citoyens. Cependant, l'invocation de la constitution matérielle peut ne constituer qu'un atout dans la main de celui qui se croit détenteur de la vérité. C'est ainsi que l'impasse s'installe. Comment le pouvoir constituant d'abord et ceux qui

---

[150] Nous parlons ici de pluralisme social, culturel, politique. A propos du pluralisme juridique (ontophénomenologique), v. notre *Filosofia do Direito*, p. 321 et suiv. (V. également p. 303 et suiv.).

appliquent la constitution ensuite pourraient-ils croire en une seule et même théorie sur la constitution matérielle?

Sur le plan humain et social, l'ensemble des vérités qu'Aristote a définies de façon symbolique comme indiscutables est en train de perdre du terrain. Le Stagirite affirmait qu'il était hors de question de se demander s'il fallait honorer ses parents ou si la neige était blanche. Nous savons aujourd'hui que les esquimaux disposent de tout un éventail de termes pour désigner la neige et, d'ailleurs, personne ne niera que la neige sale n'est pas blanche. Mais est-ce encore de la neige lorsqu'elle est sale ? Certes, il y a des vérités indiscutables, mais le débat sur ces vérités et sur la question de savoir quelles sont ces vérités indiscutables n'est pas clos.

Enfin, aussi légitime et prudente que soit la crainte qu'une théorie de la constitution matérielle menace la démocratie du consensus et le pluralisme dans lequel nous vivons, nous ne tenons pas compte des doctrines les plus transcendantes. Nous gardons cependant la sensation que le légalisme constitutionnel pur, même s'il est intelligent, véhicule souvent une oppression et une fermeté qui ressemblent en pratique à celles que l'on cherchait à éviter. Cette dernière situation semble toutefois plus contrôlable que l'arbitraire pur. D'abord parce que, dans un ordre démocratique et pluraliste où le souci du détail textuel domine, l'oppression constitue un dysfonctionnement du système, un objectif, notamment pour certains micro-pouvoirs, voire un effet pervers de la machine générale, que l'information libre rendra toujours public et qui pourra ainsi être corrigé. Ensuite parce que les grands idéaux théoriques consensuels (tels que les droits de l'homme – traduction actuelle du droit naturel, qui peut aussi être conçu comme topique et argument) ont été renforcés grâce à leur insertion massive dans les textes normatifs. Comme nous l'avons dit, ce renforcement est d'autant plus intense que la mentalité d'aujourd'hui se fonde sur une logique documentaire et de l'écrit[151] et non sur une culture de l'oralité.

Cela ne signifie pas que l'on doive renoncer à envisager le concept de constitution matérielle selon ses deux dimensions actuelles et à tenir compte de son sens originaire. Mais il faut le traiter avec le plus grand soin. Des critères peuvent nous aider dans cette manipulation chirurgicale d'un objet complexe voire dangereux.

Il faut d'abord considérer le critère négatif, qui réveille en nous la constitution matérielle par le choc d'une constitution ou d'une disposition constitutionnelle formelle apparemment en contradiction flagrante avec cet esprit constitutionnel immanent, cette *Idée de Justice* dans le champ constitutionnel.

Vient ensuite le critère du consensus, associé à la topique, à la dialectique et à la rhétorique en tant que moyens pacifiques de parvenir à un consensus. Seul le consensus permet la preuve réelle, positive. Il faut évidemment admettre que la *vox populi* se trompe très souvent. Nous savons qu'il arrive que les fossoyeurs des constitutions et de la liberté parviennent au pouvoir de manière constitutionnelle et sont parfois même élus (comme Hitler). Toutefois, le consensus allié au sentiment de justice constitutionnelle dont nous avons parlé, permet d'ajouter un élément garantissant l'évaluation d'une constitution, et encore plus d'un point constitutionnel particulier.

Il faut enfin toujours retenir le critère du moindre mal : l'invocation de la constitution matérielle contre un point constitutionnel apporte-t-elle réellement de l'eau au moulin de la paix, de l'ordre, de la sécurité et surtout de la Justice (en tenant compte de l'adage *fiat justitia, pereat mundus* – qui devrait être considéré comme un véritable contre-principe) ? En outre : la présence de cette norme qui choque est-elle réellement intolérable ? Quel est donc le moindre des maux : l'éradication de la norme ou le fait de la tolérer ?

---

[151] Jack Goody, *The Logic of Writing and the Organisation of Society*, New York, Cambridge University Press, 1986.

Cette question nous entraîne immédiatement sur un autre grand terrain théorique, celui de la possibilité d'existence de normes constitutionnelles inconstitutionnelles[152]. Comme c'est souvent le cas, elle nous renvoie aussi à la question de savoir s'il existe des normes constitutionnelles supérieures et, éventuellement, une *Grundnorm* (la norme des normes, la norme fondamentale de Kelsen), voire des normes supraconstitutionnelles[153].

Dans ce chapitre, qui a tout à gagner à être traité également (pour des raisons pratiques) dans le cadre du droit constitutionnel positif de chaque ordre juridique, plusieurs cas doivent être signalés.

Il y a avant tout de fausses questions qui devraient être abordées dans un autre contexte, tels les cas d'antinomies intraconstitutionnelles qui résultent souvent d'une lecture parcellaire et partielle (non holistique) de la constitution et donc d'une herméneutique défectueuse, car elle n'est ni contextuelle ni systématique. Elle est en outre certainement déterminée idéologiquement (ce qui ne signifie nullement que toute herméneutique soit neutre – en général, c'est exactement le contraire).

Si l'on admet, d'une part, que certains cas extrêmes ont un sens et inquiètent davantage et, d'autre part, que la simple articulation herméneutique ne permet pas de trouver de solution apaisante, il nous semble que la théorie de la concordance pratique prend toute son importance, car elle garantit un sens nucléaire minimal à chaque noyau normatif ou à chaque droit – au fond, il s'agit simplement d'un autre moyen d'arriver à un consensus.

Finalement, seuls les cas les plus graves d'opposition insurmontable

---

[152] Cf. Le texte classique d'Otto Bachof « Verfassungswidrige Verfassungsnormen ? » in *Recht und Staat*, Vols. 163-4, Tübingen, J. C. B. Mohr (Paul Siebeck), 1951.

[153] Stéphane Rials, « Supraconstitutionnalité et systématicité du droit », in *Archives de Philosophie du Droit*, t. XXXI, Paris, Sirey, 1986; Serge Arné, « Existe-t-il des normes supra-constitutionnelles ? Contribution à l'étude des droits fondamentaux et de la constitutionnalité », in *Revue du droit public*, 1993, pp. 459-512. Pour une autre perspective du problème : Georges Vedel, « Souveraineté et supraconstitutionnalité », in *Pouvoirs*, 1993, n° 67, pp.79-97.

peuvent être rangés dans une catégorie de normes constitutionnelles inconstitutionnelles. Mais n'oublions pas que cette opposition peut être étudiée soit entre normes positives, positivées dans un même texte constitutionnel, soit entre une norme positivée et la toile de fond générale de la constitution matérielle – ce qui revêt ici une importance particulière.

En fin de compte, tout le problème de l'inconstitutionnalité des normes finit par soulever, si nous le lui permettons, essentiellement la question de la constitution matérielle. En effet, la non-conformité d'une norme par rapport à la constitution serait évidemment bien plus grave s'il s'agissait d'une non-conformité à l'esprit véritable et au plus profond des normes constitutionnelles plutôt qu'à son texte pur et simple. Dans cette perspective, la constitution matérielle est un authentique « esprit des lois » constitutionnelles.

Cela explique pourquoi certains considèrent qu'il vaut mieux mettre entre parenthèses les problèmes de la constitution matérielle, des normes constitutionnelles inconstitutionnelles ou du pouvoir constituant en raison de leur énorme complexité et de leur transcendance. Le fait d'invoquer la constitution matérielle peut constituer un acte prométhéen, ou, pire encore, l'ensorcellement d'un apprenti-sorcier qui invoque des forces qu'il ne pourra jamais maîtriser. Le parallélisme avec le droit naturel s'impose de nouveau à nous : Michel Villey, un des plus éminents spécialistes contemporains en la matière, l'a déconseillé aux juristes normaux afin d'éviter des problèmes plus graves[154]. Il pensait certainement au subjectivisme... Le problème actuel est que l'inculture et le manque de souplesse et de prudence d'une grande partie de juristes et de décideurs sur le terrain (fruit, entre autres facteurs, de graves défaillances éducatives et d'un recrutement qui privilégie souvent les « leaders » audacieux, parfois sans scrupules, ceux qui font leur marketing, qui ont de bonnes relations sociales, etc.,

---

[154] Michel Villey, « Jusnaturalisme, essai de définition », in *Revue Interdisciplinaire d'Etudes Juridiques,* n° 17 (1986) ; Idem, *Réflexions sur la Philosophie et le Droit. Les Carnets,* Paris, PUF, 1995, p. 45.

même si leur préparation technique est insuffisante), remettent en cause le légalisme et la légalite. Le vieux *dura lex, sed lex*, certes critiquable, constitue bien souvent le dernier rempart contre l'arbitraire des nouveaux pouvoirs des microdictatures infiltrées au sein de nos macrodémocraties. Ironie du sort. Mais si cette régression peut apparaître comme la seule solution dans certains contextes, il ne faut pas baisser les bras et se résigner pour toujours au légalisme. Le droit juste et la bonne société ne pourront voir le jour que dans un contexte de lois sages et de dirigeants encore plus sages.

Quatrième Partie

CONSTITUTION ET ÉTHIQUE

Chapitre 1. *Pyramide normative, Éthique et Constitution*

1. *Le problème herméneutique, la hiérarchie des sources et la place de l'éthique dans la constitution*

Même s'il ne s'en rend pas compte, l'interprète, qui choisit les sources, utilise divers critères, divers topiques herméneutiques qui constituent ses véritables vecteurs d'interprétation[155].

Il semble que le premier critère justifiant l'utilisation d'une source soit *le fait d'être en vigueur*. L'interprète ne tient pas compte des normes abrogées ou désuètes, autrement dit de celles qui ne sont pas en vigueur. Mais le fait d'être en vigueur dépend d'un autre critère, celui de l'ordre juridique dans lequel s'inscrit l'activité herméneutique de l'interprète. Une norme peut « encore » être en vigueur sur un territoire séparé politiquement alors qu'elle ne l'est « plus » dans la « métropole » ou dans le pays « colonisateur »[156].

---

[155] Une façon classique d'envisager le problème est de l'intégrer au problème général des antinomies, comme le fait Norberto Bobbio dans *Teoria dell'ordinamento giuridico*, trad. de Maria Celeste Cordeiro Leite dos Santos, *Teoria do Ordenamento Jurídico*, réimp. de la 10e éd. (1999), Brasília, Editora Universidade de Brasília (2006), surtout p. 81 et suiv.

[156] Par exemple, les deux monuments législatifs que sont les Ordonnances philippines ou le Code Civil du magistrat portugais Vicomte de Seabra (1798-1895) sont restés en vigueur, les unes au Brésil, l'autre dans les anciennes enclaves portugaises en Inde (ou ancien « Etat » portugais de l'Inde : Goa, Damão et Diu), après la séparation entre ces territoires et l'Etat portugais.

Une fois que ces deux critères sont établis (le fait d'être en vigueur et *l'inscription* dans l'ordre juridique où apparaît la question sub judice[157]), l'interprète doit choisir ses sources en fonction de leur *pertinence substantielle*, thématique (de sujet, de matière), par rapport au problème posé.

S'il a, par exemple, le choix entre des sources normatives et coutumières ou entre différentes sources normatives, l'interprète devra choisir d'appliquer celle dont la pertinence est la plus directe, ce qui n'est évident que lorsqu'il n'y en a qu'une. Par contre, s'il y en a plusieurs, il devra appliquer un critère de *hiérarchie des sources*. S'il n'y a que des sources normatives, c'est la hiérarchie des normes, parfois appelée métaphoriquement « pyramide normative », qui s'impose, mais il ne faut toutefois pas oublier le « jeu » des normes générales, spéciales, exceptionnelles, etc. Une dialectique où les différentes normes fonctionnent selon une topique réglée par une technique juridique rigoureuse et raisonnable se crée donc conformément au type de situation[158].

Il importe de souligner que la constitution, en tant que norme des normes (même si, comme nous l'avons vu, les sources du droit se trouvent généralement dans le code civil pour des raisons historiques, elles n'en restent pas moins une matière matériellement, bien que non formellement, constitutionnelle), occupe le sommet de cette pyramide normative. Mais, en fait, de quelle constitution s'agit-il ? Du texte de la constitution codifiée ? Il ne nous semble pas. Au sommet de la pyramide se trouve ce qu'il y a de plus élevé, de plus vital dans la constitution matérielle. Et il semble bien que ce soit son fondement, dont le contenu est éthico-

---

[157] Nous ne considérons évidemment pas les cas plus complexes des droits internationaux (public et privé).

[158] Tant de responsables de pays où les citoyens ont peu de culture juridique (ce qui n'empêche évidemment pas les rares spécialistes d'en avoir beaucoup) commettent des injustices et des illégalités, car ils ne connaissent pas ou n'appliquent pas les normes fondamentales, notamment les règles herméneutiques (y compris les règles herméneutiques consacrées par la loi – même sans parler de la doctrine)... Dans ce cas, la pyramide normative est fréquemment renversée et c'est ainsi que l'ordre pur et simple du fonctionnaire vaut plus que le règlement, le règlement plus que la loi, la loi plus que la constitution...

juridico-politique. En d'autres termes, c'est la constitution matériellement constitutionnelle dans son ensemble qui occupe le sommet de la pyramide, mais la pointe du sommet est occupée par ce qu'il y a de plus essentiel dans cette même constitution.

2. *Ethique constitutionnelle et éthique républicaine*

L'éthique constitutionnelle semble bien être ce qui importe le plus dans une constitution. Dans le cas de certaines constitutions (dont celles de la France, de l'Allemagne, et toutes celles de l'Europe méridionale, par exemple[159]), ce noyau axiologique est une éthique (dite constitutionnelle, civique, publique, ou républicaine) qui peut être analysée en tant que valeurs sur le plan objectif et en tant que vertus sur le plan subjectif.

Il faut donc s'attarder un moment sur la question. Il existe des expressions dont on ne connaît pas bien le sens véritable. A force d'être utilisées, elles finissent par signifier tout et rien à la fois, elles deviennent des tics de langage.

Heureusement, ce n'est pas encore le cas de l'expression « éthique républicaine », généralement utilisée avec parcimonie et uniquement par ceux qui savent de quoi il s'agit. Avant qu'elle se corrompe, il faudrait en fixer le sens, ne serait-ce qu'en termes ouverts, naturellement.

Nous ne pouvons pas nous embarquer dans des récupérations cosmétiques ou des appropriations indues de concepts dont la sédimentation sémantique s'est déjà effectuée. Cependant (même si nous entrons là dans un autre domaine), c'est justement parce qu'il s'agit d'une éthique liée à des constitutions ouvertes et pluralistes que l'éthique républicaine doit être réceptive aux apports les plus

---

[159] Sur le principe républicain dans les monarchies constitutionnelles européennes, v. Peter Häberle, *El Estado Constitucional*, Mexico, Universidad Nacional Autónoma de Mexico, 2003, p. 36-44. Il semble que toutes les monarchies d'Europe, sauf le Lichtenschein, aient complètement abandonné le principe monarchique pour la souveraineté populaire, bien que le sommet de l'Etat soit toujours occupé heréditairement et à vie...

récents, sous peine de se cristalliser. Comme le droit, l'éthique est une discipline normative faite de concepts qui deviennent des habitudes. De concepts qui sont désignés par des mots. Or, comme l'affirme Mia Couto, auteur mozambicain, « Les mots et les concepts sont vivants, ils glissent entre les mains de la pensée tels des poissons entre les mains du pêcheur. Et, comme les poissons, ils évoluent le long du fleuve de l'Histoire. Ceux qui pensent pouvoir pêcher et congeler des concepts ne peuvent être que des collectionneurs d'idées mortes ».[160]

D'autre part, l'éthique républicaine ne peut ni ne doit évidemment jamais être perçue comme un discours anti-valeurs (ou prétendument « avaloratif », étranger aux valeurs, voire « au delà du bien et du mal »), ni comme une quelconque alternative à une morale courante, sans dimension politique immédiate, qu'elle soit traditionaliste et intransigeante ou moderne et laxiste. Il s'agit d'une éthique publique, éminemment politique, concernant des valeurs et des comportements politiques, et non exclusivement personnels. Il ne s'agit pas ici d'une contradiction avec les valeurs de *self-restraint* (nous ne disons pas de « neutralité » absolue) et de préservation de la sphère privée dans l'Etat de droit démocratique.

C'est pourquoi l'éthique républicaine doit être en quelque sorte minimaliste, dans la mesure où elle recherche parfois le plus petit dénominateur commun axiologique[161]. Celui-ci s'obtient non pas de façon statistique, mais bien grâce à une sociologie axiologisée – qui aurait d'ailleurs été utilisée par les

---

[160] Mia Couto, *Pensatempos. Textos de Opinião*, 2e éd., Lisbonne, Caminho, 2005, p. 85.

[161] Cependant, elle a aussi une dimension mythique héroïque, basée sur les grands exemples classiques des grecs et des romains. V. François Vallançon, « Images romaines de morale et de droit. *Devotio et fides* » *in Archives de Philosophie du Droit*, XXXIV, Paris, Sirey, 1989, p. 304 et suiv. Et notre « Das Virtudes Cívicas Clássicas às Virtudes Pós-Modernas - dos Tempos e dos Modos », *in Anais do X Seminário Internacional: Filosofia e Educação - Ideias, Ideais, História*, org. par Jean Lauand, São Paulo, CEMOROC – EDF – FEUSP, Núcleo de Estudos de Antropologia – UNIFAI; Factash editora, 2010, pp. 21-32.

Romains comme moyen de créer les règles de droit. Cette éthique rejette tout type de totalitarisme, à commencer par le totalitarisme en matière de morale, car elle sait très bien qu'elle pourrait transformer l'Etat en une énorme prison. Il suffit de rappeler l'exemple du moralisme de la Genève de Calvin, dont Stefan Zweig dresse un excellent portrait : celui d'une éthique républicaine inversée où la « république » (et il reste à savoir s'il s'agissait réellement d'une république en termes matériels, substantifs : nous pensons que non) sert justement une certaine morale, sur fond religieux. Or, l'éthique républicaine est autonome par rapport à ces contraintes, même s'il peut arriver qu'elle connaisse des moments d'intersection avec des valeurs qui ne sont pas spécifiquement juridiques ou politiques.

Néanmoins, il ne s'agit pas d'une éthique purement étiologique, en quête d'*ethos* (éthique descriptive ou physiologique), mais bien d'une éthique qui participe du *pathos* politique et qui n'acquiert de la valeur que dans la mesure où elle s'assume avec une certaine normativité (éthique prescriptive ou normative – que certains assimilent à la « morale »).

Nous pensons qu'il faut distinguer deux dimensions de l'éthique républicaine : l'éthique individuelle (dimension subjective – les vertus) et l'éthique politique (dimension objective – les valeurs).

La première dimension de l'éthique constitutionnelle est précisément celle des valeurs politiques, dont nous pensons qu'elles peuvent varier en fonction de l'empreinte propre à chaque constitution. Toutefois, étant donné la culture démocratique sociale généralisée à l'époque actuelle, il nous semble difficile de se passer complètement des valeurs politiques libérales, démocratiques et sociales. Elles sont absolument indispensables.

Bien sûr, on pourrait évoquer d'autres valeurs alternatives. Mais les exemples ne sont pas très nombreux ni très convaincants. Nous admettons que certains, moins socialistes que les autres, préfèrent par exemple « l'équité » à « l'égalité », afin de se protéger du spectre de l'égalitarisme niveleur. Mais l'égalité est déjà une forme d'équité et la justice elle-même en est une autre (l'équité lui est inhérente). La précaution est excessive... et peut même se révéler dangereuse, car elle peut engendrer des inégalités effectives (sous couvert d'équité) par voie herméneutique.

Nous admettons que d'autres préfèrent l'expression « solidarité » ou « fraternité » à la valeur de « justice » - mais cela n'altère pas vraiment le sens profond des valeurs constitutionnelles générales. Il semble que chemin tracé par la justice mène tout droit à la fraternité. Quant à la solidarité, ses connotations ne sont pas toujours consensuelles, sur un fond évidemment positif d'aide au prochain, mais moins universel que le sens de « justice » ou « fraternité ».

D'ailleurs, si l'égalité est considérée, par exemple par Bernard Crick, comme la valeur politique propre aux socialistes démocratiques (y compris les socio-démocrates et les travaillistes), elle n'en figure pas moins dans la triade des objectifs du père des véritables libéraux (non anarcho-capitalistes), Adam Smith, sans parler des préoccupations sociales de Thomas Hill Green. Au grand étonnement de certains, Smith présentait de façon explicite la triade valorative politique que l'on retrouve (explicitemente ou implicitement) dans plusieurs constitutions actuelles : Liberté, Égalité et Justice.

L'éventail des valeurs dans le domaine politico-constitutionnel est très réduit. Ce problème s'explique, d'une part, par le fait que ces valeurs ne peuvent être des anti-valeurs et, d'autre part, par le fait que l'hybride « constitution » juspolitique elle-même implique un modèle de « démocraticité », de citoyenneté, etc., incompatible avec un texte qui prônerait par exemple les « valeurs » de la race pure, de l'apartheid racial ou social, ou du bellicisme...

La deuxième dimension est celle de l'éthique publique individuelle, que nous pourrions même appeler « morale républicaine », une morale de la République selon laquelle s'exerceraient les *vertus républicaines*. Et elles sont nombreuses : de la prudence au courage et à la justice en tant que vertu.

Le présupposé manifeste de cette « morale » est l'ensemble des vertus fondamentales de l'honnêteté. Dans une ambiance politique de corruption, avérée ou soupçonnée, ces vertus finissent par être citées en exemple par les politiciens les plus stricts ou les moins souriants (comme si l'affabilité était le signe d'un manque d'intégrité éthique) ; or, elles devraient tout simplement être la condition *sine qua non* de toute citoyenneté : elles ne devraient jamais pouvoir constituer une source d'étonnement et d'admiration.

En outre, il n'y a pas que chez les politiciens que l'on puisse chercher les vertus politiques. Il s'agit en fait de vertus citoyennes et, en tant que telles, elles concernent tous les citoyens. Si le scandale parmi les acteurs de la scène politique ne produit plus aucun émoi (ce qui constitue une forme de cautérisation éthique profonde, qui entraîne l'insensibilité et affaiblit le droit légitime à l'indignation), tant il est normal dans certains pays, il n'en reste pas moins que chacun doit réfléchir à deux fois avant de jeter la première pierre. Cela ne signifie évidemment pas que le citoyen moyen puisse se considérer comme corrompu au premier regard qu'il jette sur le miroir de sa conscience. Nous n'en sommes pas encore là. Mais il faut bien admettre qu'il existe une culpabilité diffuse (qui ressemble à la « culpabilité dans la formation de la personnalité » en droit pénal) quant au *déficit* général de citoyenneté. Chaque citoyen qui se limite à critiquer ou à subir sans participer se rend un peu coupable. Il devrait participer, c'est un devoir politique et éthique : d'abord au niveau de son quartier, c'est-à-dire sa petite *polis*, et il doit le faire non pas avec un volontarisme acéphale, quand bien même il serait généreux, mais en contribuant sérieusement et activement à la politique, en étudiant et en pondérant les problèmes de la chose publique. S'il ne le fait pas, il se rend complice passif du *statu quo*. Et il faut aussi reconnaître que nous exerçons très peu notre citoyenneté (avec, toutefois, la circonstance atténuante que le citoyen moyen s'épuise en menant une vie délirante en raison de l'excès de travail et de bureaucratie). Certes, l'idée égoïste selon laquelle les choses publiques doivent être laissées « aux autres » ou que la faute revient toujours « à l'Etat » ou « au gouvernement », « aux politiciens », est très commode, mais elle finit toujours par se retourner contre le citoyen résigné et passif.

Les autres ne s'occuperont jamais aussi bien que nous de nos problèmes. Voilà qui justifie pleinement un ancien principe, celui de l'*autarkeia*, de l'aspect de proximité impliqué dans le principe de la subsidiarité. On n'est jamais aussi bien servi que par soi-même, que ce soit dans la vie, l'honneur, la liberté, etc.

Il faut évidemment que l'Etat et l'ordre social et économique permettent une réelle participation du citoyen à tous les niveaux. Non seulement par des libertés formelles, mais aussi par le climat et par les moyens socio-économiques élémentaires pour que puisse exister la base de toute citoyenneté : une certaine tranquillité dans la vie personnelle pour favoriser l'altruisme dans les affaires publiques. Si cette paix et ce bien-être personnels n'existent pas, la politique risque de favoriser ce qu'elle a de moins recommandable et de pousser ceux qui n'ont aucune chance de gagner leur vie et encore moins de faire fortune dans leur vie privée à tenter leur chance en vivant non pas pour la *res publica*, mais de la *res publica*.

Les politiciens travaillent avec ce dont ils disposent. Dans une démocratie, ils constituent (tant bien que mal) une élite issue de la masse du peuple qui les a élus. Cette « élite » n'est pas très qualifiée, car les exigences pour l'exercice de leur fonction sont pratiquement nulles. Voici comment Oliveira Martins, écrivain et homme politique portugais (1845-1894), qui a d'ailleurs été ministre, présentait le problème : « L'homme politique, cet ingénieur des sociétés, construit avec ce qu'il trouve. S'il n'y avait ni abnégation, ni sacrifice, ni volonté, ni courage chez les citoyens, comment pourrait-il y avoir de la dignité et de la vertu chez les dirigeants ? »[162].

---

[162] Oliveira Martins, « Causas Económicas da Imoralidade Política », in *Província*, Porto, 23-IX-1887, année 3.

Dans un autre article, il s'attaque au problème de la compétence technique (et humaniste aussi) en politique : « On confond actuellement souveraineté et pouvoir, autorité et gouvernement. Tout citoyen, quel qu'il soit, est indéniablement une source d'autorité et un puits de souveraineté, mais l'idée que tout citoyen soit virtuellement capable d'exercer les plus hautes fonctions de l'Etat est un paradoxe qui fera rire aux éclats les générations à venir. Il faut des montagnes de qualifications et de certificats pour exercer la moindre fonction, alors qu'il ne faut absolument rien, ni extrait de casier judiciaire, ni certificat d'études primaires, pour être député ou ministre »[163].

Pourtant, la sélection naturelle peut aussi produire ses effets. Les sages affirmations de l'auteur signifieraient l'exclusion du pouvoir de personnes comme Lula da Silva, Xanana Gusmão, et tant d'autres... En politique comme partout ailleurs, seul le génie n'a besoin d'aucun certificat d'études ni d'aucun diplôme, d'aucune évaluation ou inspection) pour prouver son talent.

Nous ne savons donc pas quelle est la « crise » la plus grave et la plus profonde : celle qui conduit à l'indécision et à l'inquiétude face à certaines valeurs communes qui n'en sont ni ne peuvent en être (dans une société très pluraliste socialement et moralement) ou bien la véritable crise des vertus de la citoyenneté, qui, contrairement aux vertus générales, ne suscitent pas d'angoisses particulières... Ce sont finalement les mêmes vertus que celles que réclamait Oliveira Martins au XIXe siècle, tant pour les hommes politiques que pour le citoyen moyen.

Contrairement à la « crise des valeurs » (voire à « l'inversion des valeurs »[164]), dont il est souvent question, la crise des vertus n'est pas une topique

---

[163] *Idem*, « O Descrédito da Política », *O Repórter*, Lisboa, 19-I-1888, année 1, n° 19.

[164] Carl G. Jung, *Aion: Beiträge zur Symbolik des Selbst*, Walter, 1976, trad. fr. par Marie-Martine Louzier-Sahler et Étienne Perrot, *Aïon: Etudes sur la phénoménologie du Soi*, Paris, Albin Michel (1978, rééd. 1998) notre traduction de la trad. port. du Prêtre Dom Mateus Ramalho Rocha, OSB, *Aion - Estudos sobre o Simbolismo do Si-Mesmo*, Petrópolis, Vozes (1982), p. 27 : « Chaque 'abaissement du niveau mental' provoque une certaine inversion des valeurs ». Mais la question est

très à la mode[165]. Mais c'est incontestablement l'autre facette de la crise de notre éthique publique, qui, au fond, est à l'origine de la crise actuelle de la démocratie, de l'Etat et du droit[166] (et à laquelle s'ajoute le manque d'imagination et de qualification de nombreux acteurs politiques résultant de leur sélection endogame qui laisse à désirer). La décadence civilisationnelle et/ou politique est aussi parfois invoquée. Laissons les grands mots et essayons de regarder les choses en face.

L'éthique constitutionnelle occupe une place fondamentale dans la théorie et dans la pratique de la constitution, mais cette suprématie ne lui donne évidemment pas le droit d'appliquer la constitution formelle de manière subversive. Au contraire, c'est justement pour préserver le projet constitutionnel que nous devons souligner la prééminence de cette légitimation et de cette justification qui renvoie à l'axiologie. Il ne faut pas s'émerveiller de ce genre de références. Les thèmes éthiques et moraux sont de nouveau à l'ordre du jour. La constitution et le droit constitutionnel étant eux-mêmes des acteurs d'insertion sociale et culturelle, les voici donc également de retour sur les terrains qui sont les nôtres.

Il est clair que certains des présupposés les plus dépurés concernant les relations entre le droit et la morale[167] sont toujours valables, à commencer par le brocard romain *non omne quod licet honestum est*. Tout ce qui est permis n'est pas forcément honnête. Le droit est le plus petit dénominateur commun social et non une morale (une religion ou une politique) armée. Comme se plaît à le dire un célèbre pénaliste, tout le monde a le droit de choisir le chemin qui mène à l'enfer, du moment qu'il y aille seul et qu'il ne renverse personne sur son passage.

---

très complexe. Chaque époque perd quelque chose et gagne autre chose, sauf les périodes de pleine décadence.

[165] Contributions à l'évolution de l'emploi du mot et de sa compréhension *in* J(ohn) G. A. Pocock, *Linguagens do Ideário Politico*, p. 83 et suiv., surtout p. 88 et suiv.

[166] Plus de détails dans notre *A Constituição Viva. Cidadania e Direitos Humanos*, *cit.*, *passim*.

[167] Cf., p. ex., L. Fuller, *The Morality of Law,* nouv. éd., Yale (1969); David Gauthier, *Morals by agreement*, Oxford, réimp. Clarendom Press (1987) ; Kent Greenawalt, *Conflicts of Law and Morality,* New York / Oxford, Oxford University Press (1989).

Tel est le principe des principes. Son application rigoureuse a permis de prévenir de nombreux maux d'ingénierie sociale et de fondamentalisme avec lesquels on a souvent malheureusement confondu malgré elle la juridicité. Cette simple maxime nous renvoie au *ius redigere in artem* et à l'*Isolierung*[168], sans lesquels il est impossible de comprendre la spécificité épistémologique et civilisationnelle du méga-paradigme que nous appelons *le droit*.

Mais c'est ici que surgissent de nombreuses questions dont l'élucidation est loin d'être achevée, contrairement à ce premier principe.

Les styles, les mots et les problèmes posés permettent même diverses interprétations des problèmes, quand ils ne renvoient pas à des questions radicalement ou sensiblement différentes.

Il convient de détecter la présence de la morale dans les constitutions. Il y a des constitutions, telles que la constitution brésilienne de 1988, qui renvoient explicitement à la « moralité » en matière administrative[169]. Mais où trouver dans les textes l'éthique républicaine ou simplement publique[170]? Et les vertus en droit? Et les valeurs? Angoisses de positivistes... Et quand bien même les textes commenceraient à intégrer les valeurs, et, pourquoi pas, les vertus...

Toutes ces questions sont imbriquées. Elles se situent toutes dans l'univers général de l'axiologie juridique. Mais elles sont distinctes, tout comme les catégories qu'elles recouvrent.

Il y a, dans ces thématiques, des préférences et des différences évidentes au niveau des styles et des filiations, des cosmovisions et des philosophies. Rien de plus naturel. Comme le disait Fichte: « la philosophie de chacun dépend de l'espèce d'homme qu'il est. Un système philosophique n'est pas une chemise que

---

[168] Cf., p. ex., Yan Thomas, *Mommsen et 'l'Isolierung' du Droit (Rome, l'Allemagne et l'Etat)*, Paris, Diffusion de Boccard (1984).

[169] Marcelo Figueiredo, *O Controle da Moralidade na Constituição*, 1e éd., 2e tirage, São Paulo, Malheiros Editores (2003).

[170] Bernardino Montejano, *Ética Pública*, Buenos Aires, Ediciones del Cruzamante (1996).

l'on met et que l'on enlève, dont on peut changer selon notre volonté; c'est quelque chose qui appartient à l'âme de l'homme ».[171]

[171] J. G. Fichte, *apud* Johannes Hessen, *Filosofia dos Valores*, trad. portugaise de Luís Cabral de Moncada, nouv. éd., Coimbra, Almedina (2001) p. 88 (notre traduction).

Chapitre 2. ***Valeurs constitutionnelles***

1. *Délimitation de l'objet*

Dans les pages qui suivent, nous nous concentrons sur la question des valeurs constitutionnelles, en étant conscient des corrélations existantes, mais en essayant de délimiter l'objet de façon à y voir plus clair dans un domaine qui, à première vue, semble confus, probablement à cause du caractère éclatant des entités dont il traite : les valeurs[172].

2. *De la quête des valeurs en général*

Les expressions « valeur» et « valeurs » se sont banalisées. On pourrait presque dire qu'elles se sont corrompues, à en juger par la façon dont les utilisent des profanes et des spécialistes de nombreux domaines (mais certainement pas les éthiciens). Peu nombreux sont sans doute ceux qui savent que l'expression provient du domaine de l'économie politique. Il n'est donc pas étonnant que l'on parle aujourd'hui par exemple de « bourse des valeurs » et ceux qui s'intéressent aux valeurs culturelles ou spirituelles ne doivent pas s'en offusquer.

Il faut avoir un esprit assez ouvert pour reconnaître qu'il existe en fait deux grandes classes de valeurs : les valeurs matérielles et les valeurs spirituelles.

Parmi les valeurs matérielles, sensibles, ou empiriques, nous pouvons distinguer celles qui se rapportent à l'existence biologique et vitale (énergie ou vigueur, force, santé, dynamisme), que nous pouvons appeler les valeurs vitales,

---

172 Au niveau plutôt philosophique, mais concernant particulièrement la philosophie jusconstitutionnelle, voir notre *Filosofia do Direito*, surtout p. 709 et suiv. Au niveau plutôt juridique, p. ex. Francisco Meton Marques Lima, « As Implicações Recíprocas entre os Valores e o Direito », in *Constituição e Democracia. Estudos em Homenagem ao Professor J. J. Gomes Canotilho*, coord. de Paulo Bonavides / Francisco Gérson Marques de Lima / Faya Silveira Bedê, São Paulo, Malheiros (2006) p. 188 et suiv.

de celles qui se rapportent aux plaisirs, que l'on appelle souvent les valeurs hédoniques, et, finalement, des valeurs d'utilité extérieure qui se reflètent sur le sujet, qui concernent entre autres la propriété et que nous devons évidemment appeler les valeurs économiques.

Les valeurs spirituelles, quant à elles, ont une toute autre dimension. Elles concernent ce qui a de la valeur pour l'esprit, ce qui tend vers la satisfaction ou le bien-être physique voire ce qui se rapporte à la matière (comme les premières), mais, comme le dit Hessen, « elles illuminent notre âme et donnent naissance à un état psychique qui nous enrichit intérieurement et nous rend heureux »[173], c'est-à-dire l'état dans lequel nous éprouvons cette « émotion désintéressée » [174] que nous procure la contemplation du Beau, du Vrai et du Bon.

Ceci étant, il est facile de distinguer les principales catégories de valeurs spirituelles : celles qui se rapportent à la Vérité sont les valeurs logiques ; celles qui concernent le Beau sont les valeurs esthétiques ; celles qui ont trait au Bien ou à ce qui est Bon sont les valeurs éthiques. Toutes ces dimensions se confondent en quelque sorte dans les valeurs religieuses. La Vérité maximale ou « la » Vérité, la Beauté maximale ou « la » Beauté, la Bonté maximale ou « la » Bonté voire « le » Bien, constituent souvent les attributs indiscutables de nombreuses formes religieuses. C'est pourquoi, lorsqu'elles entrent en ligne de compte dans une étude, même si l'on considère uniquement le point de vue sociologique, les valeurs religieuses figurent logiquement au sommet de l'échelle des valeurs. Car c'est là que confluent naturellement la plupart des valeurs si on considère la dimension religieuse. Si l'on omet de tenir compte de cette dimension (comme dans le cas des cosmovisions strictement laïques), on ne peut éviter la querelle sur la primauté des valeurs, par exemple, entre valeurs éthiques et esthétiques. Et on s'expose également à des conséquences juridiques, car la thèse de la primauté des valeurs

---

[173] Johannes Hessen, *Filosofia dos Valores*, p. 44, notre traduction du portugais.

[174] Dont parlait déjà Kant à propos de l'émotion esthétique, mais que Johannes Hessen, *Op. Cit.*, p. 55 étend à l'émotion éthique.

esthétiques sur les valeurs éthiques, bien que fascinante, pourrait mener à des situations d'injustice, voire à la justification artistique du crime...

Puisque que nous avons déjà ébauché une division des valeurs, il nous semble inutile de les définir. Définir « valeur » en général, tout comme définir « être » ou « droit », ce serait une de ces tentatives rationalistes et prométhéennes, très appréciées dans les milieux didactiques et mécanicistes, mais sans réelle utilité. Pire encore : cela comporte le risque d'emprisonner l'idée dans un concept et d'enfermer le concept dans une prison verbale « dé-limitatrice » (« dé-finissante »). La seule chose que nous puissions faire, c'est *expliquer* ou *montrer* les valeurs.

Nous pouvons ainsi, par exemple, relever quelques-unes de leurs caractéristiques.

Comme les autres êtres idéaux (ni sensibles ni suprasensibles), les valeurs ont un *être*, mais leur existence est particulière, différente de l'existence tangible – c'est pourquoi certains les qualifient d'irréelles. Elles sont indéniablement intemporelles, bien qu'elles soient soumises à l'épreuve de l'Histoire et qu'elles ne soient donc pas toujours toutes en vigueur en même temps. Il ne faut pas oublier la conception que Heidegger avait de l'Histoire. Selon lui, elle ne serait rien d'autre que la « *réalisation de valeurs* ». Chez lui, les valeurs sont objectives et absolues, vécues indépendamment des sujets, mais elles ont besoin des sujets pour être vécues. Elles sont donc « transindividuelles » et universelles, même si cette universalité est mise à rude épreuve par le défi multiculturel actuel.

Les caractéristiques canoniques des valeurs éthiques auraient en quelque sorte été fixées dans la théorie à une époque où régnait une morale normative, impérative et prescriptive dominante et largement consensuelle. Il n'est donc pas étonnant qu'il faille aujourd'hui les nuancer, sans pour autant les nier dans leur dimension « d'absolus ». Car refuser leur poids d'absolu reviendrait à les nier. Nous devrions peut-être dire qu'il s'agit d'absolus *relatifs*.

Nous pouvons ainsi passer en revue certains de leurs traits caractéristiques et ébaucher quelques contrastes timides qui ne sont pas encore complètement structurés.

Il semble que nous puissions encore affirmer que les valeurs éthiques (dans lesquelles s'intègrent largement les valeurs juridiques) présentent une dimension à caractère personnel, mais pas de pure subjectivité.

Une autre caractéristique est leur caractère idéal (que certains qualifient d'irréel), qui ne les empêche pas d'être ancrées dans la réalité.

Il est évident que leur caractère impératif semble jouer avec la possibilité de leur violation. Si seules les valeurs inviolées étaient des valeurs, il n'y aurait pas de valeur du tout. Certes les valeurs ne devraient pas être violées, mais elles le sont quand même. C'est un fait.

Le caractère absolu, quant à lui, est exposé au risque de l'ethnocentrisme, du chronocentrisme et d'autres trompe-l'œil valoratifs. Il y a encore l'universalité, mais aussi la confrontation aux différences culturelles.

On peut également parler (avec précaution, certes, pour éviter les malentendus idéologico-politiques) de « totalitarisme » *hoc sensu* (dont les commandements couvrent parfois tous les aspects de la vie). Ce trait doit néanmoins être nuancé pour tenir compte de l'importance des distinctions entre les diverses sphères de l'existence (pluralismes variés, religions « dominicales » et religions « des autres jours de la semaine »[175], dichotomie entre sphère publique et privée, importance des biens de l'intimité, réserve(s) mentale(s) légitime(s), etc.) qui peuvent également avoir une dimension valorative positive : et nous sommes convaincu qu'elles en ont souvent une.

Cela fait beaucoup de « si », mais telle est la situation historico-spirituelle des valeurs à l'heure actuelle, cela ne vaut pas la peine de se leurrer.

---

[175] Aldous Huxley, *Proper Studies*, 1927, réimp., Londres, Chatto & Windus, 1933.

Et si la question des caractéristiques des valeurs est aujourd'hui polémique, il en va de même de l'accès à ces mêmes caractéristiques. Il s'agit donc du problème de la gnoséologie des valeurs ou, en d'autres termes (mais les termes ne sont jamais innocents), de la généalogie des valeurs. Comment comprenons-nous les valeurs ? Comment apparaissent ou naissent les valeurs, « nos » valeurs, celles qui nous semblent avoir toujours existé ?

S'il existe un débat sur la façon dont les valeurs naissent et dont nous pouvons les connaître, cela signifie évidemment que certains veulent les nier. Nier les unes, les autres, voire toutes (ce qui est difficile). Quoi qu'il en soit, il est difficile d'accéder à la connaissance des valeurs et il y a aussi de véritables cas de « cécité face aux valeurs ».

Tout cela est très complexe et impossible à aborder sous tous les aspects. Pour mieux comprendre ceux-ci, il faut affronter l'aveuglement axiologique. Il ne discrédite pas les valeurs, tout comme la cécité biologique ne nie pas la lumière, la couleur, ou la vue.

D'autre part, il nous semble que les différentes perspectives luttent souvent de manière unilatérale et qu'il est plus facile de comprendre le problème à la lumière polychrome des différents faisceaux d'entendement.

Ainsi la valeur n'est-elle pas seulement la qualité de quelque chose selon un naturalisme radical, elle n'est pas non plus l'Idée matérialisée selon un certain platonisme, ni le « vivre » ou le « vécu » purs selon le psychologisme, ni une simple construction sociale défendue par le sociologisme, ni pure historicité comme pourrait le vouloir un certain historicisme, etc. Les valeurs peuvent éventuellement être un peu de tout cela à la fois, selon les cas, bien que les « -ismes » constituent normalemente des excès. Ce qui ne retire rien à leur noblesse, ni à leur idéalité, ni à leur spiritualité, comme doivent le craindre les plus idéalistes. Cela ne les arrache pas non plus à la vie réelle et matérielle comme peuvent le craindre les plus empiriques.

Même s'il est relativement simple d'établir une sociologie des valeurs (et que cela ait une valeur heuristique incontestable, mais manifestement non décisive sur le plan purement axiologique), pour comprendre les valeurs, c'est-à-dire pour accéder à la véritable connaissance intellectuelle de cet objet complexe, il faut en faire l'expérience, il faut qu'elles vivent – et que nous puissons *les vivre*. L'expérience peut se résumer à une simple aventure spirituelle, sans aucune dimension précise ou immédiate dans le monde extérieur, mais qui implique l'adhésion de la personne à cette valeur. L'expérience des valeurs est ainsi quelque chose d'émotionnel et d'intuitif qui peut ensuite être raisonné. C'est le cas des choix que l'on fait tous les jours et sur lesquels on revient parfois, comme si l'esprit passait d'abord outre à la raison et ses lentes roues dentelées puis laissaient la gouvernante de la Maison de l'Esprit, un peu folle mais ordonnée, réparer les dégâts du coup de tête et trouver des explications logiques et des arguments convaincants pour rebrousser chemin. Selon cette perspective, nous contredisons les conceptions de l'intellectualisme radical, comme, par exemple, celles de Honeker, pour qui le fait de *valoriser* est essentiellement un « fait intellectuel ». Non : ce doit être une experience vécue.

Mais cette position sur le caractère surtout émotionnel et intuitif de l'accès à la valeur ne le prive évidemment pas de sa dimension contextuelle (historique et sociale), ni de son enracinement ou présupposé psychologique et biologique qui lui est antérieur, ni, comme nous l'avons vu, d'un raisonnement valoratif ultérieur, du moins lorsqu'il faut rendre des comptes quant à nos choix.

Messer a observé avec beaucoup de pertinence une caractéristique du jugement de valeur qui apporte un argument en faveur de ce que nous venons de dire. Nul ne peut démontrer à autrui de manière rationnelle et à coups de syllogismes la pertinence d'un jugement de valeur, si autrui n'a pas saisi, dès le départ, la distinction radicale entre deux exemples diamétralement opposés de valeur et de non-valeur, comme l'exemple d'un être dissolu, d'un côté, et celui d'un être d'une moralité exemplaire, de l'autre. Celui qui ne perçoit pas cette opposition n'est pas susceptible de conversion (ou de rachat) en recourant simplement à des moyens logiques ou discursifs. Il est d'ailleurs possible de plaider en faveur des anti-valeurs avec les plus « logiques » des arguments, comme l'a fait Jonathan Swift pour défendre l'anthropophagie comme remède à la misère des enfants des pauvres. Il était bien sûr ironique. Mais il y a aussi des discours prétendument sérieux... Par exemple, les discours racistes, eugénistes, etc.

Ce caractère émotionnel et intuitif des valeurs opère au niveau individuel, surtout pour l'appréhension des valeurs les plus hautes. Le problème est différent au niveau collectif.

Si nous devons rejeter le mauvais usage de l'expression ainsi que l'inclusion dans la classe des valeurs d'entités qui ne sont au fond que des biens ou qui ont peu de valeur sous le plan spirituel ou culturel, il faut bien admettre qu'une sensation intime de plaisir axiologique peut résulter d'une mise en scène purement contextuelle de la pièce de l'existence à une époque et en un lieu donnés. Quand nous entendons un *hippie* dire que, ce qu'il a fait de mieux dans sa vie, c'est fumer la drogue X ou Y, ou un *yuppie* affirmer que l'expérience esthétique la plus profonde qu'il ait vécue, c'est d'avoir gagné un jour des millions en bourse, probablement après avoir pris de grands risques, nous sommes portés à croire que la conscience est parfois anesthésiée voire cautérisée et ne reconnaît pas les vraies valeurs. Il n'y a pas que des cas de cécité, il y a aussi des cas de daltonisme et d'autres défaillances optiques.

Outre l'éthique et les autres disciplines philosophiques axiologiques qui sont évidentes dans cette discussion, d'autres domaines doivent intervenir dans l'énorme travail interdisciplinaire à réaliser pour nous aider à comprendre la vie des valeurs, notamment : l'histoire des idées, l'histoire des mentalités, l'histoire de la culture, la sociologie, la philosophie de la culture, l'anthropologie sociale et culturelle, les études culturelles, la philosophie de la connaissance et tant d'autres disciplines, (ainsi que tant de courants au sein de chacune d'entre elles, à commencer par la phénoménologie, dans les études philosophiques); sans oublier la psychologie et d'autres sciences plus « dures » ou « mixtes ». Il est déjà arrivé que la spéculation isolée du philosophe, discutant avec ses collègues et ses prédécesseurs, produise des éclairs d'intuition, mais il lui manque les données permettant de réévaluer la question dans toute son ampleur. Il faut donc des données[176].

La hiérarchie des valeurs constitue un problème général qui revêt certainement une importance particulière dans le domaine juridique. Nul ne doute (du moins dans notre domaine, et pour certains peut-être hypocritement, mais cela n'a pas d'importance pour le moment) que les valeurs spirituelles priment sur les valeurs matérielles. Et pour reprendre la question de la lutte pour la première place entre l'esthétique et l'éthique, la plupart d'entre nous seront sûrement d'accord pour dire que les valeurs éthiques priment sur les valeurs esthétiques, bien que l'esthétisme, le snobisme et la mode (leurs substituts plébéiens) soient en vogue.

En somme, nous pourrions, adopter les cinq critères d'appréciation de la « hauteur » des valeurs dans l'échelle de Max Scheler.

Une valeur est d'autant plus élevée dans l'échelle axiologique qu'elle est durable. Par opposition à la culture de l'heure, du moment, de l'éphémère.

Elle est d'autant plus élevée qu'elle est entière et indivisible. Par opposition à la fragmentation post-moderne?

Elle est d'autant plus élevée qu'elle est fondamentale. Mais où trouver ce point d'appui d'Archimède ?

---

[176] A ce sujet, Richard A. Posner, *Overcomig Law*, Cambridge, Harvard University Press, 1995, trad. port. par Evandro Ferreira e Silva, *Para Além do Direito*, São Paulo, wmf Martins Fontes, 2009, p. 184, déplorant la rareté des données dans la recherche juridique. D'autre part, contre la tentation empirique des données qui cachent la construction de l'objet, François Laplantine, *Clefs pour l'anthropologie*, Paris, Laffont, 20e réimp., 1988, trad. port. par Marie-Agnès Chauvel, *Aprender Antropologia*, préface de Maria Isaura Pereira de Queiroz, São Paulo, Brasiliense, 2007, p. 193 et suiv.

Et, si nous en venons à l'essence même du contact avec la valeur, elle est évidemment d'autant plus élevée qu'elle nous procure une sensation de plénitude profonde. Mais que dire des exemples du *hippie* et du *yuppie* ?

Finalement, une valeur est d'autant plus élevée qu'elle concerne des entités supérieures, à commencer par l'être humain et son humanité. Mais qu'est-ce que l'être humain et qu'est-ce que l'humanité ?

Comme nous avons pu le constater grâce à cette brève analyse des critères de de classement des valeurs, ils sont difficiles à définir. Cela ne doit pas nous embarrasser outre mesure, mais il convient toutefois d'évaluer certaines objections plus fondamentales que les autres.

Il faut ensuite examiner avec précision le parallélogramme complexe des forces en jeu. Une valeur peut être moins durable mais plus fondamentale qu'une autre. Ou moins indivisible mais plus à même de nous procurer une sensation de bien-être..., etc.

En tout cas, il ressort de ce qui précède que le grand problème qui semble pouvoir être transféré au niveau juridique soit bien celui du caractère fondamental des valeurs.

Nous doutons cependant du bien-fondé du classement des valeurs en valeurs fondamentales et moins fondamentales ou en valeurs plus ou moins fondamentales.

Autant de conséquences peuvent découler d'une perspective qui isole ou autonomise l'axiologie que d'une autre qui tend à identifier l'Être, le Bien et le Beau.

Ceux qui considèrent que la Nature est juste en soi ont raison de parler de droit naturel en tant que grand paradigme, disons, valoratif, car la Nature et l'être humain lui-même – sa nature – regorgent déjà d'éthicité. Valeurs et Nature se confondent.

Par contre, ceux qui séparent l'être (*Sein*) du devoir-être (*Sollen*) ainsi que le devoir-être de la valeur (en faisant dépendre celui-là de celle-ci) et qui sont à l'abri de toute difficulté naturaliste, car ils n'axiologisent pas la Nature, n'ont pas besoin d'expliquer que l'être humain vivant et déchu est une chose et que l'être humain-idée en est une autre. Il faut distinguer la nature humaine en tant qu'idéal(isation) de son état présent ou historique.

Ce n'est ni le lieu ni le moment de discuter ces questions en profondeur. C'est à la philosophie de le faire.

Lorsque nous parlons de droits de l'Homme nous adoptons en fait sans le savoir une conception réaliste. Les droits de l'Homme n'ont de sens que s'ils sont fondés sur une idée de l'être humain, de la nature humaine profondément « éthicisée ». L'homme dont il est question dans les droits de l'Homme n'est pas l'homme *humilié et offensé*, *nu et suppliant*. C'est l'homme sujet, l'homme plein de cette dignité que l'on qualifie d'« humaine », l'homme sujet que l'on reconnaît même s'il a été transformé en objet.

Toutefois, cet usage linguistique et ce présupposé philosophique ne nous avancent pas beaucoup. On pourrait dire (de manière imprécise et peut-être même impressionniste) que les droits de l'Homme constituent aujourd'hui un discours nominaliste du réalisme du droit naturel. Mais il s'agit du seul discours qui puisse encore être perçu dans le monde atomisé et très peu philosophique où nous vivons actuellement.

Il se peut que la perspective de l'autonomisation éthique soit également un moyen plus plastique ou plus éloquent de cheminer côte à côte avec la Justice.

Quoi qu'il en soit, ce qui intéresse le juriste, ce sont les inférences qu'il peut tirer de la philosophie appliquée (ou « pratique »[177]) plutôt que les spéciosités et les exercices de gymnastique de la philosophie pure.

---

[177] V. notre *Filosofia Jurídica Prática*, Lisbonne, Quid Juris, 2009, ou *Filosofia Jurídica Prática*, Belo Horizonte, Forum, 2009.

3. *En quête des valeurs du droit constitutionnel positif*

Certaines entités jusphilosophiques, telles que les valeurs juridiques en général et constitutionnelles en particulier[178], ne sont pas faciles à trouver. Nous serions naturellement enclins à les chercher dans les constitutions nationales, à commencer par la nôtre. Mais ce serait en vain, ou apparemment en vain, en tout cas.

L'absence du mot « valeur » dans de nombreux textes constitutionnels est positive en soi, bien que cela ne facilite pas la tâche aux plus légalistes. Cela signifie que l'accès aux valeurs passe par une interprétation au second degré.

On le sait, la Constitution espagnole énonce clairement les valeurs supérieures dès l'article 1. Cette énonciation n'est toutefois pas parfaite. Le projet de Constitution européenne énonçait explicitement les valeurs dans ses deux préambules, mais cela introduit finalement plus de confusion que de clarté. Et le traité de Lisbonne continue dans la même ligne, en confondant explicitement droits, principes et valeurs.

D'un côté, nous pourrions porter les valeurs espagnoles et européennes sur une échelle de valeurs pour chaque pays, ce qui présenterait l'avantage de pouvoir les ordonner et de pouvoir exclure celles qui ne nous semblent pas présenter la dignité requise (par manque de capacité à produire la plénitude propre à toute valeur). Nous pouvons également procéder de la sorte si nous cherchons des valeurs constitutionnelles générales ou universelles au lieu de valeurs constitutionnelles nationales. Cela nous semble encore mieux adapté à l'universalité propre aux valeurs.

[178] Pour le passage de cette catégorie au domaine constitutionnel, sur un ton critique, Antonio-Carlos Pereira Menaut, « Constitución, Principios, Valores », in *Dereito*, vol. 13, n° 1 (2004), pp. 189-216.

Dans un cas comme dans l'autre, les valeurs ainsi trouvées sont les plus hautes. Les infra-valeurs, ou valeurs de moindre valeur, n'existeraient-elles donc pas ?

Nous pensons en effet qu'elles n'existent pas. Ces infra-valeurs, ces valeurs non supérieures devraient plutôt s'appeler des principes[179]. Et cela leur confère déjà une très haute dignité dans l'échelle des entités juridiques, notamment constitutionnelles. On peut toutefois découvrir la caractéristique distinctive des valeurs dans la structure interne de la norme (qui, au lieu de les capter simplement, les institue comme telles). Ronald Dworkin penche pour un critère structurel, de généralité plutôt que « d'importance ». Cependant, nous estimons qu'un principe doit avoir une relation particulière avec la valeur, indépendamment de sa structure normative, ce qui implique sa pré-existence par rapport à la norme qui l'enregistre. C'est qu'une norme généralisante qui formulerait une règle comme étant formellement « principiologique », alors qu'elle ne le serait pas sur le plan de la concrétisation des valeurs, ne créerait pas, *ipso facto*, des principes.

Certes, une théorisation restrictive au niveau des valeurs et axiologique au niveau des principes simplifie la question des valeurs constitutionnelles. Mais, si l'on porte un regard critique, ne constatons-nous pas qu'en perdant sa complexité, ce thème perdrait également de sa dignité ou de son importance?

Nous sommes d'accord pour dire que, si l'on ne considère pas comme des valeurs nombre d'entités qui sont en fait des principes, le thème des valeurs en droit constitutionnel reste étranger à de nombreuses questions théoriques et pratiques. Mais il ne se désertifie pas pour autant et perd encore moins de son importance. Au contraire. Il y perdrait certainement en consistance (sans parler de la fidélité à la vérité, si tant est qu'on puisse en approcher), s'il s'agissait de discuter ce qui appartient à un autre domaine, à savoir le domaine des principes.

---

[179] Et ces principes peuvent être la constitution matérielle elle-même ou une grande partie de celle-ci. Cf. Mônia Clarissa Hennig Leal, *A Constituição como Princípio. Os Limites da Jurisdição Constitucional Brasileira*, São Paulo, Barueri, 2003, p. 49 et suiv.

Il ne faut considérer comme des valeurs constitutionnelles que les valeurs politiques ou politico-juridiques qui se fondent expressément ou tacitement sur la constitution. Certes, il y a d'autres valeurs dans la constitution. Mais toutes les valeurs présentes dans la constitution ne sont pas forcément de véritables valeurs constitutionnelles. Tout d'abord parce que la constitution transmet et défend de façon directe ou indirecte de nombreuses valeurs sensibles ou matérielles, à commencer par les valeurs vitales (par exemple, celles qui président à l'institution du droit à la santé) et les valeurs économiques (par exemple, celles qui président à l'institution du droit de propriété). Mais affirmer que la santé ou la propriété sont des valeurs constitutionnelles, pourrait porter à croire que tout peut être considéré comme une valeur, ce qui anéantit tout critère de classement et signifie donc que rien ne peut plus être considéré comme une valeur.

Cette absence de valeurs explicites (et classées de façon autonome dans le texte constitutionnel) dans la plupart des constitutions équivaut en fait à une non-spécificité des valeurs dans les différents Etats constitutionnels de l'époque actuelle. Ce dont nous pouvons parler aujourd'hui, c'est de valeurs globalisées. La Constitution espagnole et la Constitution européenne (Traité de Lisbonne) sont ainsi d'excellentes sources d'inspiration, car elles ont pris le risque (relatif) de positiver les valeurs *qua tale*, sous cette étiquette. Cela n'a malheureusement pas encore été fait d'une façon éthiquement rigoureuse. Mais d'autres tentatives parviendront sans doute à un meilleur résultat.

4. *Construction des valeurs globales de l'Etat constitutionnel Les leçons du Droit comparé*

4.1. *La leçon espagnole*

Le constitutionnaliste allemand Peter Häberle affirmait déjà, à la fin des années 1980, que le droit comparé était la cinquième méthode d'interprétation à ajouter à celles que Savigny a synthétisées en 1840 et qui constituent toujours (comme nous le verrons) un des arsenaux du passé le plus utilisé de nos jours[180]. C'est ce vecteur herméneutique que nous allons utiliser.

Il y a beaucoup à tirer de la leçon de la Constituante et de la Constitution espagnoles. C'est même un héritage plus structuré que celui qui provient du processus de codification de la constitution européenne.

En s'inspirant de la Constitution portugaise de 1976, les constituants espagnols de 1978 ont profité des données et de l'esprit d'un Etat de droit moderne, démocratique et social, qu'ils sont parvenus à mieux organiser en ce qui concerne les valeurs[181] que dans la Constitution portugaise de 1976, certes excellente, mais résultant d'un parcours politique accidenté.

Toutefois, comme personne n'échappe aux circonstances, la Constituante espagnole a, elle aussi, fini par infléchir la pureté conceptuelle en faveur d'une certaine prudence politique, sacrifiant au rituel constituant qui consiste à réagir à un malheur pour le prévenir, rituel par lequel chaque constitution cherche à éviter ce qu'elle considère comme des erreurs, des excès ou des perversités de la réalité constitutionnelle antérieure (surtout immédiatement antérieure). Les constituants espagnols à peine sortis du franquisme ont ainsi élevé le principe du *pluralisme politique* à la catégorie la plus haute, la plus fondamentale et satisfaisant le mieux *aux mesures* juspolitiques, bref à la catégorie de *valeur supérieure*. Car il ne faudrait pas que *le diable s'en mêle*. Même s'ils ne croient pas aux sorcières, les Espagnols savent que *las hay*. Et ils ne se gênent pas pour le dire.

Rien de surprenant. Les Portugais, menacés par le modèle du monopartisme ou par le régime du parti dominant après la Révolution des œillets (1974), se sont appliqués à introduire les partis dans la constitution dès que

---

180 Peter Häberle, *Conversaciones Académicas com...*, pp.10, 42, *passim*.
181 Cf., p. ex. notre *O Século de Antígona*, Coimbra, Almedina, 2003, p. 95 et suiv.

possible (actuellement dans article 10, alinéa 2, de la Constitution portugaise). Voilà donc deux façons différentes de garantir le même pluralisme politique.

Quoi qu'il en soit, trois valeurs magnifiques et fondamentales couronnent la Constitution espagnole : Liberté, Égalité et Justice. Le pluralisme politique était déjà implicite dans ces trois valeurs puisqu'il est subsumable sous la Liberté.

Il s'agit de valeurs dont tout Etat constitutionnel doit se réclamer à l'heure actuelle, quelle que soit sa localisation dans le monde – que la vérité soit dite.

Ce sont des valeurs absolument globalisées et non réservées à une culture particulière, à un parti quelconque ou à une idéologie quelconque, même si certaines d'entre elles, voire toutes ces valeurs, se heurtent à l'incompréhension dans certains secteurs sociaux ou politiques... Cependant, ces valeurs sont très largement admises par de vastes secteurs politiques, très différents les uns des autres.

Nous exposons ailleurs plus longuement notre conception de la Liberté, de l'Égalité et de la Justice[182]. Nous croyons cependant qu'il ne peut y avoir de vision canonique de ce qu'est chacun de ces concepts, justement pour éviter que l'on passe du canonique au dogmatique. Outre le cercle minimal de chacun (tel le noyau dur, irréductible et indispensable des droits fondamentaux – une importante « découverte » et « conquête », provenant de l'interprétation de l'article 19/2 de la *Grundgesetz*[183]), que l'on peut déduire par le bon sens, il nous semble que l'idéal est de laisser chacun de ces concepts ouverts de façon à rendre la doctrine perméable à de nouvelles idées et à de nouvelles vivifications de ces concepts, qui risquent sinon de s'enkyster dans des formules toutes faites et de perdre leur sens avec le temps.

---

[182] V. notre *Filosofia do Direito*, p. 711 et suiv. Et, plus récemment, *Para uma Ética Constitucional*, Lisbonne, en préparation.

[183] V. la thèse de Peter Häberle, *Die Wesensgehaltsgarantie des Art. 19 Abs. 2 Grundgesetz – Zugleich ein Beitrag zum institutionellen Verständnis der Grundrechte und zur Lehre des Gesetzesvorbehalts*, 3e éd., Heidelberg (1983); Cláudia Drews, *Die Wesensgehaltsgarantie des Artikels 19 II GG*, Baden-Baden, Nomos (2005).

Les valeurs peuvent ne pas être très précises en théorie, mais c'est justement de là, que provient leur énorme richesse pratique, car elles sont ainsi plus plastiques lors des querelles constitutionnelles, quand on les reconstruit et qu'on les invoque comme topiques en éternel renouvellement (et dont la force de persuasion est grande).

Il faut avoir une idée claire de la position relative des valeurs et des principes dans la hiérarchie des entités constitutionnelles. Selon Cabral de Moncada, juriste et professeur portugais (1888-1974), « En y regardant de plus près, il faut bien reconnaître qu'une certaine interprétation de ces valeurs positivées, valeurs spirituelles projetées dans la vie, conformes aux besoins vitaux des sociétés, constitue et constituera toujours la base des 'principes généraux' de l'ordre juridique des Etats »[184].

Il faut aussi s'attendre à quelques antinomies et à quelques difficultés qui étonneront sans doute les esprits plutôt logiques. Comme l'a indiqué Max Scheler, « Tous les impératifs et toutes les normes peuvent changer tout en reconnaissant les même valeurs… Cette possibilité de variation d'impératifs qui contiennent les mêmes valeurs augmente dans certaines circonstances, si bien que des impératifs exprimant des 'choses opposées' peuvent se fonder sur les mêmes valeurs ».

La ductilité de ces valeurs est très grande, à moins qu'elles ne se contredisent elles-mêmes. Elle peut jouer un rôle important dans la tâche de Sisyphe qui consiste à reconstruire indéfiniment les fondements théoriques et symboliques de nos sociétés pluralistes. Cette tâche peut se réaliser dans l'esprit fondamental de ces valeurs : un esprit de Liberté pour la Liberté, un esprit aspirant à l'Egalité dans la différence, qui trouve elle-même son origine à la fois dans l'égalité et la valeur unique de chaque être humain, et enfin un esprit en constante et perpétuelle quête de Justice.

---

[184] Luís Cabral de Moncada *Filosofia do Direito e do Estado*, vol. II, réimp., Coimbra, Coimbra Editora, p. 307 (édition compacte en deux volumes, de 1995).

4.2. *La leçon européenne de la Convention européenne*

Avant le Traité de Lisbonne, la Convention européenne a entrepris l'élaboration d'un Projet de traité constitutionnel instituant une Constitution pour l'Union européenne. Elle a intégré dans son projet la version complète de la Charte des droits fondamentaux, approuvée auparavant, y compris le préambule qui faisait déjà allusion à des valeurs. La Convention a quand même introduit un préambule général pour tout le texte. C'est ainsi que nous avons dans ce texte constitutionnel deux échelles de valeurs qui ne coïncident pas.

L'article I- 2 de ce projet vise justement à expliquer la relation entre l'Union européenne et les valeurs juspolitiques.

Les valeurs dont il est question sont les valeurs fondatrices de l'Union européenne, des entités du monde mental / culturel / spirituel qui peuvent être considérées comme des valeurs, des principes voire des attitudes, comme l'accomplissement du devoir, et qui constituent les éléments sur lesquels se fondent les valeurs de l'Union européenne.

Le fait que le *respect* des droits, y compris celui des minorités, soit considéré comme une valeur offre un exemple de ce syncrétisme classificatoire. L'importance croissante de cet exemple ne fait aucun doute. Cela a d'ailleurs été reconnu dans la Constitution hongroise de 1989 pour rejoindre les critères de cohésion constitutionnelle. On peut en effet y lire que les minorités constituent un facteur de formation de l'Etat : une vision vraiment originale qui ébranle les préjugés unitaires et hyper-concentrationnaires. Malgré son importance, nous pensons que sa dimension absolue, valorative, ne suffit pas car elle est trop particulière

Dans ce premier effort de codification constitutionnelle européenne, on considère comme des valeurs la Liberté et l'Égalité, à juste titre d'ailleurs, mais aussi certains de leurs aspects ou de leurs prolongements. Ainsi que certains aspects et prolongements de la Justice, une autre valeur qui n'est pas explicitement déclarée comme telle – absence criante dans un texte juridique[185]). Parmi ces valeurs, on trouve par exemple la démocratie, l'Etat de droit et le respect des minorités, cité plus haut.

L'absence de la Justice parmi ces valeurs est inexplicable et injustifiable. La valeur de Justice est incontournable en droit et elle a actuellement une dimension politique plus importante encore comme on peut le constater lorsqu'on parle de « justice politique » et de « justice sociale ».

Deux classiques vont nous aider à évaluer la lacune. Otto von Gierke nous rappelait déjà que « l'idée de Droit, comme les idées de Vérité, de Bien et de Beau, ne peut être comparée qu'à elle-même, sa valeur réside en elle. Par conséquent, si la fin supérieure de toutes les normes juridiques particulières est la réalisation de la Justice, alors elle est sa propre fin »[186]. Radbruch va plus loin et est plus précis lorsqu'il identifie la valeur juridique à l'idée de droit et à la Justice : « Le Droit est la réalité dont le sens est de servir la valeur juridique, l'idée de Droit. L'idée de droit ne peut être autre que la Justice »[187].

La seule justification possible de l'absence de référence expresse à la Justice serait la présence, au bon endroit, de la Fraternité, car celle-ci est encore plus haute que la Justice, quand on la considère dans tout son éclat, c'est-à-dire pas comme une version réduite de la charité (car la vraie charité, ce serait l'amour) ou un synonyme de la simple « solidarité ».

Il n'y a malheureusement pas que des lacunes. Le projet de Constitution européenne comportait également des antinomies. Par exemple, il y avait manifestement une contradiction classificatoire dans ce projet : si la démocratie et l'Etat de droit figurent dans l'énorme éventail de « valeurs » à l'article I-2, le Préambule de la Charte des droits fondamentaux de l'Union, de la Partie II, intégré

---

[185] Ce qui nous rappelle le processus de composition plastique *à la Stanza della Segnatura, au Vatican,* par Raphaël V. notre *O Tímpano das Virtudes*, Coimbra, Almedina, 2004.
[186] Otto von Gierke *et al.*, *Deutsches Privatrecht*, Leipzig, Duncker & Humblot, 1895, I, p. 15.
[187] Gustav Radbruch, *Rechtsphilosophie*, 123.

de plein droit, avec sa valeur juridique totale, dans le projet de Constitution (comme nous l'avons vu), déclarait que la démocratie et l'Etat de droit sont plutôt des principes. Bien qu'excessivement généreux, le Préambule est plus modéré que l'article I-2, car il limite l'éventail de valeurs « indivisibles et universelles » à la dignité de l'être humain, à la liberté, à l'égalité et à la solidarité.

La caractérisation de la société résultant de l'application des valeurs communes aux Etats membres figure également dans le texte. Il s'agit de la description abrégée de « l'eutopie » réalisable grâce au projet de traité constitutionnel européen : une société « caractérisée par le pluralisme, la non-discrimination, la tolérance, la justice, la solidarité et l'égalité entre les femmes et les hommes ».

Tous ces aspects relèvent au fond de la triade valorative Liberté, Égalité et Justice, dont ils sont des prolongements. Tous les éléments invoqués se subsument sous ces trois valeurs, parfois plus sous l'une que sous les autres, mais, en général, au moins sous l'une des trois.

Ce qui est inadmissible, c'est que l'on mette la Justice sur le même pied que la tolérance, qui est certes un bien, mais quand même une forme assez primitive et toujours empreinte de préjugés de la relation à « l'autre ».

La Justice brille au firmament des valeurs, c'est aussi une vertu, et la plus haute d'entre elles. Elle acquiert ce caractère absolu qui mobilise le plus profond de notre esprit lorsqu'elle se réalise. La tolérance (et il ne s'agit que d'un exemple) ne possède pas cette dimension absolue. Par contre, l'Egalité peut la posséder lorsqu'elle est appliquée aux cas de non-discrimination où l'on invoque normalement la tolérance. Car « (...) on tolère ce que l'on n'a pas le courage de prohiber. Signe de faiblesse de l'autorité, la tolérance se définit ainsi comme dérogation par rapport à la loi. Une tolérance en ce sens se définit par la différence d'avec le droit : ce qui est toléré n'est ni autorisé, ni interdit, ni obligatoire »[188]. La tolérance n'est qu'un premier pas vers le vrai pluralisme, un pluralisme d'intégration des différences, de coexistence pacifique et constructive, ce qui n'est possible qu'avec une vraie Fraternité.

Entre temps, le Traité de Lisbonne est finalement entré en vigueur (il a été signé le 13 décembre 2007, mais a connu plusieurs vicissitudes de ratification) mais il n'a pas introduit de nouveauté en ce qui concerne les valeurs. Dans le Préambule, les parties contractantes continuent à parler « des héritages culturels, religieux et humanistes de l'Europe, à partir desquels se sont développées les valeurs universelles que constituent les droits inviolables et inaliénables de la personne humaine, ainsi que la liberté, la démocratie, l'égalité et l'Etat de droit ». Elles confirment également deux choses, mais puisqu'il s'agit de « confirmations », cela n'apporte rien de neuf : « CONFIRMANT leur attachement aux principes de la liberté, de la démocratie et du respect des droits de l'homme et des libertés fondamentales et de l'Etat de droit » et « CONFIRMANT leur attachement aux droits sociaux fondamentaux tels qu'ils sont définis dans la charte sociale européenne, signée à Turin le 18 octobre 1961, et dans la charte communautaire des droits sociaux fondamentaux des travailleurs de 1989 »[189].

5. *Résolution de problèmes: antinomie, hiérarchie et conflit de valeurs*

Les problèmes d'antinomie entre les valeurs, les problèmes de hiérarchie ou d'ordre des valeurs et la résolution des conflits qui en résultent sont des questions dont l'importance pratique (et même théorique) est finalement très réduite. Cela ne veut pas dire que ces questions ne se posent jamais. L'imagination du réel est toujours plus fertile que celle des juristes. Une délimitation rigoureuse et parcimonieuse de ce que recouvre le concept de « valeur » constitutionnelle peut

---

[188] France Farago, *La Laïcité, tolérance voilée?*, Nantes, Éditions Pleins Feux, 2005, p. 7 et suiv.
[189] Source: http://www.consilium.europa.eu/showPage.aspx?id=1296&lang=fr

toutefois simplifier ces questions. C'est plutôt au niveau des principes que des valeurs qu'elles trouvent leur place. Cela présente l'avantage que la lutte et la hiérarchie entre principes (et la pondération qui en découle[190]) sont, malgré tout, beaucoup plus simples : ils ne se heurtent pas aux obstacles que soulèvent le caractère d'absolu axiologique de chaque entité *a se*. Les principes peuvent être envisagés comme des topiques, et là où dominaient l'ontologie et la métaphysique règne maintenant la rhétorique (dans le meilleur sens du terme, évidemment).

D'ailleurs, les mêmes entités (le cas de la *justice* est sans doute le plus éloquent) entrent dans diverses catégories, selon la perspective ou l'éclairage. La justice est une valeur, une vertu et un principe – et c'est aussi l'*alpha* et l'*omega* du droit.

Il est vrai qu'il peut y avoir des antinomies entre Liberté, Égalité et Justice. Mais il semble toutefois que chacun des éléments de la triade comporte des points d'intersection avec les deux autres : si l'on supprime la Liberté, l'Egalité parfaite et la Justice authentique sont impossibles, si l'on ignore la Justice, il est impossible que les deux autres restent intactes et si l'Egalité disparaît, la Justice perd de sa force et la Liberté ne peut être que balbutiante. C'est ainsi que chacune des trois valeurs protège en quelque sorte le cercle minimal, le noyau dur valoratif, de chacune des deux autres.

Quant à la hiérarchie ou à l'ordre des valeurs, même si l'on peut être tenté d'attribuer la primauté à la Justice, étant donné qu'il s'agit d'une valeur propre au monde juridique, il faut bien reconnaître que les deux autres possèdent une force et une tradition politiques très importantes. Et la constitution est justement cette forme hybride de droit et de politique, synthétisée par l'heureuse formule qui s'est si bien répandue et qui la considère comme le « statut juridique du politique ». Même si l'on reconnaît, sous l'influence d'une certaine doctrine espagnole, le rôle

---

[190] Cf. Une synthèse intéressante, dans le registre du discours logique chez José Juan Moreso, « Conflictos entre Principios Constitucionales », in *Neoconstitucionalismo(s)*, éd. de Miguel Carbonell, Madrid, Trotta, 2003, p. 99 et suiv.

d'arbitre de la Justice entre une Liberté libertine ou ultralibérale et une Egalité égalitariste ou seulement prétendument isonomique (comme l'expression purement formelle « égalité devant la loi » qui entraîne parfois tant d'inégalités matérielles), il est indéniable que les perversions de l'interprétation des valeurs ne sont pas vraiment des questions de valeurs. C'est pourquoi la Liberté doit l'emporter sur ses interprétations erronées et l'Egalité sur le même genre de corruptions. Il en va de même pour la Justice.

Il ne s'agit donc pas, dans ces derniers cas, de véritable arbitrage entre vraies valeurs.

La grandeur de ces trois valeurs entraîne leur parité de principe et une certaine préférence, fondée indubitablement sur un critère de Justice, sur un sens de Justice, mais aussi de *prudentia,* où la Justice est plutôt un opérateur interprétatif et une vertu qu'une vraie valeur.

Néanmoins, ces trois valeurs sont aussi des topiques interprétatives. Si l'on applique la pensée problématique à des cas particuliers, elles sont toujours convoquées toutes les trois dans un parallélogramme de forces où chacune plaide sa cause, ce qui doit résulter dans une application pratique de la Justice, de la Liberté et de l'Égalité : sans oublier le contexte théorique, mais en tenant toujours compte du cas particulier.

Aussi bien l'inflation des valeurs qu'une trop grande dépendance de l'interprète par rapport aux canons doctrinaux trop fixistes (comme le serait par exemple une échelle de valeurs rigide) ne peuvent conduire qu'à la pensée dogmatique, ce qui impliquerait immanquablement des injustices. La « hiérarchie » des valeurs que nous avons ébauchée n'a rien à voir avec une interprétation ésotérique de la constitution où les valeurs pourraient toujours fonctionner comme une sorte d'atout ou comme des cartes marquées (« arcanum » philosophique et interprétatif[191]).

Il ne s'agit pas d'un ordre de valeurs contraire à la réalité constitutionnelle, ni contraire à la constitution matérielle, ni contraire à la constitution formelle, ni au service d'une idéologie. De même que le programmatisme constitutionnel n'est pas nécessairement révolutionnaire, l'ordre des valeurs n'est pas forcément conservateur – et ni l'un ni l'autre ne peut rompre un consensus social général[192] (sauf peut-être en cas de démence collective, mais comment l'évaluer ? Comment être impartial et objectif dans ce jugement ?), car si ce consensus peut ne pas être optimum, il n'en reste pas moins l'expression vivante du pluralisme et de la liberté consubstantiels à l'Etat constitutionnel. Le consensus ne peut pas remplacer les valeurs, ni, à la limite, les principes logiques. En principe, en dehors de cas exceptionels de manipulation des masses par une démagogie triomphante et totalitaire, le consensus en politique est toutefois pour le moins raisonnable. C'est d'ailleurs un des présupposés de la démocratie, surtout dans sa version la plus récente, celle de la démocratie délibérative[193] impliquant toujours le dialogue.

D'aucuns affirment que la vie est la valeur suprême et que toutes les autres doivent lui être subordonnées. Or, il faut leur objecter que cela n'a pas valeur d'absolu. D'une part, la vie n'est pas une valeur mais un présupposé, la condition

[191] Helmut Goerlich, *Wertordnung und Grundgesetz. Kritik einer Argumentationsfigur des Bundesverfassungsgerichts*, Nomos, 1973; J. J. Gomes Canotilho, *Brancos e Interconstitucionalidade. Itinerários dos Discursos sobre a Historicidade Constitucional*, Coimbra, Almedina, 2006, p. 68 et suiv.; Robert Alexy, *Theorie der Grundrechte*, Francfort, Suhrkamp, 1986, trad. cast. de Ernesto Garzón Valdés, *Teoría de los Derechos Fundamentales*, 1ère réimp., Madrid, Centro de Estudios Constitucionales, 1997, p. 152 et suiv.

[192] Hans Vorlaender, *Verfassung und Konsens*, Berlin, Duncker & Humblot, 1981.

[193] Carlos Santiago Nino, *The Constitution of Deliberative Democracy*, New Haven / Londres, Yale University Press, 1996; John Dryzek, *Deliberative Democracy and Beyond, Liberal, Critics, Contestation,* Oxford, Oxford University Press, 2000; Jon Elster (ed.), *Deliberative Democracy*, Cambridge, Cambridge University Press, 1998; Stephen Macedo (ed.), *Deliberative Democracy, Essays on Democracy and Disagreement,* Oxford, Oxford University Press, 1999; Amy Gutmann / Dennis Thompson, *Democracy and Disagreement*, Cambridge, London, The Belknap Press of Harvard University Press, 1996. Notre synthèse dans *Direito Constitucional Anotado*, p. 159 et suiv.

sine qua non de toutes les valeurs. Mais la vie est de l'ordre de l'être (*Sein*) et les valeurs de l'ordre du devoir-être (*Sollen*). D'autre part, il peut y avoir des valeurs éthiques dont on ne parle pas toujours, comme c'est le cas actuellement, mais qui se superposent à la vie elle-même : la cohérence, l'héroïsme, le patriotisme, l'abnégation, l'altruisme, la solidarité, l'honneur, toutes ces raisons peuvent être plus importantes que la vie voire justifier qu'elle leur soit sacrifiée, sur décision personnelle. Voilà pour les choix individuels, mais qu'en est-il de ce que l'on est en droit d'exiger au niveau social, éthique et juridique ? Il semble que la préservation de la vie soit un droit naturel[194]...

Nous ne croyons pas que l'on puisse exiger de quiconque le sacrifice de sa vie[195], sauf s'il s'agit de défense nationale, encore que l'objection de conscience relativise le devoir de servir la patrie (ou l'humanité) par les armes. En tout cas, le service militaire peut être plus ou moins dangereux, mais, même en temps de guerre, il n'exige le sacrifice de la propre vie que si c'est absolument indispensable...

En somme, quand on parle d'ordre de valeurs il ne s'agit pas – même en dehors du cas extrême de la « vie » – du point de départ (voire du point mort) d'une échelle rigide, telle un décalogue pétrifié préalablement ordonné, mais plutôt d'un point d'arrivée, à partir de la dialectique du concret. Dans une perspective problématique du droit[196], les valeurs sont aussi des topiques.

---

[194] Comme le déclarait, apparemment avec hypocrisie, mais objectivement avec raison, la reine Carlota Joaquina, pour de plus mauvaises raisons (elle se refusait à accepter publiquement la Constitution de 1822 et elle invoquait le droit naturel de préserver la santé et la vie pour ne pas sortir de son palais et éviter ainsi de prêter serment à la Constitution).

[195] Pour des cas complexes, M. Conceição Ferreira da Cunha, *Vida contra vida. Conflitos existenciais e limites do direito penal*, Coimbra, Coimbra Editora, 2009.

[196] V. notre *Teoria da Constituição,* vol. I., *Direitos Humanos, Direitos Fundamentais,* pp. 278-282.

6. *Systématicité espagnole, contextualisation européenne, ouverture à l'innovation valorative*

Le voyage que nous avons entrepris à travers la Constitution européenne en devenir a finalement été une circumnavigation. Généreuse, elle donne le ton aux valeurs juridico-politiques dominantes. Elle explicite le type de société où, *hic et nunc*, elles sont appelées à intervenir. Mais elle n'ajoute pas vraiment quoi que ce soit à la liste d'entités aux contours valoratifs autonomes et elle ne les définit pas particulièrement.

Cette contribution est néanmoins importante, car elle donne une couleur locale aux valeurs. Importante aussi pour leur utilisation à l'époque actuelle. Elle leur donne en effet un style propre, mais surtout, grâce à leur contextualisation culturelle actuelle, elle proscrit immédiatement de l'horizon de n'importe quelle herméneutique la possibilité d'une interprétation contraire au *Zeitgeist,* dans ce qu'il a de précieux (et non dans ses perversions ou ses épiphénomènes, bien sûr : nous portons donc ici un jugement de valeur – c'est inévitable). Il s'agit ainsi de valeurs pour une époque de pluralisme, de démocratie, de respect envers les autres, etc. Toute conception des valeurs à l'époque actuelle doit correspondre à notre société qui se veut ouverte, développée, égalitaire, éclairée, solidaire, etc. Cette brève énumération montre à quel point il est difficile de définir les contours du type de société dont il est question autrement qu'en énumérant une série de caractéristiques qui n'ont pas toutes la même importance et appartiennent à des niveaux différents. On comprend mieux maintenant la procédure énnonciative peu rigoureuse axiologiquement du Préambule du Traité de Lisbonne... Et « tout comprendre, c'est tout pardonner »...

Si la Constitution espagnole (excepté la dernière de ses valeurs, comme nous l'avons vu) a marqué un grand pas dans *l'organisation* ou la *structuration* des valeurs et dans leur synthèse catégorielle, le projet de Constitution européenne (déjà en vigueur dans ce domaine depuis la Charte des droits fondamentaux et son application jurisprudentielle) a eu le mérite de fournir, de manière éparse et non organisée, certes, une batterie de topiques interprétatifs de contextualisation culturelle de ces mêmes valeurs. Il en va de même du Traité de Lisbonne.

Ainsi ne s'agit-il pas dans notre Etat constitutionnel global de valeurs de Liberté, d'Égalité et de Justice planant dans le ciel des concepts, mais bien de ces mêmes valeurs dans le contexte historico-spirituel, culturel, des sociétés modernes.

Cela ne signifie absolument pas que nous ayons atteint la fin des siècles, la fin de l'Histoire[197], au contraire. Une fois contextualisée culturellement et historiquement, l'herméneutique des valeurs en action peut s'ouvrir plus facilement à l'avenir ainsi qu'à de nouvelles valeurs ou à l'approfondissement de celles que nous intronisons aujourd'hui. Le dogme de la plus grande sagesse du présent par rapport au passé est ridicule. Vice du chronocentrisme. Personne ne nous garantit qu'un futur renouvellement de valeurs signifiera nécessairement l'avènement d'un totalitarisme pervers anti-éthique.

Il est vrai que l'horizon n'est pas rassurant. Mais on peut toujours espérer en un avenir plus juste, plus libre et plus égalitaire, ou du moins plus solidaire. On peut aussi œuvrer à un monde plus fraternel. Il nous faut peut-être vraiment espérer et lutter pour que cet espoir se transforme en réalité. Il peut en fait être dans l'intérêt de la Justice, dont nous avons déjà quelque peu remis en cause le caractère valoratif autonome, qu'elle soit remplacée par la valeur pleine de la Fraternité. Celle-ci est beaucoup plus juste que la Justice elle-même. Mais la Justice, de nos jours, ce ne serait déjà pas si mal... Quand on pense aux injustices si vivantes à l'époque actuelle, on s'aperçoit que la Justice est un bien de première nécessité. Et que nous sommes plus loin de l'obtenir que nous le pensions. La fin du XXe siècle et la première décennie du XXIe ont eu l'avantage historique de lever le voile des illusions et de montrer que les idéaux républicains de 1789 sont

[197] Cf. L'étude de Francis Fukuyama, *The End of History and the Last Man*, New York, Free Press, 1992.

toujours bien vivants, à cause de l'oubli et du mépris des droits, comme cela avait été mythiquement le cas auparavant.

Par conséquent, le catalogue des trois valeurs que nous proposons simplement est un catalogue ouvert. C'est un appel à l'imagination et à la créativité constitutionnelle.

7. *La leçon brésilienne*

L'ouverture du catalogue devra sans doute encore attendre pour pouvoir être faite de façon prudente et solide, mais une créativité constitutionnelle très féconde apparaît déjà dans le préambule de la Constitution brésilienne : « Nous, représentants du peuple brésilien, réunis en Assemblée nationale constituante afin d'instituer un Etat démocratique, destiné à assurer l'exercice des droits sociaux et individuels, la liberté, la sécurité, le bien-être, le développement, l'égalité et la justice comme valeurs suprêmes d'une société fraternelle, pluraliste et sans préjugés, fondée sur l'harmonie sociale et qui s'engage, dans l'ordre international, en faveur d'une solution pacifique des controverses, nous promulguons, sous la protection de Dieu, la Constitution de la République fédérale du Brésil suivante ».

On le sait, la Liberté, l'Égalité et la Justice ont justement toutes un contexte culturel. Toutes les valeurs classiques sont ainsi individualisées dans le préambule de la Constitution brésilienne, mais on dirait qu'elles se mélangent de manière créative (et dans un sens historico-culturel) avec d'autres valeurs, qui les encadrent, les entretiennent et les modulent. Par conséquent, l'Égalité ne peut pas simplement être interprétée comme la vieille « égalité devant la loi » (*isonomie*). Elle est ancrée dans les droits sociaux, le bien-être et le développement ainsi que dans les deux autres valeurs classiques. Une égalité avec des droits sociaux, le bien-être général et le développement, c'est une égalité d'un certain type. Elle y gagne en sens, elle y gagne en détermination. Elle est plus citoyenne et plus égalitaire. D'autant plus que le renvoi à l'utopie sociale d'une « société fraternelle, pluraliste et dénuée de préjugés fondée sur l'harmonie sociale » renforce aussi profondément la valeur de l'Egalité. De la même façon et dans ce même contexte, la Liberté est complètement dénuée de toute idée de *laissez-faire*, l'Egalité est modulée parallèlement et la Justice redouble aussi de sens lorsqu'elle est ainsi encadrée. N'oublions pas qu'il s'agit aussi bien de droits sociaux que de droits individuels, conformément aux différentes dimensions de la Justice. Un certain syncrétisme persiste toutefois ici comme dans le Traité de Lisbonne, plus récent encore (mais qui reprend des formules déjà connues). Il ne nous semble pas que ce soit au même titre. Il ne nous semble pas non plus que les valeurs énoncées dans ce préambule doivent toutes être considérées comme des « valeurs supérieures », sur un pied d'égalité. Tout d'abord, les droits ne peuvent pas être considérés comme des valeurs. Par contre, le fait de considérer le bien-être et le développement comme des valeurs constitue un défi. Pouvons-nous les inclure dans les valeurs simplement sensibles, ou comprendre qu'elles ont une dimension culturelle et pourraient donc être incluses dans les valeurs spirituelles ? Est-ce une grave entorse aux principes ? L'imagination constitutionnelle ne peut se pétrifier face aux défis de l'hétérodoxie. Elle ne peut pas non plus franchir les barrières à la légère, juste par envie d'innover, en raison d'une passion pour l'originalité dépourvue de sens et condamnable. Pour le moment, nous exprimons nos réticences quant à une éventuelle ouverture du catalogue, étant donné les prétentions actuelles. Mais la porte des valeurs reste ouverte. Et la créativité valorative, comme celle de la Constitution brésilienne, constitue certainement un pas décisif vers l'imagination axiologique, qui, comme tout ce qui est construit par l'être humain, est et doit rester au service de l'être humain et non l'inverse. Bien que l'être humain soit le protagoniste des valeurs – formule qui l'anoblit en lui conférant une fonction très particulière – il est certain qu'il n'est pas la marionnette d'une pièce qu'il n'a pas écrite. Les valeurs de l'être humain sont *ses* valeurs. C'est pourquoi il les incarne et les met en œuvre.

Cinquième Partie

THÉORIE DE L'ETAT

Chapitre 1. *Fondements*

La Théorie de l'Etat ne concerne pas les raisons du coeur de l'Etat, de son sang ou de ses nerfs. Les apories sur ce thème sont bien connues.

On parle souvent de raison d'Etat[198] pour des raisons que la raison ne connaît pas. C'est par sa théorie ou théorie générale que l'Etat est le plus proche de la raison. Mais il faut remettre en cause la rationalisation théorique de l'Etat, du moins dans les versions vulgarisées que nos étudiants absorbent, dans les mille et une versions différentes du « même » manuel de théorie de l'Etat ou de droit constitutionnel, voire de science politique. On peut se demander pourquoi un si noble sujet n'a pas encore suscité de renouvellements visibles au niveau pédagogique. Pourquoi le psittacisme, ou l'*ars combinatoria*, domine-t-il, à quelques rares exceptions près, souvent peu connues ?

---

198 « Raison d'Etat », dont la « gloire » revient normalement au Cardinal de Richelieu, bien que certains, comme on le sait, remontent jusqu'à Machiavel. A ce sujet, on assiste même à un renouvellement de l'intérêt savant. Nous ne citerons que quelques travaux devenus presque des classiques : l'ouvrage de M. Senellart, *Machiavélisme et raison d'Etat, XVIe-XVIIe siècle*, P.U.F., 1989, les essais présentés par Christina Lazzeri et Dominique Reynié, *Le pouvoir et la raison d'Etat* et *La raison d'Etat: politique et rationalité*, en deux volumes, Paris, P.U.F., 1992, les actes du colloque Botero, de Turin : *Botero e la « ragion di Stato »*, sous la direction de A. E. Baldini, Florence, Olschki, 1992, la nouvelle édition du livre d'Etienne Thuau, *Raison d'Etat et pensée politique à l'époque de Richelieu*, Paris, Albin Michel, 2000. Et naturellement les articles organisés par Yves Charles Zarka (dir.), *Raison et déraison d'Etat, théoriciens et théories de la raison d'Etat aux XVIe et XVIIe siècles*, Paris, P.U.F., 1994. Friedrich Meinecke, *Die Idee der Staatsraison in der neueren Geschichte*, 3e éd., Munich, R. Oldenbourg, 1963, est également devenu un classique en la matière.

Sous la façade noble d'un édifice solennel, rationaliste, systématique, d'un dogmatisme évident (méfions-nous de ces évidences juspolitiques, car elles sont *exdénominatrices*, selon Roland Barthes et John Fiske[199]), il y a *le monstre* Etat, complètement différent de son portrait officiel. Et que Nietzsche démasqua comme le plus glacial (et le plus hypocrite) des monstres dans son *Also sprach Zarathustra*, que Kelsen dans son *Essence et valeur de la démocratie* citait déjà. Cependant, c'est un monstre utile, voire nécessaire : la crise financière que nous vivons actuellement démontre que les ennemis jurés de l'Etat ont dû lui demander de venir au secours de la main invisible.

Nous nous demandons quels progrès théoriques ont été inclus à la leçon des manuels (sauf omission de notre part) depuis le bilan que traçait Michel Tropper, dans la Préface à son ouvrage *Théorie juridique de l'Etat* ?

« Si la théorie générale de l'Etat au sens traditionnel est un ensemble de principes et de concepts, alors il y a place pour une métathéorie, ayant pour tâche non de pénétrer une quelconque nature de l'Etat ou de produire des justifications, mais de rechercher la relation entre ce système de principes et de concepts et la structure générale du système juridique. La question n'est pas de savoir si l'Etat est ou non souverain, s'il possède ou non la personnalité juridique, si la souveraineté est indivisible ou s'il vaut mieux appeler le Parlement un représentant ou un organe, mais d'analyser la spécificité de ce type de discours et de tenter de l'expliquer par la forme du droit »[200]

De nombreuses confusions terminologiques (associées à des anachronismes, si souvent répétés qu'ils en sont devenus véniels, et à beaucoup de psittacisme dans les leçons) transforment très souvent la discipline de Théorie de

[199] Roland Barthes, *Mythologies*, Paris, Seuil, 1957, éd. port., trad. et préface de José Augusto Seabra, *Mitologias*, Lisboa, Edições 70, 1978, p. 206 et suiv.; John Fiske, *Introduction to Communication Studies*, trad. port. de Maria Gabriel Rocha Alves, *Teoria da Comunicação*, 5e éd., Porto, Asa, 1999, p. 223.

[200] Michel Tropper, *Pour une théorie juridique de l'Etat*, Paris, PUF, 1994, p. 22.

l'Etat ou de Théorie générale de l'Etat (*épistémè* d'origine germanique: *Allgemeine Staatslehre*) en une nébuleuse, un domaine pratiquement dépourvu de sens, visant surtout les savoirs théoriques plutôt que les compétences pratiques. Une forte dimension théorique ne serait pas un mal en soi, loin de là. Mais la question, la grande preuve épistémique, doit toujours être : à quoi cela sert-il, même théoriquement ? Et à quoi sert le rituel des théories en présence, même théoriquement ?

On a l'impression qu'il s'agit, en général, d'un discours légitimant l'Etat et son pouvoir pur[201], pouvoir omniprésent et croissant, paradoxalement, malgré toutes les « privatisations »[202]. Kelsen avait déjà remarqué la fiction idéologique de l'Etat, notamment en créant la « réalité juridique » qu'il appelle « le peuple » et dont l'unité n'est qu'un « postulat éthico-politique affirmé par l'idéologie nationale ou étatique »[203]. Kelsen cite aussi Nietzsche : « L'Etat est le plus froid de tous les monstres froids. Il ment aussi froidement et ce mensonge sort de sa bouche : 'Moi, l'Etat, je suis le peuple' »[204].

Cependant, il ne devrait pas nécessairement en être ainsi. L'Etat a énormément changé depuis la théorisation de Georg Jellinek[205] – la mère de presque toutes les théories – mais on continue à user et à abuser de sa leçon, alors que tant d'eau a déjà coulé sous les ponts de l'Histoire. Même si, au moins depuis les années 1920 (chez Smend), de nombreux critiques se sont insurgés contre la triade élémentale et élémentaire des éléments de l'Etat, elle continue à être

---

[201] Voir Rogério Ehrhardt Soares, *Direito Público e Sociedade Técnica*, p. 23.

[202] Un auteur déjà conscient des présupposés « métaphysiques sans valeur » sur lesquels se fondent des constructions antérieures à la théorie de l'Etat, c'est Léon Duguit, *Manual de Derecho Constitucional*, éd. espagnole avec une étude préliminaire de Jose Luis Monereo Perez / José Calvo González, Grenade, Editorial Comares, 2005, p. 45

[203] Hans Kelsen, *Vom wesen und wert der demokratie*, Tubingen, J. C. B. Mohr, 1929, *passim*.

[204] « Der Staat heißt das kälteste aller kalten Ungeheuer. Kalt lügt es auch; und diese Lüge kriecht aus seinem Munde : 'Ich, der Staat, bin das Volk.' » Friedrich Nietzsche, *Also Sprach Zarathustra, apud Ibidem*, p. 32.

[205] Georg Jellinek, *Allgemeine Staatslehre*, 1900, trad. esp. *Teoria General del Estado*, nouvelle éd. esp. Buenos Aires, Editorial Albatros, 1978.

enseignée en tant que *territoire, peuple et pouvoir politique*. Or, elle confond non seulement les niveaux, mais elle ignore aussi l'essence du « phénomène »[206].

La première des confusions découle précisément de l'abus de l'expression « Etat », qui finit par signifier la société politique toute entière, voire la communauté politique (la première étant un corps politique organisé tandis que la deuxième n'est pas organisée : c'est pourquoi nous parlons encore aujourd'hui, malgré tout, de « communauté internationale » et non de « société internationale »).

Pour être rigoureux, il faudrait nuancer. A part dans le registre courant ou « littéraire », où l'imprécision terminologique est excusable, le mot « Etat » doit être réservé à la forme politique qui s'est développée « comme œuvre d'art », pour reprendre l'expression de Jacob Burkhardt[207], à partir de la Renaissance, du progrès du capitalisme, de la centralisation des « Etats » nationaux (royaumes, républiques, etc.) et de la séparation épistémologique entre la politique et d'autres réalités de la première fonction (socio-politique, prétendument « souveraine ») indo-européenne (comprenant les réalités plus ou moins sacrées, comme la religion, la morale et le droit)[208]. Nous faisons symboliquement coïncider l'apparition de l'Etat avec l'œuvre de Machiavel, *Le Prince*[209]. Tout cela est bien connu en théorie, mais on oublie parfois de l'appliquer dans la pratique, même dans certaines pratiques théoriques.

---

[206] Cf. p. ex., Rogério Ehrhardt Soares, « Direito Constitucional : Introdução, O Ser e a Ordenação Jurídica do Estado », in *Instituições de Direito*, org. de Paulo Ferreira da Cunha, Coimbra, Almedina, vol. II, 2000, notamment p. 64.

[207] Jacob Burckardt, *Die Cultur der Renaissance in Italien, 1860*, trad. par S. G. C. Middlemore, *The Civilization of the Renaissance in Italy*, 1878, ed. Project Gutenberg Etext, 2000, p. 6 et suiv.

[208] Georges Dumézil, *Mythes et dieux des indo-européens*, Paris, Flammarion, 1992.

[209] Cf., au sujet du rôle fondateur de Machiavel, notre *Repensar a Política. Ciência & Ideologia*, p. 155 et suiv.

Avant cela, l'Etat n'existe pas vraiment. Il n'existe ni « Etat égyptien »[210] ni « Etat romain »[211] et aucun des royaumes médiévaux n'est un Etat proprement dit[212]. C'est pourquoi des nations telles que la France ou le Portugal n'étaient pas des « Etats » à leur naissance.

Contrairement à ce que l'on pourrait penser, l'Etat n'est pas la forme « normale » et encore moins le seul mode de vie sociale en politique. Il ne peut pas non plus être considéré comme un simple synonyme de pays ou nation, même s'ils sont « politiquement organisés ». Dans certains « Etats » (c'est-à dire des pays) du Tiers Monde, un des problèmes qui se posent est justement celui de la construction de l'Etat. Certains doutent même que le Royaume-Uni, avec sa forme particulière d'organisation politique (et de mentalité non étatique[213]), ait été, du moins pendant plusieurs siècles, un véritable « Etat »[214].

Mais il existe d'autres réalités politiques : la tribu, la horde, le clan sont autant de formes primitives de corps politique que l'on ne peut ignorer. Le village, le fief, le royaume sont également des réalités dont il faut tenir compte[215]. Et ce n'est pas tout. Il existe aussi des formes intermédiaires (ce que l'on appelle l'« Etat stratifié »[216], du féodalisme à l'Ancien Régime) et des formes que l'on pourrait

---

[210] J. Assman, « State and Religion in the New Kingdom », in *Religion and Philosophy in Ancient Egypt*, New Haven, Conn., 1989, p. 65. Mario Perniola, *Il Momento Egizio nella società e nell'arte*, Gênes, Costa & Nolan, 1990.

[211] Cf., p. ex., Álvaro D'ors, « Sobre el No-Estatismo de Roma », in *Ensayos de Teoria Política*, Pamplona, EUNSA, 1973, pp. 57-68.

[212] Jorge Miranda, *Manual de Direito Constitucional*, 5e éd., Coimbra, Coimbra Editora, 1996, I, p. 59.

[213] Gerhardt Leibholz va dans ce sens dans *Conceptos Fundamentales de la Politica y de la Teoria de la Constitucion*, trad. esp., Madrid, Instituto de Estudios Políticos / Civitas, 1964, p. 174 et suiv.

[214] V. John G.A. Pocock, *Linguagens do Ideário Político, passim*, notamment p. 289 (empire, Etat et confédération). V. aussi Antonio Carlos Pereira Menaut, *El ejemplo constitucional de Inglaterra*, Madrid, Universidad Complutense, 1992.

[215] Nelson Saldanha le rappelle dans « O Conceito de Nação e a Imagem do Brasil » in *Revista Brasileira*, Fase VII, janvier-février-mars 2006, année XII, n° 46, p. 215 et suiv.

[216] Sur la « Constitution stratifiée », Manuel Garcia-Pelayo, « La Constitución estamental », in « *Revista de Estudios Politicos* » vol. XXIV, Madrid, 1949, p. 105 et suiv.

presque qualifier d'« ultérieures » (comme l'Union européenne, qui est quelque chose d'inédit dans l'Histoire de l'Humanité).

Comme l'a souligné par exemple François Vallançon[217], parmi les différentes formes politiques, c'est la *polis* qui a connu le plus grand développement culturel et a acquis une véritable dimension humaine. La ville-Etat grecque est géographiquement réduite, mais elle signifie beaucoup en tant que lieu équilibré de l'exercice du pouvoir à visage humain, malgré toutes ses déficiences et toutes ses injustices[218]. Ce n'est pas un hasard si la dimension de la « ville » (*lato sensu*) est proportionnelle à la criminalité et à un certain équilibre psychologique (dont la rupture entraîne un accroissement de la criminalité). Que ce soient les souris de John Calhoun ou d'Henri Laborit (par exemple dans le film *Mon oncle d'Amérique*), l'espace pour ainsi dire « vital » *hoc sensu* d'Edward Hall dans *La dimension cachée* ou tant d'autres apports scientifiques, voire la simple observation empirique, tout porte à croire que la *gouvernance* juste et saine et le comportement civique des êtres humains ont besoin d'espaces à dimension humaine, et non trop vastes. Et n'oublions pas que Montesquieu nous a mis en garde contre le despotisme des vastes empires dans son *De l'Esprit des Lois*.

Le principe de subsidiarité, selon lequel les décisions doivent être prises au niveau le plus proche possible de ceux qu'elles concernent, n'est peut-être rien d'autre que l'heureuse formulation politico-juridique de la réalité dont la *polis* constitue clairement le premier exemple. C'est peut-être pour cela que la démocratie a fait ses premiers pas dans la *polis*, même s'il s'agissait encore d'une démocratie très oligarchique[219].

---

217 François Vallançon, « L'Etat ou l'Odyssée », in *EY IKIA*, Athènes, 1991, n° 1, p. 73 et suiv.
218 Moses I. Finley, *Démocratie antique et démocratie moderne*, trad. fr. par Monique Alexandre, précédé par *Tradition de la démocratie grecque*, de Pierre Vidal-Naquet, Paris, Payot, 1976.
219 V. surtout Moses I. Finley, *Démocratie antique et démocratie moderne*, trad. de Monique Alexandre, précédé par *Tradition de la démocratie grecque*, par Pierre Vidal-Naquet, *op. cit.*

Des réalités médiévales telles que le fief et le royaume[220] et leur relation avec l'idée et la réalité de l'« empire » (ainsi qu'avec la *translatio imperii*)[221] doivent être étudiées de façon autonome. La « république », dans un de ses premiers sens, n'était pas incompatible avec le royaume. Il n'y a pas si longtemps, dans un pays d'Amérique latine, on a présenté le roi d'Espagne comme « le Roi de la République d'Espagne ». La République et les « républiques » à l'intérieur d'un royaume méritent aussi notre attention en tant que formes politiques. Tout comme les communes, les villes libres, etc. Et à un niveau plus vaste, les fédérations, les confédérations et de nouveau les empires. Tant sous leur forme monarchique que républicaine.

Les principaux concepts dépendent finalement de l'évolution historique. Comme le disait Nietzsche, « on ne peut définir que ce qui n'a pas d'histoire. »[222].

---

[220] V. Otto Brunner, *Sozialgeschichte Europas im Mittelalter*, Göttingen, Vandenhoeck und Ruprecht, 1978.

[221] Manuel García-Pelayo, « La Lucha por Roma (sobre las razones de un mito político) », in *Los Mitos Políticos*, Madrid, Alianza Editorial, 1981, p. 111 et suiv.

[222] Friedrich Nietzsche, *Genealogie der Moral,* II, 13: « definierbar ist nur das, was keine Geschichte hat ».

Chapitre 2. ***Evolution***

L'Etat qu'il importe effectivement d'étudier directement pour comprendre ce qui a conduit à l'Etat constitutionnel actuel, c'est l'Etat moderne ou Etat *stricto sensu*. Bien entendu, cela ne signifie nullement que l'étude d'autres formes politiques antérieures[223] voire simultanées ou identiques[224] soit dépourvue d'intérêt formatif.

Comme nous le savons, Machiavel, imbu de l'esprit romain, mais déjà aussi moderne, réclame un prince qui fonde l'Etat italien. Il sera le premier, ou du moins un des premiers, à utiliser le mot *Etat* dans un sens moderne. Il est néanmoins significatif, même si c'est un peu intrigant au début, que Jacob Burckhardt, qui, au XIXe siècle, exaltait l'Etat en tant qu'œuvre d'art, commence son œuvre *La Civilisation de la Renaissance italienne* en parlant, dans plusieurs chapitres successifs, de tyrannies : tyrannie du XIVe siècle, tyrannie du XVe siècle, les petits tyrans, etc…

En toute chose, *ubi commoda, ibi incommoda*. Si la préparation de l'élargissement du pouvoir central des royaumes a dû passer par la tyrannie, il n'en reste pas moins que c'est au même moment que va naître la découverte de l'individu[225]. Bien que certains fassent remonter la découverte ou la création de « l'Homme » à l'oeuvre de William Shakespeare[226].

---

[223] Cf. John Hall, *States in History*, trad. port. de Paulo Vaz *et al.*, *Os Estados na História*, Rio de Janeiro, Imago, 1992. Et pour les époques plus anciennes, Lawrence Krader, *Formation of the State*, New Jersey, Prentice Hall, 1967.

[224] Cf. pour une synthèse complète, Reis Friede, *Ciência Politica e Teoria do Estado*, Rio de Janeiro, Forense, 2002, pp. 47-70.

[225] Cf. la réflexion de Victoria Camps, *Paradojas del Individualismo*, Crítica, 1993, trad. port. de Manuel Alberto, *Paradoxos do Individualismo*, Lisboa, Relógio D'Água, 1996. Voir aussi, Eugenio Garin (dir.), *L'Uomo del Rinascimento*, Roma/Bari, Laterza, 1988.

[226] Harold Bloom, *Shakespeare: The Invention of the Human*, New York, Riverhead Books, 1998.

Si l'Homme n'avait été conçu jusque là que dans un contexte collectif, tel que la race, le peuple, la corporation, la famille, etc., le contexte politique et surtout culturel de la Renaissance (ne l'oublions pas : à l'époque de la Renaissance italienne, la culture est très vive et très influente) va donner naissance à l'homme-individu qui ouvre les bras comme sur le fameux dessin de Leonard de Vinci. Il y à cette époque une certaine « découverte de l'homme »[227]. En Allemagne, ce sera essentiellement le mouvement de la réforme protestante, époque de crise profonde, où résonne le marteau de Martin Luther, qui affiche ses thèses à Wittenberg. Une réforme individualiste, elle aussi, qui situe la relation entre le croyant et Dieu dans une plus grande intériorité, par l'intermédiaire du texte de la Bible dans une édition officielle, sans commentaires, « canonique ». Cela sera ensuite figé dans le « dogme », ou du moins dans le « mythe », ou bien dans le « topique » *seule la Bible*[228]. Le juriste averti ne peut manquer d'y reconnaître des analogies avec certains procédés méthodologiques du Droit, même sans y chercher des influences.

Les facteurs spirituels et culturels, les facteurs économiques et les changements de mentalité à l'origine des temps modernes sont bien connus[229]. Ils ont tous contribué à l'unité et à la centralisation du contrôle, à la rationalisation de l'appareil du pouvoir, à la concentration de pouvoirs dans ce siège, à une plus grande efficacité de la communication entre ses dirigeants, etc.

C'est aussi à cette époque que vont apparaître les trois grands classiques de la philosophie politique, qui, chacun selon son propre style, prôneront trois façons de concevoir et de critiquer le *statu quo* : Machiavel fait l'apologie de l'avenir de

---

[227] Jacob Burckardt, *The Civilization of the Renaissance in Italy*, p. 186 et suiv.

[228] V., p. ex., M. James Sawyer, *Survivor's Guide to Theology*, Ch. 2 et 3.

[229] Cf., p. ex., R. H. S. Crossman, *Government and Governed. A History of Political Ideas and Political Practice*, Londres, Chattu & Windus, 1958, trad. esp. de J. A. Fernández de Castro, *Biografía del Estado Moderno*, 4e éd., 2e réimp., Mexico, Fondo de Cultura Económica, 1994, notamment p. 26 et suiv.; J. V. Shenann, *The Origins of the Modern European State (1450-1725)*, trad. it., *Le Origini dello Stato Moderno in Europa*, Bolonha, 1991; José Pedro Galvão de Sousa, *O Totalitarismo nas origens da Moderna Teoria do Estado*, São Paulo, s/éd., 1972. V. aussi Hans Blumenberg, *Die Legitimität der Neuzeit*, 4e éd., Frankfurt, Suhrkamp, 1976.

la « politique pure » (sans considérations religieuses ni morales) dans *Le Prince*, Thomas More critique la vieille Angleterre et propose une ville idéale sous forme d'utopie dans son œuvre homonyme et Erasme de Rotterdam choisit la satire dans *Eloge de la folie*[230]. La barrière de l'invention, de l'imagination sociale et politique était rompue. On pouvait désormais réfléchir à l'état des choses, critiquer et imaginer de nouvelles conceptions de la société. Ce fut une véritable conquête mentale plutôt qu'une simple conquête politique. Ce fut l'ouverture vers de nouveaux horizons de pensée et de respiration mentale. Ce fut essentiellement le remplacement du paradigme religieux médiéval. En fait, celui-ci passait au second plan, car la succession des paradigmes procède par couches, par sédimentation. Et le paradigme rationaliste ne s'était en tout cas pas encore imposé pleinement ni de façon absolue. Mais c'était déjà un début[231].

Nombreuses sont les théories qui caractérisent l'Etat et qui classent les différentes étapes de son évolution par types. Comme d'habitude, le désaccord au niveau des perspectives et des classifications qui en résultent est très significatif. Il faut aussi souligner que les théorisations diffèrent très souvent selon la spécialité de leurs auteurs : juristes, historiens, sociologues, politologues, philosophes ou amateurs de philosophie, etc. (Il est d'ailleurs regrettable qu'il y ait aussi peu d'échange entre ces divers spécialistes).

Une théorisation relativement récente et assez intéressante structure de façon très précise un livre d'histoire des idées politiques qui résulte de la collaboration entre un célèbre historien de philosophie pure, un professeur de droit et science politique et un maître assistant de droit *tout court*[232].

---

[230] V. notre *Repensar a Política. Ciência & Ideologia*, pp. 84-85; p. 103 et suiv.

[231] Sur la succession de paradigmes culturels et politiques, *Ibidem*, p. 91 et suiv.

[232] François Châtelet / Olivier Duhamel / Evelyne Pisier-Kouchner, *Histoire des idées politiques*, Paris, P.U.F., 1982.

Ils envisagent successivement les chapitres suivants[233] : le principe Etat (en commençant évidemment par Machiavel), l'Etat de droit (depuis les révolutions américaine et française jusqu'au libéralisme politique ; y compris l'Etat-gérant), l'Etat-société (de l'utilitarisme à l'anarchisme), l'Etat-Parti (marxiste-léniniste), l'Etat-force (la droite contre-révolutionnaire, le fascisme et le nazisme, la bio-idéologie), la Nation-Etat (les empires et les nouvelles nations), l'Etat-savant (la science, les théories et les théoriciens de l'Etat) et finalement l'Etat en question (qui aborde quatre problèmes importants : le totalitarisme, l'Histoire, le pouvoir, et l'Etat lui-même). Cette façon de poser les divers problèmes nous semble intelligente et même fascinante, mais la pulvérisation des catégories ne nous encourage pas à suivre cette voie. Nous prendrons un raccourci dont nous croyons qu'il correspond mieux à la recherche de la physionomie historico-spirituelle de chaque étape, tracée à grands traits impressionnistes et faisant parfois appel à certains souvenirs culturels du lecteur, qui comblera ainsi lui-même les lacunes.

La crise actuelle de l'Etat ouvre des blessures profondes (à savoir, la crise de l'Etat Providence – mais pas de l'Etat social – et la crise de l'Etat-Nation[234]). Certains vont même jusqu'à dire que, sous son aspect de géant, l'Etat révèle des pieds lourds, certes, mais des pieds d'argile. Pour classer les Etats, il faudrait d'abord établir un bilan, mais il est encore trop tôt pour le faire. Nous rappellerons simplement que, lors de la phase pré-étatique moderne, ainsi qu'à certaines époques et dans certaines régions où le pré-étatique coexiste avec l'étatique, on parle normalement (mais improprement) d'*Etat stratifié*, où subsistent les ordres et leur stratification rigide et où règne une ambiance généralement corporative, plutôt contraire à la liberté quant à l'origine et à la mobilité sociale par la profession et par l'entreprise (ou « l'entrepreneurisme »), si typiques de l'époque de l'Etat

---

233 V. http://www.puf.com/wiki/Quadrige:Histoire_des_idées_politiques#Table_des_mati_C3_A8res .

234 Cf. Adauto Novaes (org.), *A Crise do Estado-Nação*, Rio de Janeiro, Civilização Brasileira, 2003; Pierre Rosanvallon, *La crise de l'Etat providence*, Paris, Seuil, 1981.

moderne au sens propre. Luc Ferry, par exemple, parle de la révolution du mariage d'amour et du salariat, deux façons de briser le cadre figé des ordres médiévaux et de supprimer les destins trop prévisibles des individus dans leur environnement social.

Pour certains, le premier Etat *stricto et proprio sensu* est l'« Etat de la Renaissance ». Pour d'autres, c'est l'« Etat absolu », mais cela recouvrirait beaucoup d'autres cas. En effet, l'expression « absolutisme » s'applique à un vaste ensemble de situations différentes, dont certaines sont pré-étatiques, ce qui complique encore les choses[235].

Quoi qu'il en soit, et indépendamment des subdivisions, il existe un *Etat moderne* antérieur aux Lumières, que l'on pourrait qualifier de renaissant et baroque *lato sensu* (XVIe et XVIIe siècles) et où commencent à être élaborés les divers aspects de l'Etat dont nous sommes tous les héritiers, que ce soit en raison de leur évolution, ou par réaction. Cet Etat moderne apparaît donc avant l'Etat des Lumières (XVIIIe siècle) et la Révolution française (1789), à la fois héritière et antagoniste des Lumières.

L'Etat des Lumières est encore un Etat absolutiste et parfois très dur, mais c'est une démophilie sincère qui l'anime. Il est loin d'être démocratique, tant au niveau de ses institutions (généralement la structure traditionnelle de l'Etat, ici et là *aggiornata*) que de ses procédés. Il a renforcé l'idée de royauté de droit divin et a renoncé au peuple comme intermédiaire de cette légitimation (contrairement à certaines doctrines médiévales). C'est cependant un Etat qui recherche la culture, le progrès et l'éducation. Ses objectifs se multiplient et ses réalisations sont spectaculaires, admirables, écrasantes de somptuosité et de magnificence. Il hérite

---

[235] Pour une synthèse de la question, voir l'article de Jorge Borges de Macedo, « Absolutismo », *in* Joel Serrão (dir.), *Dicionário de História de Portugal*, Lisbonnne, Iniciativas Editoriais, 1963, vol. I, p. 8 – 14.

de l'Etat baroque le goût pour la tragédie et la mise en scène du pouvoir, à travers le pouvoir-spectacle.

Au Portugal, c'est l'Etat de Mafra dans le roman de l'écrivain portugais José Saramago, *Le Dieu manchot* (*Memorial do Convento*), et c'est l'Etat du tremblement de terre de 1755 et de la reconstruction de Lisbonne par le Marquis de Pombal[236]. C'est un Etat qui entreprend de grands projets, un Etat qui a de grandes ambitions, dont beaucoup sont frustrées, mais un Etat où persistent le rêve et le mythe.

On appelle aussi parfois cet Etat « Etat de police » (*Polizeistaat*). A l'époque, l'expression revêtait une connotation très positive aux yeux des dirigeants et de certains intellectuels attachés au pouvoir ou proches de lui. Autrement dit, le *policé* était considéré comme quelque chose de distingué, d'illustre. C'était en fin de compte le *poli*. Dans le même ordre d'idées, il est intéressant de constater qu'au XXe siècle, aux USA, on parlait encore de *police power* de l'Etat (p. ex. dans l'affaire Lochner contre New York) en tant que pouvoir de l'Etat chargé de mener l'activité législative en faveur de l'intérêt public[237].

Mais la véritable conception des époques absolutistes évoquées ci-dessus était différente : l'Etat devait servir à contrôler et à surveiller, comme on peut le voir par exemple dans le *Projet du nouveau Code de Droit public* de Melo Freire, au XVIIIe siècle : registres, rondes, autorisations et examens (même pour le mariage), contrôle de police effectif, géométrisme, éclairage public, salubrité, urbanisme, etc. – bref, toutes les formes essentielles de contrôle social[238]. Ces

---

236 V. notre « O Marquês de Pombal : Estado *vs*. Liberdade », in *Faces da Justiça*, Coimbra, Almedina, 2002, p. 75 et suiv.

237 A ce sujet, cf. Rogério Ehrhardt Soares, *Interesse Público, Legalidade e Mérito*, Coimbra, Atlântida, 1959.

238 V. notre *Mythe et Constitutionnalisme au Portugal (1778-1826). Originalité ou influence française ?*, tirés à part de *Cultura. Revista de História e Teoria das Ideias*, Lisbonne, Centro de História da Cultura, Universidade Nova de Lisboa, 2000 - ... (divers volumes).

caractéristiques acquièrent ainsi une autre connotation aux yeux plus libéraux, plus démocrates et plus pluralistes de l'époque actuelle. C'est pourquoi on désigne parfois certains Etats contemporains par l'expression « Etats de police », mais on les considère comme des « Etats policiers » où la liberté est prétendument ou réellement réduite voire inexistante, etc., et cette expression s'applique parfois à un éventail très large [239]. Nous pensons que cela ne fait que renforcer la confusion conceptuelle. Il serait préférable de considérer l'Etat des Lumières comme un « Etat de police », illustré symboliquement par l'empereur autrichien Joseph II, qui, en bon « policier », a voulu corriger Mozart parce qu'il composait des opéras avec trop de notes[240]. Mais il ne faudrait pas considérer l'Etat des Lumières comme un « Etat policier » au sens journalistique contemporain utilisé pour désigner des despotismes ou des dictatures...

Bien qu'alimentés culturellement par l'Etat des Lumières, c'est contre celui-ci que s'insurgent les *philosophes*, (quelques-uns avaient même rêvé d'être philosophes conseillers royaux : de la Russie à la Prusse – où ils ont été reçus sans l'enthousiasme qu'ils espéraient et d'où ils sont revenus déçus et révolutionnaires). Ils seront le soufflet attisant le feu de la Révolution française, qui, après de nombreuses perturbations, conduira à l'Etat libéral bourgeois, l'Etat du *Comte de Monte-Cristo* (d'Alexandre Dumas père), par exemple. Il ne s'agit pas seulement d'une politique, mais aussi d'une mentalité qui se veut encore aujourd'hui universaliste, mais qui est localisée et particulière : la mentalité bourgeoise[241], capable de déplacer des montagnes en raison de sa confiance en soi entreprenante, comme Marx et Engels l'ont reconnu dans le *Manifeste communiste* ou comme on

---

[239] On trouvera un exemple de cette portée conceptuelle qui nous semble dissoudre le concept lui-même à : http://de.wikipedia.org/wiki/Polizeistaat#Literatur_und_Film. Avec toutefois une restriction peut-être pas seulement linguistique : cela nous choquerait moins d'appeler ces « Etats de police » « Etats policiers »...

[240] V., p. ex., Cecília Fontes, « 'Le Nozze di Figaro', by Mozart », in *Fides. Direito e Humanidades*, vol. II , Rés, Porto, 1992.

[241] Cf., p.ex., Werner Sombart, *Le Bourgeois*, trad. fr., Paris, Payot, 1966 ; Jose Luis Romero, *Estudio de la Mentalidad Burguesa*, Madrid, Alianza Editorial, 1987.

peut aussi le déduire des romans de Jane Austen tels que *Orgueil et Préjugé* (même si l'on doute de l'existence d'un Etat au Royaume-Uni). Ceux-ci ont d'ailleurs donné lieu à de remarquables adaptations cinématographiques, où l'on peut « revivre » toute une couleur locale, souvent essentielle à la compréhension des époques.

En théorie, l'Etat libéral n'est pas interventionniste. Mais ses entreprises belliqueuses, notamment coloniales, vont démontrer qu'il ne peut être qu'interventionniste en pratique. D'autre part, les libéraux eux-mêmes (y compris certains idéologues libéraux) évolueront, au sens social, tellement qu'ils seront, par exemple, les pionniers de la législation sociale au Royaume-Uni. Cependant, les droits reconnus par cet Etat sont surtout ceux de la participation et de la représentativité, les droits civiques et politiques, sans aucune dimension économique, sociale ou culturelle, etc. Sauf, évidemment, le droit de propriété. Celle-ci, que Thomas d'Aquin considérait encore comme une matière de droit positif au XIIIe siècle, s'élèvera idéologiquement, par les soins du libéralisme, au rang de prétendu « droit naturel ».

Etat construit essentiellement par des bourgeois juristes, l'Etat libéral sera surtout un Etat de droit (*Rechtsstaat* est une expression que l'on doit à Von Mohl et qui n'apparaît qu'en 1832) qui se transformera en un Etat démocratique. En fait, *Rechtsstaat* est une expression qui a des équivalents (mais rien que des équivalents) juridiques dans d'autres contextes culturels, comme « Etat de droit » dans le contexte français (qui aborde la question à travers le principe de la légalité et de la suprématie de la loi par imposition de la *volonté générale*), ou celui de la langue anglaise, qui parle de *Rule of law*. Il semble que la traduction de ce concept en russe ait posé problème, il n'y a pas longtemps. Cela n'a rien d'étonnant puisque, dans un de nos livres (en collaboration) traduit en chinois[242], il n'a pas été possible de trouver un équivalent chinois du mot à la fois simple et complexe « droit »[243].

L'Etat libéral, démocratisé et empreint de droit, connaîtra encore une phase intermédiaire avant de déboucher sur l'Etat social. Il a été dominé par ce que l'on appelle le *régime administratif de service public*. Il est généralement admis que les fins de l'Etat ont beaucoup évolué dans ce secteur par rapport à l'époque précédente. Cette époque est aussi connue (parfois de façon erronée englobant tout l'Etat libéral) sous le nom d'*Etat gendarme* ou d'*Etat gardien de nuit*, car il a, comme son nom l'indique, moins de fonctions que l'Etat de police. L'élargissement postérieur de l'éventail des fonctions de l'Etat découle naturellement de l'évolution économique et des progrès techniques. La complexité et les progrès économiques et techniques constituent une donnée de base infrastructurelle, ce qui explique la difficulté à se débarrasser de larges parties de l'Etat qu'éprouvent même les ultra-libéraux au pouvoir.

Les guerres allaient s'occuper du reste[244]. La première guerre mondiale commencera à changer le visage de l'Europe en balayant presque tout ce qu'il restait de libéral dans l'Etat. Après la fin de la première guerre mondiale, les mesures de protection sociale se sont multipliées. La Grande-Bretagne, par exemple, publie sa loi sur la santé publique en 1921.

La seconde guerre mondiale, quant à elle, sera décisive pour l'instauration de l'Etat social. Elle commence par des transformations sociales, telles que le travail des femmes et la fin de la résistance aux entreprises collectives. Par

---

[242] *Noções Gerais de Direito Civil,* I, éd. bilingue portugais-chinois, trad. par Vasco Fong Man Chong, Macau, Publicações O Direito, éd. subventionnée par l'Instituto Português do Oriente et par l'Associação dos Advogados de Macau, 1993.

[243] V. notre *Res Publica. Ensaios Constitucionais*, p. 51 et suiv.

[244] Cf., en général, Bertrand de Jouvenel, *Du Pouvoir. Histoire naturelle de sa croissance*, nouvelle éd., Paris, Hachette, 1972-1977. V. aussi, accessoirement, notre *Da Guerra Ideológica à Guerra Cultural*, tiré à part du volume d'hommage au Prof. André Gonçalves Pereira, Coimbra, Faculdade de Direito da Universidade de Lisboa, Coimbra Editora, 2006, pp. 149-160.

exemple, l'instauration des cantines ne se généralisera dans les entreprises qu'après l'éclatement du conflit de 1939-1945, car la priorité est donnée aux problèmes de production rapide et massive d'armes, à l'approvisionnement en combustible ou au rationnement alimentaire afin de perfectionner l'énorme machine de l'Etat qui n'est plus purement fiscale.

Après la seconde guerre mondiale, les services nationaux de santé ou autres se multiplient. Le 21 mars 1943, dans un communiqué radiophonique adressé à tout l'empire britannique, Churchill traçait déjà le programme d'un « champ de plus en plus large pour la propriété et l'initiative de l'Etat »[245]. Et, comme on le sait, Churchill a oscillé politiquement entre le parti libéral et le parti conservateur.

Dans les années 1980 et 1990, on aborde un virage, surtout idéologique, en proclamant la faillite de l'Etat social, sous l'influence des *Chicago boys* et des théories prétendument « néolibérales », mais en fait anarcho-capitalistes. Et en effet, l'Etat social commence vraiment à reculer avec les deux figures emblématiques que sont Margaret Thatcher au Royaume-Uni et Ronald Reagan aux EUA. Malgré les discours retentissants et, incontestablement, les coupures fatales dans certaines fonctions sociales de l'Etat, le démantèlement de l'Etat social n'est pas allé aussi loin que l'auraient voulu les idéologues. Un peu partout en Europe continentale, la panacée de la privatisation pour résoudre les problèmes du trésor public révèle que le « néolibéralisme » s'installe au cours des premières années du XXIe siècle, même s'il se heurte à la barrière d'une culture sociale très forte. Mais la crise financière dans laquelle nous sommes plongés actuellement risque d'inverser la situation. Il suffit de tirer les conclusions qui s'imposent des effets de « l'économie de casino » ainsi que de sa perversité morale et politique intrinsèque.

---

245 *Apud A Consciência Social na Grã Bretanha*, Serviços de Imprensa e Informação da Embaixada Britânica, 1944, p. 80.

Avant la crise, certains parlaient déjà d'Etat post-social. Nous croyons fermement qu'il est encore trop tôt pour parler de nouveau cycle. Ce qui semble se passer est simple et tout à fait normal dans ce cas. Deux paradigmes s'affrontent : d'une part, celui d'un Etat social qui doit être réformé pour survivre, en évoluant ; d'autre part, celui d'un anarcho-capitalisme proche de l'anti-étatisme dans ses versions les plus agressives. L'avenir nous dira si l'un des deux triomphera ou si quelque chose de nouveau surgira, une sorte de synthèse ou de dépassement de cette lutte, qui ne manque pas de traverser la théorie de l'Etat et la théorie de la Constitution.

Chapitre 3. *L'Etat constitutionnel*
Etat de droit démocratique et Etat social de culture

Le phénomène qui aura fait prendre conscience au plus grand nombre de l'écart entre les théories classiques de l'Etat et la réalité dynamique de l'Histoire et du Droit, c'est la Constitution européenne. Mais il y a longtemps que les plus vigilants entrevoyaient les difficultés inhérentes à la tentative de faire loger la réalité changeante et multimodale des sociétés politiques actuelles dans le lit de Procuste des paradigmes étatiques fondés sur d'autres types historiques d'« Etat ».

L'Etat qui apparaît dans certaines sociétés actuelles est un nouveau type d'Etat. C'est avant tout un Etat de droit, démocratique et social. Selon d'autres critères de classification, c'est aussi un Etat constitutionnel. L'Etat constitutionnel se construit à partir d'une triade mythique qui constitue son pilier et sa toile de fond, la triade de la Constitution moderne (constitution écrite et codifiée, droits de l'homme, séparation des pouvoirs – triade qui évolue elle aussi). Au fond, il développe ce projet et cet héritage. Mais quels sont les éléments qui permettent cette évolution ?

La *souveraineté populaire* est sans doute un quatrième élément à ajouter à la triade du constitutionnalisme libéral, lorsqu'il devient démocratique. Elle constitue peut-être le premier pont vers l'Etat constitutionnel.

Certains principes de la triade mythique moderne sont même revisités dans cette nouvelle forme d'Etat.

Par exemple, la *séparation des pouvoirs* n'est plus une forme de distribution des pouvoirs entre les différents prétendants sociaux et politiques. Elle n'est plus non plus une méthode d'organisation de l'Etat. Elle commence, d'une part et du moins dans l'idéal, à se répercuter dans tous les domaines où l'équilibre entre les freins et les contrepoids sont pertinents (c'est-à-dire au niveau infra-étatique ou dans des entités étatiques différentes des sièges classiques des trois pouvoirs traditionnels) ; d'autre part, la séparation des pouvoirs subit actuellement une transmutation, elle acquiert de nouvelles dimensions dans une idée plus large du pluralisme. De nos jours, la séparation des pouvoirs au sein d'un Etat constitutionnel respecte scrupuleusement la dignité des parlements et l'indépendance des tribunaux, ainsi que l'indépendance et l'inviolabilité des députés et des magistrats. Du moins, en théorie.

De même, les droits fondamentaux ou humains, autrefois traités de proclamateurs (critique qui leur était souvent adressée par les traditionalistes et les collectivistes), jouissent aujourd'hui d'une tutelle rigoureuse, à savoir juridictionnelle. Ce qui leur confère une autre légitimité et une autre dignité et qui les rend si réels que Michel Villey, leur critique classique et intelligent, allait finir par y croire (ou était-ce de l'ironie ?), selon un processus couronné dans son dernier entretien accordé au journal « Le Monde »[246]. De plus, les droits fondamentaux sociaux se sont imposés malgré leurs critiques (ce qui a troublé certains esprits moins perméables au changement) et ils ont aujourd'hui pleinement droit de cité (indépendamment des critiques). Ces droits font partie intégrante et indissociable du nouvel Etat constitutionnel.

Il ne faut pas oublier le rôle de la *dignité humaine*, idée plus abstraite et hiérarchiquement supérieure. Il s'agit toutefois d'une idée de la dignité humaine qui n'est pas absolutisée de façon idéaliste, mais que l'on rencontre à tout moment à l'intersection critique et créatrice entre les principes universels du Droit (et des droits de l'homme universels – ou, si l'on préfère, des droits naturels) et l'enracinement et la richesse du lieu (traditionnel, historique, national,

---

[246] Michel Villey, *Le Droit et les Droits de l'Homme,* P.U.F., Paris, 1983 ; *Idem.* « Polémique sur les 'Droits de l'Homme' », in *Etudes Philosophiques*, n° 2, 1986, p. 191 et suiv. ; *Idem, Réflexions sur la Philosophie et le Droit. Les Carnets*, Paris, P.U.F., 1995 (posthume).

communautaire, au choix). Au fond, il s'agit de la globalisation d'une des *prémisses majeures* (peut-être la plus importante, après la *vie humaine*) des valeurs juridiques elles-mêmes.

L'Etat subit d'importantes transformations. Il est clair qu'avec une constitution libérale, l'Etat commence par se soumettre au Droit (Etat de droit), par se démocratiser (Etat démocratique), et par accorder plus d'importance au social, au point qu'il se transmue parfois en Etat social. Mais l'étape suivante est celle d'un Etat de culture (*Kulturstaat*), à condition, évidemment, que la société, ses politiciens et ses gouvernants aient réussi à exorciser le spectre du ministre d'Hitler que fut Goebbels (« quand j'entends parler de culture, je sors mon revolver »). Car l'Etat constitutionnel est un Etat de droit démocratique et social *de culture*.

Chapitre 4. ***Topique des théories de L'Etat***

1. *Les éléments de l'Etat*

La théorie générale de l'Etat doit accueillir en son sein, dès l'énonciation des « éléments » de l'Etat, la dimension « culture », du moins au même niveau que le « territoire », le « peuple » et le « pouvoir politique », les trois éléments classiques dont le dernier peut être remplacé par le « gouvernement » (comme chez Santi Romano ou Donato Donati) ou la « souveraineté » (chez Michel Temer, Sahid Maluf et Anderson de Menezes) – sans que la conception en soit vraiment affectée. Et l'inclusion de cette dimension ne constitue pas un nouveau projet mais plutôt la confirmation d'un fait passé inaperçu qui prend de l'importance à l'époque actuelle.

Malgré un psittacisme récurrent, il ne faut pas croire qu'il y ait toujours eu un consensus parfait sur ces traits caractéristiques de l'Etat qui fonctionnent en pratique comme une doctrine légitimatrice et comme les *en-têtes de chapitres* de l'étude de ses divers aspects : il s'agit de sujets idéologiques et de sujets pédagogiques.

Nous croyons par exemple que Kelsen, plutôt dans la perspective du sujet pédagogique, ajoute au catalogue l'élément « temps », car il songe aux limites temporelles de l'Etat : au fur et à mesure que le temps passe, les Etats (y compris dans une perspective de globalisation – à son époque, apparemment encore plus internationaliste que constitutionaliste) naissent et meurent, d'autres leur succèdent, etc.[247].

---

[247] Hans Kelsen, *Teoria Geral do Direito e do Estado*, p. 314 et suiv. V. Juan Linz, *El Factor Tiempo en un Cambio de Régimen*, Mexico, Instituto de Estúdios para la Transición Democrática, 1994.

En outre, l'engagement international et communautaire des Etats (ou l'ouverture participative et constructive à l'intégration et au droit international), notamment des Etats européens, finit par s'intégrer aux fins de l'Etat ou à ses grands principes fondateurs et directeurs. Enormément de conséquences très intéressantes et très prometteuses en découlent. C'est indéniablement un sujet idéologique. L'Etat libéral romantique était nationaliste et renforçait l'idée de souveraineté de chaque Etat. Ce qui n'est apparemment pas le cas, par exemple, des Etats (unis) de l'Europe actuelle. Le temps, toujours lui, change, fait changer...

D'autres auteurs font justement remarquer que la théorie tripartite traditionnelle confond les plans ou les niveaux, qu'elle réunit ce qui ne peut être assemblé. Et quand elle commence à s'organiser, il n'est pas rare que d'autres éléments soient ajoutés au catalogue. Par exemple : le droit. Comment est-il possible aujourd'hui (et pourquoi pas de tous temps) de décrire l'Etat sans le droit ? Ainsi, pour Torres del Moral par exemple, l'Etat a pour éléments « formels », le droit et le pouvoir politique, et pour « présupposés matériels », le peuple et le territoire[248].

Il n'est pas nécessaire d'adhérer d'ores et déjà à une théorie plutôt qu'à une autre. L'objectif est de poser les problèmes et de multiplier les sources dans une matière à la fois controversée et érigée en dogme.

2. *Les fins et les fonctions de l'Etat*

En ce qui concerne les fins (et les fonctions) de l'Etat, il y a aussi des doctrines topiques opposées, plutôt libérales ou plutôt sociales. N'oublions pas que la question des fins de l'Etat est avant tout un problème de philosophie politique[249],

---

[248] Antonio Torres del Moral, *Introducción al Derecho Constitucional*, Madrid, Universidad Complutense, 1996, p. 22 et suiv.

[249] Afonso Rodrigues Queiró, *Os Fins do Estado (Um Problema de Filosofia Política)*, Supplément au vol. XV du « Boletim da Faculdade de Direito », Coimbra, Universidade de Coimbra, 1939, pp. 1-72.

empreint d'une forte coloration idéologique, comme on peut le constater dans les discussions actuelles sur le problème.

En attendant, selon la tradition, on continue à dire (avec plus ou moins de variantes) que les fins essentielles ou juridiques de l'Etat sont la sécurité et la justice. L'objectif bénévole et démophile, autrement dit le *bien commun*, est considéré comme un objectif secondaire. C'est pourquoi, selon la logique libérale du « laisser faire » présidant à une théorisation qui n'est évidemment pas innocente, ces éléments sont placés de façon instrumentale. Ceci explique donc que la *sécurité* est à la fois l'exercice du pouvoir de la police au niveau de l'ordre interne et la défense (militaire ou idéologique) des frontières (territoriales et symboliques) au niveau externe (autrement dit, la défense de la souveraineté – qui comporte ces deux éléments de suprématie) et que la *justice* est en fin de compte la capacité législative et judiciaire (de production normative et de tutelle par le pouvoir judiciaire)[250]. Le *bien commun* finit par faire partie des fins secondaires (sociales) de l'Etat, telles que l'éducation, la sécurité sociale, la santé, les transports publics, etc. Et cette théorie ne considérant que le minimum, ce qui est typique d'un « Etat gardien de nuit », ouvre bien sûr la voie à un retrait de l'Etat ou à son désengagement des fonctions qui lui ont été attribuées naturellement depuis l'Etat des Lumières et surtout depuis les deux guerres mondiales.

Bien qu'ils se fondent sur la même théorie de base, d'autres auteurs assouplissent et modernisent toutefois la rigidité du schéma. Dans la ligne de la pensée sociale chrétienne, après avoir examiné l'idée de Saint Thomas d'Aquin, qui est diamétralement opposée à l'idée « néolibérale », et selon laquelle la fin essentielle de l'Etat serait, toujours et partout, le *bien commun*[251], Freitas do

[250] Reis Friede, *Ciência Politica e Teoria do Estado*, p. 36 et suiv., notamment p. 38.

[251] Le « bien commun » n'est pas le bien-être, bien sûr. V. notre *Política Mínima*, 2e éd., p. 92 et suiv., ainsi que la bibliographie. D'un autre côté, certains le considèrent comme une valeur juridique, ce qui rend la question encore plus complexe. Cf. Jorge Guillermo Portela, « Breve Análisis de los Valores Jurídicos », in *Cultura Jurídica*, Mexico, Tribunal Superior de Justicia del Estado de México, n° 1, 2005, p. 127 et suiv., notamment p. 162 et suiv. Le problème semble

Amaral présente une vision tripartite où se côtoient l'élément chrétien et les deux éléments essentiels typiquement libéraux. Il considère donc que la sécurité, la justice et le bien-être sont les fins cumulées de l'Etat et qu'elles doivent être poursuivies simultanément[252]. De plus, la façon dont l'auteur densifie les concepts de sécurité – comme le faisait déjà Marcello Caetano, qu'il cite : « la société politique existe pour remplacer, dans les relations entre les hommes, l'arbitraire de la violence individuelle par certaines règles dictées par la raison qui sont plus conformes à l'instinct naturel de justice »[253] – est susceptible de permettre de dépasser une perspective purement fonctionnelle.

Une autre difficulté dans ce domaine, c'est que l'on confond souvent les fins et les fonctions[254]. La façon dont la doctrine libérale restrictive présente les fins de l'Etat est bien souvent trop fonctionnelle. Si nous concevons la justice selon l'interprétation large adoptée dans la citation presque anthropologique (au sens de l'anthropologie philosophique) de Marcello Caetano, qui lie la justice à l'instinct naturel de justice de la nature humaine, il est évident que cette justice est au fond un objectif, on pourrait même dire qu'elle habite le *Royaume des Fins*. Si, d'un autre côté, nous identifions la justice à l'application de la justice, voire à la législation et la judicature, elle n'est autre que la somme des fonctions législative et juridictionnelle de l'Etat.

---

provenir en fait de la tentative de faire coexister des catégories appartenant à des époques différentes. Il est déjà difficile de faire coexister à une même époque des valeurs, des vertus et des principes... Une vision actuelle de la tradition aristotélicienne du « bien-être » et de la « belle vie », *in* André Berten, *Philosophie politique*, trad. port. de Márcio Anatole de Souza Romeiro, *Filosofia Política*, São Paulo, Paulus, 2004, p. 70 et suiv.

[252] Diogo Freitas do Amaral, "Estado", in *Pólis*, vol. II, col. 1140 et suiv.

[253] Marcello Caetano, *Manual de Ciência Política e Direito Constitucional*, 6e éd., vol. I, p. 145, *apud* Diogo Freitas do Amaral, "Estado", col. 1142.

[254] V. notre *Política Mínima*, 2e éd., p. 143 et suiv.

Chapitre 5. *L'Etat de culture et l'Etat social : synthèses actuelles*

Les idées suivent un parcours de boomerang. On critique beaucoup la théorie de Jellinek, mais on oublie qu'il envisageait les fins juridiques et les fins culturelles de l'Etat. L'Etat constitutionnel va reprendre, à un autre niveau, l'idée des fins culturelles et va les rendre consubstantielles à l'Etat.

L'Etat constitutionnel est un Etat qui absorbe et intègre harmonieusement et progressivement tous les héritages des étapes précédentes de l'Etat moderne. Cependant, il se distingue par la plus importante et la plus spécifique de ses caractéristiques qu'est le tonus de l'Etat de culture – véritable point culminant du processus de libération. Il ne s'agit évidemment pas de la fin des temps, mais indéniablement d'un moment très significatif.

Toutefois, tant l'Etat constitutionnel que l'Etat de culture (ainsi que la conception du droit constitutionnel comme discipline de culture – comme chez Peter Häberle ou Pablo Lucas Verdù) sont des projets, des aspirations. Mais ce sont des projets ouverts, qui ont besoin d'une constitution continue, voire d'une lutte permanente.

De plus, il n'y a pas du tout de consensus à l'époque actuelle, y compris sur certaines dimensions antérieures au nouveau paradigme. Et une des dimensions qui est en cause et qui constitue également un des motifs de lutte idéologique est le paradigme « Etat social » (n'oublions pas à ce propos les apports de Hermann Heller[255]). Les contours théoriques de cet Etat ne sont pas consensuels, ce qui est normal dans ce genre de disputes mais qui suscite des malentendus, car les mêmes

[255] Hermann Heller, *Op. Cit.*, p. 241 et suiv. (au sujet de la fonction sociale de l'Etat).

termes recouvrent souvent des concepts différents et les mêmes concepts sont désignés par des termes différents[256].

Nous ne concluons pas.

Les enjeux de la Constitution européenne, les enjeux de la mondialisation (notamment d'une mondialisation également politique – qui reste à faire[257]), les enjeux de la croyance ou de l'incroyance des gens, à commencer par les jeunes, aux discours ingénus de légitimation des pouvoirs et des institutions (la démission politique et civique qui nous menace, dans notre « vie en rose » démocratique superstructurelle), tous ces enjeux devraient nous obliger à repenser l'Etat, sa raison, ses raisons et son raisonnement théorique.

Les théories actuelles, notamment celles des éléments de l'Etat, sont dépassées, elles se contrarient et entrent en concurrence, mais elles ne peuvent pas vraiment ajouter quoi que ce soit aux enjeux actuels de la politique et du droit. Plutôt qu'un roman de l'Etat[258] et plutôt que l'anatomie d'un Etat de rêve, inventé, présupposé, nous avons besoin d'une réinvention pratique de notre *polis* et de nos républiques. Devant l'échec des théories, il ne s'agit pas de proposer une autre théorie, mais bien d'inventer une nouvelle pratique. « La chouette de Minerve ne prend son envol qu'a la tombée de la nuit »...

---

[256] Cf. Christophe Ramaux, *L'Etat social : une révolution qui n'a pas sa théorie*, Actes de l'Université d'été, éd. Mille et une nuits, 2004.

[257] António de Almeida Santos, *Que Nova Ordem Mundial*, Lisbonne, Campo da Comunicação, 2008.

[258] Pierre-François Moreau, *Le Récit Utopique. Droit naturel et roman de l'Etat*, Paris, P.U.F., 1982.

Sixième Partie
HERMÉNEUTIQUE CONSTITUTIONNELLE

Chapitre I – *Dialogues herméneutiques*

1. *Pour une herméneutique constitutionnelle autonome et enracinée*

Bien qu'ils mettent l'accent sur des aspects différents, la plupart des ordres juridiques (ou, du moins, les plus significatifs dans l'ensemble de la jurisprudence mondiale) s'accordent sur les grandes lignes de l'herméneutique constitutionnelle. Et c'est un aspect très important de la constitution globale, d'autant plus qu'une constitution se confond avec son interprétation[259].

Il y a des auteurs pour qui l'herméneutique constitutionnelle ne semble pas mériter une place particulière au sein de l'interprétation juridique générale[260]. La pleine adoption d'un tel postulat mènerait cependant à la soumission de la constitution à la loi et à d'autres phénomènes juridiques infraconstitutionnels. Ainsi, puisque la constitution est son interprétation – ne l'oublions pas –, en concevant l'interprétation constitutionnelle comme quelque chose de non spécifique – et donc de subordonné à un paradigme interprétatif général du droit (figé dans le temps positiviste-normativiste, hostile au renouvellement herméneutique exigé par les progrès de la science et de la pratique

---

[259] Après avoir étudié avec rigueur l'interprétation / application des constitutions anglo-saxonnes les plus importantes (sauf l'anglaise) ainsi que celle de l'Allemagne, et coordoné une étude menée par différents spécialistes, Jeffrey Goldsworthy arrive à une conclusion qui nous semble similaire. V. Jeffrey Goldsworthy, *Interpreting Constitutions. A Comparative Study*, Oxford, Oxford University Press, 2007.

[260] A ce sujet, v. les remarques de A. E. Pérez Luño, *Derechos Humanos, Estado de Derecho y Constitución*, 8e éd., Madrid, Tecnos, 2003, p. 250.

constitutionnelles) –, c'est la subordination de la constitution au droit infraconstitutionnel qu'on demande. Et ce serait la plus grande infraction possible à la constitution elle-même.

Contrairement aux défenseurs d'une théorie de l'interprétation unifiée et archaïque qui subordonne en fait le droit dans son ensemble aux vieux paramètres du vieux droit civil[261], nous suivons la nouvelle orientation doctrinale selon laquelle la prééminence de la constitution, qui occupe le sommet de la normativité et de l'ensemble des phénomènes du droit, implique la centralité et l'irradiation de ce noyau fondamental de toute juridicité. Cela détermine aussi – et c'est très important – la constitutionnalité du droit dans son ensemble, ce qui nous oblige soit à filtrer le droit par la constitution (en dernière analyse, par le contrôle de la constitutionnalité), soit à conclure que toute herméneutique juridique implique une herméneutique constitutionnelle (autonome et prévalant sur toutes les autres[262]). C'est ainsi que le pôle herméneutique s'inverse et que le Code civil perd simultanément son ancienne centralité[263] et devient donc une source secondaire par rapport à la Constitution (malgré l'importance indéniable – très politique et très idéologique, d'ailleurs[264] – de ses normes et de ses principes). C'est ainsi

---

[261] Au contraire, le droit constitutionnel déborde sur le droit civil. V., p. ex., Luís Roberto Barroso, *Curso de Direito Constitucional Contemporâneo. Os Conceitos Fundamentais e a Construção do Novo Modelo*, São Paulo, Saraiva, 2009, p. 57 et suiv.

[262] V. R. Guastini, Guastini, V. R., « Specificità dell'interpretazione costituzionale? », in *Analisi e Diritto,* org. par P. Commanduccio, R. Guastino, Torino, Giappichelli, 1996, p. 169 et suiv. ; L. Gianformaggio, « L'Interpretazione della costituzione tra applicazione di regole e argomentazione basata sui principi », in *Rivista Internazionele di Filsosofia del Diritto*, n° 62, 1987, p. 65 et suiv. ; Nuria Belloso Martín, « Temi di Teoria Giuridica : L'interpretazione della costituzione e dei diritti fondamentali », tiré à part de *Annali del Seminario Giuridico*, vol. VII (2005-2006), Giuffrè, 2007, p. 17 et suiv.

[263] Luís Roberto Barroso, « O Novo Direito Constitucional e a Constitucionalização do Direito », in *Diálogos Constitucionais: Direito, Neoliberalismo e Desenvolvimento em Países Periféricos*, org. de Jacinto Nelson de Miranda Coutinho / Martinio Mont'Alverne Barreto Lima, Rio de Janeiro / São Paulo / Recife, 2006, p. 324.

[264] Le civiliste Orlando de Carvalho soulignait dans *Para uma Teoria Geral da Relação Jurídica Civil.* I. *A Teoria Geral da Relação Jurídica. Seu sentido e Limites*, 2e éd. mise à jour, Coimbra, Centelha, 1981, que plus une matière juridique se cache sous le technicisme et sous une prétendue neutralité, plus elle est essentiellement politique, chargée de préjugés idéologiques. C'est le cas du

qu'apparaît au premier plan le « triomphe du droit constitutionnel », pour reprendre l'expression du juriste brésilien Luís Roberto Barroso, qui nous propose le portrait suivant de l'époque actuelle dans ce domaine : « Nous vivons un moment de triomphe complet et absolu du droit constitutionnel. En moins d'une génération, le droit constitutionnel est passé de l'ombre à l'apogée. Une victoire qui doit être célébrée avec humilité. Dans la vie, on doit être fenêtre et non miroir. Le droit constitutionnel doit être la fenêtre par laquelle on regarde le monde »[265].

Il faut avouer que nous n'irions pas aussi loin. Mais il s'agit quand même d'une perspective exaltante qui compense les longues veilles jamais récompensées de nombreux constitutionnalistes auxquels la *Fortune* (*fortuna imperatrix mundi*) ne sourit pas. Cette interprétation renforce en outre l'idée selon laquelle celui qui applique le droit doit toujours tenir compte de la constitution, il ne peut en aucun cas s'en écarter ou l'ignorer. Il le faut, que ce soit pour l'appliquer directement, pour juger (*prima facie*) de la constitutionnalité de toute norme infraconstitutionnelle ou pour appliquer toutes les normes selon la constitution, en respectant ses valeurs et en aspirant à ses fins[266].

Reprenons les objections les plus immédiates contre une herméneutique constitutionnelle : outre les défenseurs de l'absence de spécificité, du caractère secondaire (de la « périphéricité ») ou de la subsidiarité d'une « interprétation » constitutionnelle, il y a ceux pour qui l'expression « herméneutique » est encore trop « philosophique » et / ou « moderne ». Ils lui préfèrent le mot plus traditionnel et plus courant « interprétation ». D'ailleurs, on confond encore souvent, dans

---

droit civil, évidemment. Existe-t-il beaucoup d'autres options idéologiques que celles qui sont discutées dans les normes sur la personnalité juridique, la propriété, le contrat, la responsabilité civile, le mariage, l'adoption ou la succession ? La grande révolution juridique aura lieu lorsque toutes les questions dans ces affaires, considérées pendant des siècles comme « naturelles », seront discutées et renouvelées selon les principes et les valeurs constitutionnels déjà proclamés, mais parfois peu vécus et peu admis par les lois ordinaires.

[265] Luís Roberto Barroso, « O Novo Direito Constitucional e a Constitucionalização do Direito », *op.cit.*, pp. 324-325.

[266] *Ibidem*, p. 324.

certains milieux juridiques, le legs de Savigny[267], certes très important, et une herméneutique absolue et intemporelle. D'aucuns vont même jusqu'à considérer que le tribut apporté par le célèbre juriste allemand serait définitif et insurmontable. D'autres encore réclament purement et simplement le retour à Savigny (*zurück zu...*) pour purger la science juridique des méthodes étrangères, notamment celles des « sciences sociales ». Selon eux, il s'agirait du parfait antidote à une sorte « d'impureté » interprétative : l'herméneutique « valorative » (qui suppose « l'intromission » de « valeurs » et d'un « ordre de valeurs »)[268].

Cette distinction entre herméneutique constitutionnelle et herméneutique tout court doit être faite pour des raisons spécifiquement herméneutiques, à commencer par la vision panoramique particulière qu'apporte la vision herméneutique. Willis Santiago Guerra Filho l'exprime en ces termes : « Pratiquer 'l'interprétation constitutionnelle', ce n'est pas interpréter la constitution selon les canons traditionnels de l'herméneutique juridique, qui remontent d'ailleurs à une époque où les matrices de la pensée juridique se fondaient sur des bases privatistiques»[269].

Cet auteur est parfaitement conscient de la particularité de l'herméneutique constitutionnelle, qui découle directement de la constitutionnalité elle-même. Il admet toutefois la nécessité de recourir aux méthodes traditionnelles : « L'intellection du texte constitutionnel se fait encore, dans un premier temps, grâce aux méthodes traditionnelles telles que la méthode philologique, systématique, téléologique, etc. Il suffit ensuite d'aller plus loin, d'utiliser d'autres ressources argumentatives, lorsque les instruments traditionnels de l'herméneutique juridique ne permettent pas de réaliser l'opération exégétique

---

[267] En particulier, Friedrich Karl von Savigny, *System des heutigen römischen Rechts*, Berlin, Veit, 1840, 9 vols.

[268] Sur le même phénomène, p. ex. Friedrich Müller, *Métodos de Trabalho no Direito Constitucional*, 3e éd., trad. port. de Peter Naumann, Rio de Janeiro / São Paulo / Recife, Renovar, 2005, p. 27 et suiv.

[269] Willis Santiago Guerra Filho, *Teoria da Ciência Jurídica*, São Paulo, Saraiva, 2001, p. 149.

résultant dans une 'interprétation conforme à la constitution', la *verfassungskonforme Auslegung* des Allemands, qui correspond à une interprétation en accord avec les options valoratives fondamentales exprimées dans le texte constitutionnel »[270].

L'activité juridique de création du droit (qui culmine dans la jurisprudence, mais dont se charge aussi l'administration publique voire le citoyen moyen, même s'il n'en est pas conscient) est nécessairement de nature herméneutique (c'est-à-dire bien plus qu'une simple « interprétation »). Il ne s'agit pas simplement « d'interpréter » dans tout ce que cela peut impliquer de passif et de purement cognitif. Il s'agit de bien plus que cela[271]. L'herméneutique n'a pas besoin d'être juridique pour être une « théorie de la compréhension et de l'interprétation des textes », mais l'herméneutique juridique est en outre une théorie-action qui concrétise à partir de cas (et de textes) particuliers : elle se concentre sur une concrétisation[272]. L'herméneutique est une quête de sens et la justice est « le sens juste des choses », à la fois pour les choses et les personnes. Et ce n'est qu'ainsi que le droit dans son ensemble peut donner un sens au monde[273] – une de ses fonctions principales, surtout aujourd'hui, car tant de lueurs d'espoir et d'orientation se sont éteintes.

Mais l'enjeu n'est pas tant la méthode que le problème de sa place et de la valeur de la méthodologie, en particulier du « méthodologisme » en tant que

---

[270] *Idem, Ibidem.*

[271] Sur l'inadéquation de l'expression « interprétation constitutionnelle », Carlos Ayres Britto, *Teoria da Constituição*, 1e éd., 3e réimpression, Rio de Janeiro, Forense, 2006, p. 139 et suiv.

[272] En général, Hans-Georg Gadamer, *Wahrheit und Methode*, 3e éd., Tübingen, J. C. B. Mohr (Paul Siebeck), 1973 (1e éd. - 1960), trad fr. Etienne Sacre, rev. Paul Ricoeur, *Vérité et Méthode. Les grandes lignes d'une herméneutique philosophique*, Paris, Seuil, 1976, p. 166 et suiv., p. 172 et suiv. Pour le droit constitutionnel, Hesse, Konrad, *Grundzuege des Verfassungsrechts der Bundesrpublik Deutschland*, 20e éd., Heidelberg. C. F. Mueller, 1999, p. 24 et suiv.

[273] G. Kuhenhoff, *Naturrecht und Christentum*, 1948, p. 6, *apud* Karl Engish, *Einführung in das juristische Denken*, 3e éd., Stuttgart, W. Kohlhammer, 1964, n° 2.

nouvelle théologie prétendument « laïque » dans le domaine du droit[274]. Lenio Luiz Streck a raison lorsqu'il déclare : « Nous n'interprétons plus pour comprendre, au contraire, nous comprenons pour interpréter, brisant ainsi les perspectives épistémologiques qui placent (plaçaient) la méthode au sommet de la subjectivité et la considèrent (considéraient) comme une garantie de la sécurité (positiviste) de l'interprétation »[275].

Plus loin, le même auteur énonce une thèse fondamentale (mais pouvons-nous vraiment parler d'une « thèse », tant cela semble évident ?), qui rejoint parfaitement notre point de vue : « Il y a longtemps qu'on sait que l'herméneutique philosophique (phénoménologie herméneutique) a surmonté le problème de la méthode (...) ainsi que les conséquences épistémologiques qui en découlaient. Interpréter, c'est appliquer » [276].

Finalement, un des plus grands problèmes est la confusion entre l'ancien et le nouveau (ou « le mort et le vivant »), dans le domaine herméneutique en général, et particulièrement dans le legs de Savigny.

Pour pouvoir attribuer à chacun son dû, il faut commencer par rappeler ce qui nous semble être effectivement le point de départ de ce grand juriste classique.

2. *L'ancien et le nouveau (ou le vivant et le mort) chez Savigny*

De même que la théorie de cet auteur semble être considérée par certains comme éternelle et irremplaçable, il arrive aussi que l'on considère comme une véritable trouvaille tel ou tel point que l'on doit en fait à notre vieux Savigny ou qui est encore plus ancien mais que celui-ci a rappelé. Un des exemples de la modernité herméneutique de Savigny est la relation qu'il établit entre les sources du droit et l'interprétation.

---

274 Nelson Saldanha, *Da Teologia à Metodologia. Secularização e Crise no Pensamento Jurídico*, Belo Horizonte, Del Rey, 1993.

275 Lenio Luiz Streck, « A Hermenêutica Filosófica e as posibilidades de superação do positivismo pelo (Neo) Constitucionalismo », in *Constituição e Crise Política*, coord. de José Adércio Leite Sampaio, Belo Horizonte, Del Rey, 2006, p. 280.

276 *Idem*, p. 283.

La première chose à retenir est que la bonne herméneutique dépend avant tout d'une bonne législation. Seules les lois riches en sens utile et surtout rédigées de façon claire et rigoureuse permettent une interprétation qui leur fasse honneur. « L'art de l'interprète » dépend ainsi largement de « l'art du législateur » – affirme-t-il.

Mais on peut dire avec Abraham Lincoln que, s'il incombe aux politiciens législateurs de faire de bonnes lois, il est du ressort des avocats, des juges, des procureurs, bref, des interprètes (y compris ceux de l'administration publique) de rendre au moins acceptables par leur application les lois qui seraient moins bonnes. L'intervention herméneutique est parfois corrective (voire « résistante ») quand le législateur n'a pas très bien fait son travail. Mais c'est bien plus complexe que cela, en réalité...

En tout cas, pour Savigny, l'étude des sources du droit indépendamment de l'interprétation semble être une solution de facilité théorique, puisque, contrairement à ce que cette méthode purement didactique pourrait laisser supposer, la source n'est pas une norme indépendante, isolée et donnée dans l'absolu, une fois pour toutes. Pour que la règle contenue dans le texte de la source de droit (disons-le ainsi, avec nos yeux herméneutiques d'aujourd'hui) vive réellement, il faut qu'elle soit captée par l'interprète, que Savigny dans sa sagesse ne restreint pas à la figure du juge, mais qu'il élargit à l'homme de science (juridique) et même au particulier, qui interprète quotidiennement les sources du droit pour agir de telle ou telle façon. Il ne s'agit donc pas d'une interprétation prétendument « démocratique » ou d'une œuvre « ouverte », sans limites[277]. Car Savigny considère que tous les types d'interprètes du droit doivent appliquer la même méthodologie herméneutique. Personne n'a le privilège d'interpréter à sa

[277] Le grand nom de « l'œuvre ouverte » établit des limites à l'interprétation : Umberto Eco, *L'œuvre ouverte*, trad. fr., Paris, Seuil, 1965; Idem, *De L'œuvre ouverte au Pendule de Foucault*, interview par Jean-Jacques Brochier / Mario Fusco, *in* « Magazine Littéraire », n° 262, Février 1989, p. 18 et suiv. ; Idem, *I limiti dell'interpretazione*, Milan, Bompiani, 1990.

guise...

A ce propos, il faut aussi rappeler que le projet théorique de Peter Häberle, d'ailleurs repris par d'autres, d'une « société ouverte des interprètes de la constitution » (*die offene Gesellschaft der Verfassungsinterpreten*)[278] n'a rien à voir avec la pulvérisation herméneutique. Ce projet se fonde sur le présupposé suivant : « Il n'y a pas de normes juridiques, il n'y a que des normes juridiques interprétées » (« *Es gibt keine Rechtsnormen, es gibt nur interpretierte Rechtsnormen* »[279]).

Savigny, lui aussi, postule à sa manière ce présupposé des démarches interprétatives, qui ressemble d'ailleurs au vieux mythe britannique selon lequel une norme n'est parfaite, complète, qu'après avoir été interprétée dans une sentence qui l'invoque et l'applique, qui lui confère un sens précis dans le cadre d'une affaire réelle ; et ce sens sera le même dans les affaires ultérieures.

Dans le cas de la constitution, ce présupposé est toujours vrai, il n'est jamais mythique. La constitution résulte nécessairement de l'herméneutique constitutionnelle[280]. Le texte en soi n'est que lettre morte, ou du moins endormie, comme la Belle au Bois dormant, avant l'arrivée du prince herméneute.

Savigny n'ignorait pas non plus le besoin permanent d'interpréter (et rejetait la maxime qu'il considérait comme erronée *in claris non fit interpretatio...*). Il savait aussi que les lois ne sont pas les seules à devoir être interprétées (bien que leur interprétation soit spécifique), etc. Par exemple : les

---

278 Peter Häberle, *Die offene Gesellschaft der Verfassungsinterpreten. Ein Beitrag zur pluralistischen und 'prozessualen' Verfassungsinterpretation*, trad. de Gilmar Ferreira Mendes, *Hermenêutica Constitucional. A Sociedade Aberta dos Intérpretes da Constituição: Contribuição para a Interpretação Pluralista e "Procedimental" da Constituição*, Porto Alegre, Sergio Antonio Fabris, réimp. 2002.

279 Peter Häberle, « Zeit und Verfassung », in *Probleme der Verfassungsinterpretation*, org. par Ralf Dreier / Friedrich Schwegmann, p. 293 (313).

280 Dans un sens très proche, Lenio Luiz Streck, *A Hermenêutica Filosófica e as posibilidades de superação do positivismo pelo (Neo) Constitucionalismo*, p. 283, et n. 24.

faits doivent aussi être interprétés[281] – comme le reconnaît d'ailleurs l'herméneutique la plus actuelle. Il avait aussi constaté que l'usage de la rigeur herméneutique permet d'éviter les opinions obtuses de soi-disant savants et de valoriser les opinions simples mais justes des étudiants talentueux.

Un des points sur lequels Savigny fait preuve d'une très grande sensibilité et d'une très grande acuité, c'est sur sa propre conception épistémologique de la signification et des implications de l'interprétation. Pour lui, l'interprétation est un art qui ne peut s'apprendre par la théorie. C'est un art qui ne peut s'apprendre que par l'étude des grands exemples, qu'ils soient anciens ou modernes. Nous y gagnerions beaucoup si nous adoptions un tel postulat.

Les épigones de la troisième, de la quatrième et de la cinquième génération seraient surpris par la modernité de Savigny sur quelques points. C'est un sort terrible que cette célébrité emballée par les épigones, comme les lois emballées par les bureaucrates. Le vieux Savigny ritualistique est surtout celui des épigones. Certes, il y aurait des critiques à lui faire, mais nous devons sa caricature à sa posterité.

3. *Finalité de l'interprétation de la norme chez Savigny*

Pour Savigny, la fin de l'interprétation juridique est encore strictement cognitive. La fonction de l'interprétation serait de reconstituer la pensée ou le « contenu spirituel » incrit dans la norme. On ne peut nier, *prima facie*, l'exactitude de cette téléologie de l'herméneutique des normes. En effet, il est important de capter ce que dit le texte de la norme, ce qu'il nous offre à lire. En d'autres termes : il faut savoir distinguer la *mens legis* de la *mens legislatoris* – la pensée de la norme de la pensée du législateur – ou, pour reprendre la formule plus neutre du Code civil portugais, article 9-1 : il faut tenter de dégager « la pensée législative ». Toutefois, la réalisation pratique et conséquente d'un tel projet

[281] Théodore Ivainier, *L'interprétation des faits en droit,* Paris, LGDJ, 1988.

s'avère complexe.

Le grand juriste brésilien Rui Barbosa établit un lien entre le devoir général de chacun d'obéissance à la loi et le devoir général de chacun de la connaître, ce qui n'est possible que grâce à l'interprétation : « il est certain que du chef de la Nation au dernier des habitants du pays, tous ceux qui doivent se soumettre à une règle impérative de l'autorité supérieure doivent commencer par comprendre cette règle. Et, comme comprendre la loi revient à reconstituer la pensée du législateur, l'interprétation est l'acte initial de toute obéissance » [282]. *Si non è vero, è bene trovato*.

Il est vrai que Manuel de Andrade parlera lui aussi, à la limite, d'une interprétation comme résistance[283] : celle-ci n'en est pas moins obéissance pour autant, mais il s'agit d'une obéissance à la justice, contre l'arbitraire. Les lois, les règlements, les ordres des « autorités » peuvent être illégaux, inconstitutionnels, injustes, arbitraires... On le sait.

Les nouvelles tendances interprétatives semblent expliciter que ce « contenu » de la norme n'est pas un *quid* isolé, capté de l'extérieur, sans interférence ni de l'interprète, ni du milieu dans lequel a été produit le texte de la norme ou a été réalisée l'activité interprétative elle-même. Autrement dit, les nouvelles herméneutiques insistent sur le « sens » implicite, celui qui n'est pas donné ou qui est incomplet et elles soulignent l'importance de la contribution des interprètes à la construction du sens ainsi que la perméabilité au milieu : en somme, elles révèlent l'influence de l'interprétation / application de la norme sur la société qui subit l'impact de la norme « interprétée ». Au fond, tout est interactif. Ou, du moins, circulaire...

---

[282] Rui Barbosa *apud* J. H. Meireles Teixeira, *Curso de Direito Constitucional*, org. et mise à jour par Maria Garcia, Pontifícia Universidade Católica de São Paulo, Rio de Janeiro, Forense, 1991, p. 266.

[283] Manuel de Andrade, *Sentido e Valor da Jurisprudência*, in "Boletim da Faculdade de Direito", Universidade de Coimbra, XLVIII, 1972.

4. *Les éléments d'interprétation selon Savigny*

Savigny lui-même considère que la différence spécifique (*differentia specifica*) de l'interprétation juridique face à d'autres herméneutiques, dont la philologie, est la batterie d'éléments qui la composent et qui constituent encore aujourd'hui le seul ensemble d'instruments dont disposent de nombreux juristes pour aborder les textes normatifs dans une perspective strictement « interprétative », non herméneutique – telle est la pauvreté des ressources que fournit le psittacisme théorique.

Pour Savigny il s'agit des « éléments d'interprétation » qu'il présente dans cet ordre :

4.1. *L'élément grammatical*

La dimension proprement linguistique et spécifiquement sémantique du texte analysé lors d'une interprétation relève du premier élément d'interprétation, qu'il appelle « l'élément grammatical ». La façon dont Savigny pose le problème est très différente de celle que l'on trouve habituellement dans les manuels sous l'épigraphe en question.

Ainsi, Savigny est très clair lorsqu'il centre cette étude sur l'unité formée par le mot, en tant que véhicule de transmission (ou moyen de communication – soit, en termes modernes, le *signe*) entre la pensée qu'il dit être celle du législateur (il ne peut en être autrement) et la pensée de l'interprète (entre ces deux pensées se tisse le *sens*). Pour cet auteur, l'interprétation par l'élément grammatical consisterait en fait dans l'exposé (selon nous, ce mot signifie ici aussi « révélation » et donc avant tout « quête ») des lois linguistiques que le législateur lui-même a utilisées dans la construction de son texte. Ainsi s'agit-il d'une déconstruction *hoc sensu* (analytique) visant à comprendre le processus de construction linguistique suivi par le législateur. Il faudrait ainsi reconstituer le parcours de construction du texte.

4.2. *L'élément logique*

Ce vecteur interprétatif est traité avec le plus grand laconisme par Savigny. Cet élément permet de trouver, dans le texte, la structure de la pensée, la relation logique entre ses différentes parties pour former un tout. C'est évidemment ici que l'on pourra chercher (et éventuellement déceler) certains vices logiques de la toile textuelle de la norme. Selon le Code civil portugais, par exemple, il semble que ceux-ci doivent être accommodés de façon positive (ou récupérés) grâce à des présomptions qui transforment les formules erronées en formules acceptables pour les résultats de justice à obtenir (articles 8 et 9).

4.3. *L'élément historique*

Le vecteur historique de l'interprétation renvoie à la découverte de la situation, de la position, de la relation juridique en cause (dans son contexte) au moment de la « promulgation de la loi » – dit Savigny. En fait, c'est peut-être plus que cela. L'analyse historique peut remonter à des époques antérieures à celle de l'élaboration et de l'entrée en vigueur de la loi. Elle peut même nous amener à des époques antérieures à celle de l'institution ou des institutions en question, notamment à l'époque des institutions qui les ont précédées...

Quoi qu'il en soit, l'objet d'analyse est ici la nouveauté que cette norme introduit dans le système juridique, dans l'ordre juridique, dans la juridicité en vigueur. Cet élément historique présuppose ainsi le suivant, le systématique, qui nous indique d'abord la trace générale d'un ordre juridique donné, à une certaine époque et en un certain lieu, et ensuite le contexte normatif le plus proche de la norme à interpréter, par exemple, la disposition législative où se trouve un certain article.

4.4. *L'élément systématique*

Dans une perspective de plénitude (pas nécessairement « logique », comme le veulent certains) et d'unité du système ou de l'ordre juridique, il y a comme un « air de famille » entre les différents instituts, institutions, principes et normes, au sein de cette grande unité.

Savigny semble établir un parallélisme très enrichissant entre les associations d'idées et la force d'encadrement (institutionnel) dans la pensée du législateur. Essayons de reconstituer sa pensée, qu'il exprime de façon synthétique : tout comme le contexte historique d'une norme ne peut manquer d'être présupposé dans l'esprit du législateur pour qu'il puisse accomplir le saut vital et légiférer, l'unité du système juridique semble bien, elle aussi, être sous-jacente dans ce même esprit, comme une sorte de toile de fond.

Le grand juriste allemand finit par affirmer que nous ne connaîtrons jamais parfaitement la pensée du législateur si nous ne concevons pas clairement la relation de la nouvelle norme avec la totalité systématique du droit (c'est-à-dire le système juridique dans son ensemble) et la façon dont elle intervient (en tant que norme innovatrice) dans l'ensemble du système.

5. *Application des éléments d'interprétation*

Savigny s'est bien rendu compte que l'usage mécanique et formaliste de tous ces éléments pour toutes les normes à interpréter deviendrait non seulement superflu, mais aussi nuisible, surtout en raison de la lourdeur de cet outillage. Le choix des éléments les plus adéquats à une interprétation particulière constitue une des premières étapes de « l'art ».

L'auteur envisage même les conditions de succès du travail interprétatif, qu'il fait dépendre de deux ordres de démarches :

5.1. *Reconstitution de l'activité mentale législative*

Pour bien interpréter, et comme principe qu'on pourrait même qualifier de « supérieur » par rapport aux « éléments de l'interprétation », il faut commencer par reconstituer l'activité mentale dont résultera l'expression « pensée du législateur » (qui, bien sûr, est une fiction, même si, dans un cas donné, le législateur est une seule personne bien définie). Savigny est un peu vague ici, mais il nous semble que c'est ce qu'il a voulu dire.

5.2. *Comparaison historico-dogmatique des textes*

En second lieu, Savigny réserve une place fondamentale aux deux étapes suivantes de l'interprétation. Il faut avant tout connaître le complexe juridique dogmatique dans une perspective historique, c'est la seule façon de se faire une idée claire et précise de la place, du sens et du rôle de la norme à interpréter. N'oublions pas que Savigny, maître de l'Ecole historique du droit, considérait que « la science du droit n'est autre que l'histoire du droit »...

Une fois que l'on est à même de comprendre cet aspect historico-dogmatique, on perçoit beaucoup plus facilement dans chaque cas les connexions entre le texte analysé et les relations juridiques générales qui s´établissent au sein de l'ordre juridique.

La dimension téléologique de l'herméneutique (qui n'est pas dans l'oeuvre de Savigny, mais que d'aucuns attribuent à Jhering) peut prendre des contours plus nets et imposer des réquisits plus stricts, surtout au niveau de ce que nous appelons « l'interprétation interventive », sans oublier les arguments et les maximes de « l'interprétation énonciative », que nous situons à l'intersection (d'ailleurs évidente) avec la topique juridique[284].

---

[284] Pour ces arguments et bien d'autres, Maria Luísa Malato et Paulo Ferreira da Cunha, *Manual de Retórica e direito*, Lisbonne, Quid Juris, 2007, p. 245 et suiv.

Chapitre II. ***Principes constitutionnels herméneutiques***

1. *Des Principes en général*

Il est aujourd'hui possible d'intégrer le legs de Savigny dans une perspective herméneutique renovée et innovatrice[285]. Il faut cependant faire tomber beaucoup de préjugés[286].

Le plus important dans une herméneutique constitutionnelle, après la compréhension du phénomène et de l'action en tant que dimensions du temps herméneutique (ou post-herméneutique, mais qui l'implique et le présuppose), c'est une panoplie de principes, une topique en quelque sorte, mais dont la dimension est plus importante parce qu'elle est ancrée dans la dogmatique de la branche du droit en question, le droit constitutionnel, qui, de plus, est à la fois « branche, racine et tronc » du droit.

Le droit constitutionnel dispose d'un ensemble de principes méthodologiques herméneutiques comparables (mais encore plus forts) aux arguments et aux maximes de « l'interprétation énonciative » (arguments *a contrario*, *a silentio*, *a fortiori*, *a pari*, etc.). Cela signifie la réassomption de sa vocation de branche de droit méthodologique et philosophique par excellence (vocation contrariée pendant longtemps par le positivisme). Cela se traduit aussi par la reconnaissance de la dimension purement constitutionnelle de plusieurs matières, qui ne le sont pas formellement, mais matériellement : notamment, comme nous le savons déjà, les normes sur les sources du droit et l'herméneutique,

---

[285] Nos premières contributions dans *Princípios de Direito. Introdução à Filosofia e à Metodologia Jurídicas*, Porto, Rés, 1993, pp. 393-490.

[286] Lenio Luiz Streck, « A Hermenêutica Filosófica e as posibilidades de superação do positivismo pelo (Neo) Constitucionalismo », in *Constituição e Crise Política*, coord. de José Adércio Leite Sampaio, Belo Horizonte, Del Rey, 2006, p. 294.

qui se trouvent dans le code civil de certains pays, pour des raisons essentiellement historiques. En fait, peu importe le lieu, ce qui compte, c'est la fonction et l'essence du *quid*.

A ce stade, il convient d'être prudent et d'introduire, d'ores et déjà, quelques remarques pondératrices générales, voire quelques limitations de la théorie qui va être présentée, sans toutefois contrarier ni restreindre l'exigence de rigueur dans la connaissance et dans l'usage des concepts et des techniques dont il va être question.

Ainsi faut-il tout d'abord avouer que les topiques que nous allons analyser sont très formels. Ils se limitent à considérer les différentes faces et les diverses manifestations d'une même réalité, à savoir, la *nature juridique supérieure de la Constitution* : une nature normative, unitaire et intégratrice. En tant que norme des normes, la constitution doit être *une norme*, elle doit être conçue comme une unité de sens, elle doit représenter le critérium de sa propre interprétation (et de celle des autres lois) et trouver le moyen de concilier d'éventuelles antinomies et de surmonter d'éventuelles difficultés résultant de sa propre complexité et des forces antagoniques qui traversent sa genèse et sa vie, qui doit beaucoup au monde discordant de la politique.

De toute façon, dans l'herméneutique constitutionnelle d'aujourd'hui, il est impossible de restreindre l'importance « principiologique » aux principes spécifiquement voués à cette démarche méthodologique (les principes considérés comme purement herméneutiques).

Tous les principes constitutionnels concourent à l'herméneutique constitutionnelle : ils dirigent toute argumentation normative et contribuent à toute application du droit. Les principes assument une fonction multiple : ils condensent des valeurs, en raison de leur fonds axiologique indéniable ; ils garantissent l'unité du système juridique, en tant qu'éléments agrégateurs de l'interprétation, non pas spécifiquement constitutionnelle, mais bien générale (c'est-à-dire par la manifestation de la constitutionnalité dans l'ensemble de l´ordre juridique, de façon transversale) ; enfin, en tant que guides, ils permettent et déterminent la rationalité de l'interprétation[287].

Aussi la tendance actuelle s'oppose-t-elle diamétralement aux théories et surtout aux pratiques (peu soucieuses de théorie) qui importent des méthodes et les appliquent mécaniquement au droit constitutionnel : en revanche, étant donné la suprématie de la constitution, il est normal que la méthodologie constitutionnelle, notamment herméneutique, soit exportée vers l'ensemble du droit, tout en préservant la spécificité de l'interprétation constitutionnelle *proprio sensu*[288]. Mais ces termes sont un peu barbares : au fond, il ne s'agit pas à proprement parler d'importation et d'exportation, langage mercantile peu adéquat à la matière que nous traitons. Il s'agit en fait de l'avènement d'une nouvelle méthodologie générale, certes née au sein du droit constitutionnel, mais à vocation juridique générale. Cette nouvelle herméneutique n'est pas le chant d'une sirène ou la musique du flûtiste d'Hammelin du droit constitutionnel qui aurait enchanté l'ensemble des juristes (belle image, qui ne nous appartient pas) et les bercerait dans un beau mensonge. C'est la reconnaissance du fait que, dans le concert du droit, il y a une partition et un chef d'orchestre et que la mélodie fondamentale, quelles que soient les variations, est celle de la constitution, de son programme juridico-politique.

---

[287] Gustavo Rabay Guerra, « Estrutura Lógica dos Princípios Constitucionais », in *Revista Brasileira de Direito Constitucional,* n° 7, vol. 2, p. 224 ; André Ramos Tavares, « Elementos para uma Teoria Geral dos Princípios na Perspectiva Constitucional », in *Dos Princípios Constitucionais: Considerações em torno das Normas Principiológicas da Constituição*, org. de George Salomão Leite, São Paulo, Malheiros, 2003, p. 40 et suiv.

[288] Susana Pozzolo, « Neoconstitucionalismo y Especificidad de la Interpretación Constitucional », in *Doxa*, 21 – II, 1998, p. 339 et suiv.

2. *Du premier principe : la suprématie de la constitution*

2.1. *L'affirmation du principe de la suprématie de la constitution*

Bien qu'il ne soit pas toujours mis en évidence dans ce contexte herméneutique, le principe de la suprématie de la constitution est le postulat fondamental, élémentaire et fondateur non seulement de la discipline constitutionnelle et de son interprétation, mais aussi de « toute herméneutique future » – pourrions-nous dire pour paraphraser un célèbre texte de Kant.

D'ailleurs, selon certains, ce principe de suprématie découle de la définition de la constitution elle-même. Dans leur manuel classique, Francis Hamon, Michel Troper et Georges Burdeau définissent le droit constitutionnel de façon rigoureusement formelle, comme l'ensemble des normes qui ont une valeur supérieure à celle d'autres normes, qui peuvent légitimer d'autres normes et qui ne se confondent avec aucune autre norme juridique[289].

Selon d'autres, plus soucieux de critères matériels lors de la définition, cette caractéristique de la suprématie constitutionnelle se trouve ailleurs. Parfois dans un moment historique ou historico-mythique. Le moment mythique (et souvenons-nous de l'importance primordiale du mythe en matière de constitution[290]) le plus significatif est certainement l'épiphanie de ce principe des principes, celui de la suprématie de la constitution, dans l'affaire *Marbury vs. Madison*[291]. Nous citons ce qui nous paraît essentiel dans le texte de cette affaire canonique : « Between these alternatives there is no middle ground. The Constitution is either a superior, paramount law, unchangeable by ordinary means,

---

[289] Francis Hamon / Michel Tropper / Georges Burdeau, *Droit constitutionnel*, 27e éd., Paris, LGDJ, 2001.

[290] V. notre *Mito e Constitucionalismo. Perspectiva Conceitual e Histórica, passim* ; Idem, *Teoria da Constituição*. I. *Mitos, Memórias, Conceitos*, surtout pp. 23-97 ; Idem, *Constituição, Direito e Utopia. Do Jurídico-Constitucional nas Utopias Políticas*, surtout. p. 89 et suiv.

[291] http://en.wikisource.org/wiki/Marbury_v._Madison/Opinion_of_the_Court. Gregory J. Ratjhen / Otis H. Stephens, *The Supreme Court and the allocation of constitutional power. Introductory essay and selected cases*, S. Francisco, W. H. Freeman & C., 1980, p. 25.

or it is on a level with ordinary legislative acts, and, like other acts, is alterable when the legislature shall please to alter it.

If the former part of the alternative be true, then a legislative act contrary to the Constitution is not law; if the latter part be true, then written Constitutions are absurd attempts on the part of the people to limit a power in its own nature illimitable.

Certainly all those who have framed written Constitutions contemplate them as forming the fundamental and paramount law of the nation, and consequently the theory of every such government must be that an act of the Legislature repugnant to the Constitution is void.

This theory is essentially attached to a written Constitution, and is consequently to be considered by this Court as one of the fundamental principles of our society. It is not, therefore, to be lost sight of in the further consideration of this subject. »

Un certain nombre d'auteurs ont ensuite proclamé ce principe primordial. Comme le dit Luís Roberto Barroso, « toute interprétation constitutionnelle se base sur le présupposé de la supériorité juridique de la constitution sur les autres actes normatifs au sein de l'Etat. En raison de la suprématie de la constitution, aucun acte juridique, aucune manifestation de volonté ne peut subsister et rester valide si elle est incompatible avec la loi fondamentale » [292]. Et Ramos Tavares synthétise, en évoquant même un argument positiviste : « Dans la conception positiviste formelle, la constitution sera, dorénavant, source de droit (constitutionnel) et aussi l'ensemble normatif disciplinateur des autres sources de droit » [293].

---

[292] Luís Roberto Barroso, *Interpretação e Aplicação da Constituição*, 6e éd., São Paulo, Saraiva, 2004, p. 161.
[293] André Ramos Tavares, *Fronteiras da Hermenêutica Constitucional*, p. 133.

2.2. *Attaques contre le principe de la souveraineté de la constitution*

Il est rare que la suprématie constitutionnelle soit remise en question sur le plan théorique et peu de politiciens osent la contester. Quant aux juristes, nombreux sont ceux qui se montrent trop prudents et n'osent pas attaquer les « dogmes » dominants : il s'agit évidemment d'un sacrifice sur l'autel de la correction politique et sociale, même lorsque, comme c'est le cas ici, les dogmes sont intrinsèquement valides et non pas seulement « corrects » (correction qui, en général, est devenue synonyme de distorsion, fausseté ou hypocrisie). Cependant, qu'ils admettent ou non le postulat de la suprématie de la constitution en théorie, certains « juristes » ne croient qu'à la pratique la plus courante de la loi, au règlement, à l'ordre de service, voire aux cris du chef. Ils placent en effet toutes ces manifestations du droit (ou de son contraire) beaucoup plus haut dans l'échelle des sources et dans celle de « l'Être » que le texte (ou l'esprit) de la constitution.

Ce qui est intéressant, c'est que, s'il est vrai que les théories modernes du droit constitutionnel, surtout celle du neoconstitutionnalisme, ont placé la constitution au sommet de la pyramide normative, il n'en reste pas moins vrai que l'idée de la primauté de la constitution est déjà ancienne. Du moins comme position de principe. Dont la théorie ne serait pas nécessairement appliquée dans la pratique...

La profession de foi légaliste de Pérez Royo dans un article du journal espagnol *El País* a déclenché une polémique. On pouvait y lire : « le pouvoir judiciaire tire sa légitimité démocratique uniquement de la loi. Il ne peut la tirer directement et démocratiquement de la constitution (...) Ni le pouvoir éxecutif ni le pouvoir judiciaire ne peuvent se passer du pouvoir législatif et s'en remettre directement au pouvoir constituant. Lorsque c'est le cas, la procédure de légitimation démocratique est détruite et on impose comme volonté de l'Etat ce qui ne peut l'être en aucun cas. Techniquement, c'est un coup d'Etat »[294].

Dans sa critique de Pérez Royo, José Luis Serrano considère, entre autres arguments, que c'est au contraire la violation du contrat social par les pouvoirs, qu'ils soient juridiques ou non, qui constitue un coup d'Etat. Et, contre la thèse selon laquelle le droit serait *quod principi placuit*, ce qui plaît au prince, il affirme que l'Etat est ce qui plaît au peuple : *quod populo placuit*[295].

Un autre moment de remise en cause de la suprématie de la constitution est celui du bras de fer entre les pouvoirs, notamment lorsque le pouvoir législatif aspire à des pouvoirs constituants permanents et / ou sans limites matérielles. Il s'agit parfois de chambres qui se plaisent à caboter au large des côtes de l'économie, de la globalisation, dans une perspective dérégulatrice, ou, en tout cas, contraire à l'indispensable rigidité constitutionnelle, aux limites de révision des constitutions écrites, surtout en ce qui concerne les droits, notamment les drois sociaux, économiques et culturels.

Si les adversaires de la suprématie de la constitution conservent éventuellement le principe sur le plan nominal, ils ne manqueront pas de s'attaquer aux aspects pratiques par lesquels cette suprématie se concrétise : ils s'opposeront à l'action et même à l'existence des tribunaux constitutionnels, à une prétendue dérive des fonctions des cours suprêmes vers les fonctions constitutionnelles; ils attaqueront les constitutions rigides ou semi-rigides, ils calomnieront les limites de révision constitutionnelle, surtout les limites substantielles, matérielles, les « clauses pétrifiées » (*cláusulas pétreas* comme les appelle la constitution brésilienne dans une belle métaphore). Enfin, ils peuvent être les paladins d'un pouvoir constituant permanent (se niant ainsi lui-même et niant l'idée même de constitution, qui doit avoir une certaine stabilité pour mériter ce nom), siégeant dans les parlements (ou télécommandé par le gouvernement, dont ils se feraient

---

[294] *Apud* José Luis Serrano, *Validez y Vigencia*, Madrid, Trotta, 2004, p. 47.
[295] *Idem*, p. 48.

l'écho). Ils ne manqueront pas de faire tout cela, en invoquant par dessus le marché l'argument démagogique et déplacé du principe démocratique et du besoin absolu d'accompagner le progrès. C'est-à-dire leur idée de démocratie et de progrès.

On oublie ainsi que ce n'est pas même le *principe démocratique* qui fonde la constitution, au contraire, c'est la constitution, y compris le *pouvoir constituant originaire* qui lui donne vie, qui détermine le mode d'existence et la conformation du principe démocratique. Certes, celui-ci est fondamental, mais il n'est pas le seul et doit donc s'harmoniser avec les autres et respecter ses limites[296]. Il ne peut d'ailleurs pas être invoqué pour subvertir la globalité, l'ensemble, l'unité (résultant souvent d'un compromis social et politique) du programme constitutionnel. Et ce n'est pas tout : la démocratie authentique et avancée consacrée par l'Etat constitutionnel (démocratique, social et de culture) ne se confond pas avec le jeu glissant du partisanisme pur et simple et de ses majorités conjoncturelles, ni avec l'autoritarisme des exécutifs toujours prompts à légiférer (et à agir, en général), sans écouter, sous le simple prétexte de leur légitimation démocratique (c'est-à-dire, dans ce cas, exclusivement électorale). Comme le disait Alain : « Le peuple veut des législateurs, et non des tyrans. Voilà pourquoi il est puéril de compter si exactement les voix; cela laisse croire que le parti le plus fort aura le droit d'être injuste. Système odieux »[297].

Les partis sont évidemment irremplaçables et indispensables dans toute démocratie. La composante parlementaire est également fondamentale et elle doit être défendue contre la démagogie antiparlementaire, très en vogue en période de crise. La détermination politique active des gouvernements est elle aussi vitale dans un monde en mutation rapide où se fait sentir le besoin de gens qui ont la vue

---

[296] Alberto Montoro Ballesteros, *Razones y Límites de la Legitimación Democrática del Derecho*, Universidad de Murcia, Murcia, 1979 ; Antony Allot, *The limits of Law*, London, Butterworths, 1980.
[297] Alain, *Politique*, Paris, P.U.F., 1962, p. 24.

large et qui réagissent promptement. Mais aucun de ces piliers institutionnels de la démocratie (auxquels s'ajoute, bien sûr, le pouvoir judiciaire : un pouvoir judiciaire calme et ne subissant jamais la pression des médias, un pouvoir judiciaire n'hésitant jamais à rendre justice librement et de son mieux sur la place publique, le *forum*) n'est maître et seigneur du principe démocratique. Dans les sociétés modernes, celui-ci résulte de plusieurs nuances de l'idée qui a présidé au principe sacro-saint de la séparation des pouvoirs. Un régime mixte, *hoc sensu*, comme celui de l'Etat constitutionnel, doit *démocratiquement* impliquer soit la séparation et l'interdépendance des pouvoirs, soit une présence harmonieuse de différents principes « gouvernants ». Ainsi, la démocratie la plus complète est la plus sage : elle sait qu'elle doit porter en son sein des éléments « monarchiques » ou unipersonnels (comme l'élément présidentiel), des éléments « aristocratiques » ou élitistes (comme l'élément judiciaire). D'ailleurs, les députés devraient eux-mêmes constituer une élite capable d'exercer une représentation réelle du peuple plutôt que de prétendre *être* le « peuple concentré » dans quelques individus (les états-majors des partis choisissent souvent des candidats très proches du citoyen moyen ou des vedettes médiatiques... ce qui revient au même). Une démocratie prétendument pure est la plus impure des démocraties, elle risque de se muer en démagogie, le sol le plus propice à la naissance des dictatures. L'Histoire le prouve clairement.

D'autre part, une prétendue démocratisation à outrance de toute la société tomberait certainement dans une forme de totalitarisme. Une tentative de démocratisation de terre brulée, qui ne tient pas compte des nuances, dénature en fait le sens utile de la démocratie. Certes, la démocratie est le gouvernement des plus vulnérables, des majorités (avec toutefois la protection des droits des minorités – c'est le plus grand sens des droits de l'homme, comme l'a vu

Casalmiglia, par exemple[298]), mais c'est aussi le gouvernement de l'équilibre des pouvoirs, dans le respect des compétences et des mérites de chacun. Même si on connaît bien les malentendus au sujet de la démocratie grecque, il ne faut pas oublier qu'il n'y a pas de démocratie à Athènes sans Clistènes et sans Péricles : la démocratie a encore plus besoin que les aristocraties et que les oligarchies d'une élite vouée à la cause publique. Et la république, qui est avant tout une démocratie éthique, a grand besoin d'une élite éclairée par des valeurs et dévouée à la cause publique par la vertu civique.

Un autre aspect qu'il faut prendre en ligne de compte, c'est l'existence, au sein de la société générale, de sociétés particulières auxquelles la démocratie doit être appliquée sans nul doute, mais avec des soins particuliers : notamment les institutions militaires, religieuses et même éducatives, surtout universitaires. Cette application particulière de la démocratie dans certaines institutions ne peut pas être invoquée pour exiler la démocratie de leur sein, en les instituant ou en les conservant comme des « zones libres » de démocratie (et donc des zones d'anti-démocratie). Elle résulte du besoin qu'a la démocratie de s'exercer sur des bases générales et communautaires dont certaines spécialisations du travail social ne disposent que dans une certaine mesure. Il faut en tenir compte dans l'application des règles démocratiques générales. Il serait impensable, pour ne donner qu'un exemple évident, que les caporaux ou les sergents (plus nombreux que les officiers) tracent la stratégie et donnent des ordres aux capitaines[299].

---

[298] A. Casalmiglia, *Ensayo sobre Dworkin*, prologue à l'édition en espagnol de Ronald Dworkin, *Taking rights seriously*, trad. de Marta Guastavino, *Los Derechos en serio*, Barcelona, Ariel, 1984.

[299] On ne peut toutefois pas en déduire, par analogie, que, par exemple, dans un hôpital, les médecins, dépositaires d'une science, puissent être les laquais des directeurs exécutifs, évidemment formés en administration d'entreprises (savoir très différent) et, en principe, pas en science médicale. Et que dire des universités ! Même si un directeur, à n'importe quel niveau, appartient à la même spécialité qu'un professeur, ne doit-il pas le traiter d'égal à égal ? Ils sont collègues : il n'y a pas là de pyramide, de chaîne de commandement. La compréhension de « la hiérarchie académique » requiert autre chose que le bon sens ; elle a aussi besoin de souplesse et de connaissance historique et coutumière, d'intelligence et de politesse. La massification, même des enseignants, rend malheureusement plus rares ces attributs ; c'est pourquoi il faut tant de législation

En somme, et pour revenir à la thèse principale, « (...) loin d'être une simple procédure démocratique, la constitution devient, dans toute sa substantialité, le topos herméneutique qui modèle l'interprétation juridique du reste du système juridique. La constitution est ainsi la matérialisation de l'ordre juridique du contrat social : elle indique la réalisation de l'ordre public et social d'une communauté et fournit les mécanismes permettant la concrétisation de l'ensemble des objectifs tracés dans son texte normatif déontologique. C'est pourquoi les constitutions sociales doivent être interprétées différemment des constitutions libérales. Le 'plus' normatif représenté par l'Etat démocratique de droit se présente finalement comme un repère définissant un constitutionnalisme qui ajoute à la réglementation sociale le rachat des promesses de la modernité »[300],[301].

Les adversaires de la prépondérance de la constitution oublient (ou cachent) que la continuité constitutionnelle qu'ils exaltent est en fait une rupture et une subversion, un véritable coup d'Etat constitutionnel, si, par un quelconque dérapage, ils réussissent à faire modifier la constitution dans son noyau essentiel sous prétexte qu'il faut « accompagner le progrès ». Et ce noyau ne se borne pas, comme certains le prétendent, au simple formalisme du pluralisme politique auquel peut s'ajouter quelque chose. Ce noyau contient au contraire le programme constitutionnel de droits et de garantie procédurale, ainsi que l'esprit constitutionnel. Dans son article 112 – 1, la Constitution norvégienne du 15 mai 1814 établit sagement comme limite matérielle de révision *les principes* et même *l'esprit de la constitution*, ce qui nous semble synonyme de ce que nous appelons le « programme constitutionnel ». Selon son texte en anglais: « Such amendment

---

académique. Pour prévenir les abus et suppléer au manque de ce qui devrait être naturel et presque intuitif.

[300] Lenio Luiz Streck, *Hermenêutica e(m) Crise*, Porto Alegre, Livraria do Advogado, 2000, pp. 224-225.

[301] Alexandre Morais da Rosa, *Garantismo Jurídico e Controle de Constitucionalidade Material,* Rio de Janeiro, Lumen Juris, 2005, pp. 17-18.

must never, however, contradict the principles embodied in this Constitution, but solely relate to modifications of particular provisions which do not alter the spirit of the Constitution (...) »[302].

Le débat sur la rigidité constitutionnelle est fondamental. Certains réclament la résistance, la continuité, les droits acquis, voire l'acquis civilisationnel (comme le *modèle social européen*, garanti par les constitutions souvent codifiées des pays d'Europe continentale). D'autres accusent les premiers d'immobilisme et considèrent comme dépassée toute défense d'identité et de droits. La crise financière mondiale de 2008 – 2009 a cependant révélé les faiblesses et les conséquences sociales désastreuses de *l'économie de casino*, sur laquelle reposaient les théories d'assouplissement de la constitution visant naturellement à favoriser des formules économiques (ou des formules sur le marché de travail) en privilégiant les « entrepreneurs » au détriment des travailleurs salariés.

Bien sûr, pour embrasser l'ampleur de cette question, il faut avoir à l'esprit les notions fondamentales sur la constitution matérielle et le pouvoir constituant, ainsi que sur la notion de constitution elle-même, sur sa place et son sens dans l'ensemble du droit et de la société modernes. Mais il faut aussi connaître l'histoire constitutionnelle. Il nous semble particulièrement important de distinguer clairement les genèses des constitutions dans des pays tels que la France, le Royaume-Uni, les EUA et l'Allemagne. En France et aux Etats-Unis, la constitution fonde une (nouvelle) société politique tandis qu'au Royaume-Uni et en Allemagne la société politique est née sans constitution moderne, codifiée, etc. Mais les voies empruntées ultérieurement sont différentes : si la France, l'Allemagne et les EUA exercent tous un contrôle sur la constitutionnalité (ce qui constitue la plus sûre garantie de la constitution et de sa rigidité), le Royaume-Uni est toujours dépourvu de ce genre de garantie juridique.

---

[302] Source: http://www.servat.unibe.ch/law/icl/no00000_.html

3. *Des principes en particulier*

3.1. *Caractère normatif de la constitution*

L'herméneutique constitutionnelle repose sur le principe que la constitution est – à la fois *en dehors* de sa dimension axiologique, politique, sociale *et dans cette dimension* – essentiellement *une norme* et que, en tant que normativité concrète, elle doit être traitée herméneutiquement[303]. De nos jours, on peut même parler de « constitution normative »[304] pour souligner l'importance de la normativité (non du normativisme) dans les constitutions de notre contemporaneté.

Il ne s'agit toutefois pas d'une simple norme isolée (s'il y en a), mais bien de beaucoup plus que cela : même d'un point de vue phénoméniste-positiviste, la constitution (comme le droit, d'ailleurs) est un ensemble systématique (et non amorphe ou chaotique) de normes. Et dans cet ensemble de normes se trouvent également les principes. Les principes sont des sortes de super-normes, mais ils n'en restent pas moins des normes. Et cela entraîne des conséquences fondamentales. Les principes ne sont pas des « utopies », des « vœux pieux», des « alléluias juridiques ».

D'un point de vue philosophique, nous pourrions sans doute identifier d'autres dimensions dans le droit et dans la constitution. Si nous empruntions la voie de la théorie tridimensionnelle (de Miguel Reale), par exemple, nous

---

[303] J. J. Gomes Canotilho / Vital Moreira, *Fundamentos da Constituição*, Coimbra, Coimbra Editora, 1991, p. 51 ; Eduardo Garcia de Enterria, « La Constitución como norma juridica », in *Anuario de Derecho Civil*, série I, n° 2, Madrid, Ministerio de Justicia y Consejo Superior de Investigaciones Cientificas, p. 292 et suiv. A propos du caractère systématique du droit en général en tant que norme, p. ex., le livre suggestif de Dimitri Dimoulis, *Manual de Introdução ao Estudo do Direito*, 2e éd., São Paulo, Editora Revista dos Tribunais, 2007, p.171, très intéressant en matière d'herméneutique générale.

[304] V., p. ex., Agassis Almeida Filho, *Introdução ao Direito Constitucional*, Rio de Janeiro, Forense, 2008, p. 143 et suiv.

pourrions parler de « fait » et de « valeur »[305]. D'autres perspectives (dont celle de Calvo González) ajouteraient la dimension textuelle aux trois autres. Nous aurions ainsi quatre éléments fondamentaux : la norme, le fait, la valeur et le texte. Mais ce qu'il faut surtout faire, peut-être même dans une perspective de rachat de la dignité de la constitution sur le plan factuel et dans le concile des entités juridiques, c'est revendiquer pour elle la dimension de la normativité, ce qui permet d'englober les dimensions herméneutiques générales qui peuvent lui être attribuées. Mais surtout : la constitution n'est pas simplement une proclamation politique, un vœu pieux, une utopie irréalisable ou une chimère. C'est du droit et du plus pur, du plus élevé qui soit. La prétendue asepsie du droit non politique, la critique des tribunaux constitutionnels que l'on qualifie de « politiques », l'évocation de l'« idéologie » ou de l'« idéologisation » pour discréditer les constitutions les plus avancées et les plus modernes ne sont que des arguments fragiles et réversibles. Comme s'ils ne résultaient pas eux-mêmes de la politique, de l'idéologie et de l'idéologisation du discours. Malheureusement, certains juristes de bonne volonté et même de bon sens, en général, sont prisonniers d'une mystique d'asepsie juridique (qui n'existe pas). En réalité, ils croient à ce discours et ils revendiquent plus de droit et moins de politique. Comme si celui-là et celle-ci n'allaient pas toujours ensemble. Et cependant, dans le contexte général du caractère politique du droit constitutionnel, il faut quand même préserver l'autonomie du droit et des juristes. C'est une ligne de frontière très souple. Il faut de l'expérience, de la prudence et de la sagesse pour tracer les limites, dans chaque situation. Car la frontière change selon les cas. Pour ne donner qu'un exemple, on comprend bien que le gouvernement doit choisir entre acheter « des canons ou du beurre » (pour reprendre un exemple classique), mais on accepte difficilement

305 Pour une synthèse du tridimensionalisme juridique, Miguel Reale, *Filosofia do Direito*, 19e éd., São Paulo, Saraiva, 1999; Angeles Mateos García, *La Teoria de los valores de Miguel Reale*, trad. port. de Talia Bugel, *A Teoria dos Valores de Miguel Reale (Fundamento de seu tridimensionalismo jurídico)*, São Paulo, Saraiva, 1999.

qu'un gouvernement démocratique nomme au poste de « ombudsman » un militant fidèle, sans formation, sans expérience, sans prestige.

3.2. *Caractère unitaire de la constitution*

L'unité essentielle de la constitution découle du caractère systématique de cette forme supérieure de juridicité qu'est le droit constitutionnel, modelé en particulier dans la constitution. La constitution est un ensemble de normes juridiques, mais on peut dire, peut-être au sens plastique ou métaphorique, qu'elle constitue une norme juridique unique (vaste, parfois sinueuse voire apparemment contradictoire, comme c'est le cas des constitutions-compromis). Toute constitution est comme une seule norme juridique que nous devons présupposer mentalement. Car elle a une unité de sens. Et quand bien même elle n'en aurait pas, en raison d'une faiblesse de ses constituants, l'interprète se chargerait de lui en imaginer une. C'est indispensable.

3.2.1. *Graduation (ou égalisation) des normes constitutionnelles*

Au premier abord, le caractère unitaire de la constitution se confond avec le principe d'unité de la constitution, qui implique d'emblée qu'il ne peut y avoir dans la constitution de normes de « première classe » à côté de normes de « deuxième classe » ni de normes « vraies » et « fausses » ni de normes « majeures » et « mineures » – ce qui n'exclut toutefois pas, selon nous, la possibilité (pouvant prendre des formes diverses et découlant évidemment d'une interprétation) qu'il y ait des normes constitutionnelles injustes (dans une constitution hypothétique) ou des normes constitutionnelles inconstitutionnelles. Mais il faut traiter sans distinction toutes les normes justes et constitutionnelles (les normes injustes sont d'ailleurs substantiellement inconstitutionnelles[306] – le

---

[306] Juarez Freitas, *A Substancial Inconstitucionalidade da Lei Injusta,* Petrópolis, RJ, Vozes; Porto Alegre, RS, EDIPUCRS, 1989.

grand problème, c'est de se mettre d'accord sur un critère consensuel pour déclarer une norme injuste...).

3.2.2. *Complémentarité et équilibre des normes constitutionnelles*

D'un autre côté, ce principe de parification des normes constitutionnelles suppose aussi la complémentarité intégrante, équilibrante et irénique des normes.

Il serait absurde de ne pas concevoir les normes comme hiérarchiquement équivalentes, même si l'on peut évidemment établir des distinctions en termes logiques. L'équivalence concerne des normes de même genre ou de même tonalité, comparables et éventuellement susceptibles de susciter la polémique ; certaines normes sont tellement différentes au niveau de leur contenu qu'elles sont tout simplement incomparables, même au niveau de leur valeur. Le problème se pose surtout, *grosso modo*, quand il y a, par exemple, dans une même constitution, des normes qui garantissent la propriété privée et des normes qui parlent de socialisme ou de propriété sociale. Le socialisme en cause ne peut évidemment pas être collectiviste pur et dur et la propriété privée ne peut pas être celle de l'individualisme possessif[307] d'un capitalisme effréné. Il faudrait compatibiliser les deux sortes de normes. Aucun de ces genres de normes ne peut anéantir l'autre, sous aucun prétexte. C'est aussi simple que cela, mais tellement difficile à admettre par les extrémistes.

3.2.3. *Interprétation conforme à la constitution. Interprétation holistique*

On peut donc conclure que la première grande règle, qui peut sembler redondante mais ne l'est toutefois pas, est sans doute *l'interprétation de la*

---

[307] C. B. Macpherson, *The Political Theory of Possessive Individualism*, Clarendon Press, Oxford University Press, 1962 ; Raymond Boudon, « L'Individualisme en Sociologie (Entretien) », in *Esprit*, n° 108, nov. 1985, pp. 101-110 ; Louis Dumont, *Essais sur l'individualisme. Une perspective anthropologique sur l 'idéologie moderne*, Paris, Le Seuil, 1983, rééd. coll. « Points », 1991.

constitution conformément à la constitution, c'est-à-dire une interprétation qui soit non pas sectorielle ou sectorisée, et encore moins sectaire, mais bien holistique, globale, intégrée et intégrante.

Néanmoins, cette interprétation implique (comme c'est d'ailleurs presque toujours le cas de presque toutes les autres) la convocation d'autres éléments herméneutiques qui aident à comprendre quelle constitution interprète quelle « autre » constitution – et comment. Il s'agit surtout de ne rien exclure de l'ensemble de la constitution dans son interprétation dans chaque cas. Rien d'essentiel et de pertinent, bien entendu.

3.2.4. *Présomption de constitutionnalité ?*

Certains auteurs (qui se fondent sans doute sur un « institutionnalisme » autoritaire et à qui l'invocation de Hauriou pourrait donner un crédit de « scientificité » dans certains milieux[308]) sont susceptibles d'extraire de cette prééminence constitutionnelle un principe herméneutique de présomption de constitutionnalité des actes du pouvoir voire de l'administration, etc. Il serait souhaitable de pouvoir procéder légitimement de la sorte. Toutefois, dans le monde où nous vivons, cette présomption peut faire plus de mal que de bien, même si elle est considérée comme réfutable (*iuris tantum*). Si l'on porte un regard froid sur les choses, on se rend compte que ce principe ne peut être que pervers. Car nous savons que toute activité de l'Etat et de ses entités devrait être constitutionnelle au plus haut degré. Si elle l'est, présumer qu'elle l'est devient superflu et redondant. Si elle ne l'est pas et que nous voulions, au moyen d'une présomption, qu'elle semble avoir ce qu'elle n'a pas intrinsèquement, ne faisons-

[308] Maurice Hauriou, *Précis de Droit Constitutionnel*, Paris, Sirey, 1923. Et surtout *Idem*, « Théorie de l'Institution et de la fondation (essai de vitalisme social) », in *Aux sources du droit : le pouvoir, l'ordre et la liberté. Cahiers de la Nouvelle Journée*, n° 23, 1925. Cf. un premier abordage descriptif dans notre *Quadros Institucionais. Do Social ao Jurídico*, Porto, Rés, 1987, p. 337 et suiv., surtout. p. 350 et suiv.

nous pas plus de mal lorsque nous obligeons un particulier victime d'une offense inconstitutionnelle de la part de n'importe quelle entité de l'Etat à prouver, d'une façon ou d'une autre, que ce qui est présumé constitutionnel ne l'est pas en réalité ? Encore faut-il que la présomption ne soit pas absolue ou irréfutable (*iuris et de iure*). Sinon, ce serait la porte ouverte à l'arbitraire...

On peut l'admettre comme une simple présomption du domaine du devoir-être (*Sollen*). Sans plus. Et nous devons toutefois nous attendre à ce que l'esprit et la lettre de la constitution ne soient pas toujours respectés. En fait, la présomption de constitutionnalité n'est pas du tout une bonne idée : elle nous semble même inconstitutionnelle. En tout cas, même sans être invoqué, ce « pseudo-principe » semble déployer ses ailes blanches sur plusieurs réalités, en les protégeant par le présupposé. Ce que les ailes cachent n'est pas toujours très pur... Mais n'éxagérons rien. Même en politique, la candeur de la colombe est aussi nécessaire que la sagesse du serpent.

3.3. *Caractère intégrateur de la constitution*

3.3.1. *De l'intégration en général. Intégration, rupture et progrès social*

La constitution a une fonction intégratrice, comme le droit dans son ensemble d'ailleurs, mais encore plus en raison de sa portée et de sa prépondérance. Cette fonction présente plusieurs traits caractéristiques : la stabilisation de la société politique (par exemple, de l'Etat), la consolidation des institutions, l'instauration de l'ordre social, de la hiérarchie et de la paix sociales. En général, elle contribue aussi largement à donner un sens au monde[309], ce qui constitue une des premières et des principales fonctions sociales du droit.

Toutes les constitutions, même les moins généreuses et les plus nominales,

---

[309] G. Kuhenhoff, *op. loc. cit.*

contribuent d'une façon ou d'une autre à cette fonction intégratrice. Mais il ne faudrait pas croire que cette dimension constitutionnelle soit incompatible avec d'autres, apparemment contradictoires.

L'intégration fournie par une nouvelle constitution repose avant tout sur la capacité effective du nouvel ordre à s'affirmer et à inspirer le respect général, même si l'on « tolère » conceptuellement des îlots de résistance et d'irrespect, y compris dans un ordre constitutionnel bien enraciné, comme c'est le cas lorsqu'il y a des guérilleros en action ou des parties du territoire désobéissant au pouvoir constitué, à celui qui applique la constitution. Autrement dit, une certaine désobéissance localisée ne menace pas la force intégrative générale de la constitution. Cela ne signifie pas qu'elle ne doive pas être légalement poursuivie : la « tolérance » dont nous parlons n'est autre qu'une certaine capacité de la théorie à coexister avec des exceptions.

Le *réquisit de la positivité*[310] d'un ordre constitutionnel (indice de respect et

[310] Celso Ribeiro Bastos souligne très justement ce principe, même s'il en exagère peut-être un peu l'aspect positiviste (pour des raisons didactiques ?) dans *Elementos de Directo Constitucional*, 2e éd., São Paulo, Saraiva / EDUC, 1976, p. 9, où il affirme: « Le trait qui distingue vraiment la légitimité d'un ordre juridique donné, c'est la positivité dont il se vêt, n'en déplaise à ceux qui ne sont pas d'accord (...) Tant qu'il [l'ordre établi par la constitution] se présentera comme la source dont proviennent les forces de coercition physique qui réglementent la société, il sera légitime ». Michel Temer adopte une position un peu plus nuancée (en invoquant l'héritage jusnaturaliste, sans toutefois s'identifier à celui-ci) dans *Elementos de Direito Constitucional*, 15e éd., São Paulo, Malheiros, 1999, p. 30, lorsqu'il affirme : « Pour ceux qui soutiennent l'existence d'un droit naturel, ce pouvoir [constituant] est soumis à la normativité précédente [jusnaturelle]. (...) Les plans de la *légitimité* et de la *légalité* découlent de cette conviction. On peut ainsi constater qu'il peut exister des normes positives illégitimes (parce qu'elles bafouent des droits propres à l'être humain) ». Cependant, dans ce qu'il appelle le « plan scientifico-juridique », cet auteur considère que le « scientifique de droit » ne peut utiliser de « critères métajuridiques » : et le droit naturel compterait certainement parmi ces critères (cf. *Ibidem*, note 2). Quant à Manoel Gonçalves Ferreira Filho, il invoque expressément le droit naturel dès l'édition immédiatement postérieure à la Constitution brésilienne de 1988 dans *Curso de Direito Constitucional*, 17e éd., São Paulo, Saraiva, 1989, p. 20 : « Quelle est la nature du pouvoir constituant ? S'agit-il d'un pouvoir de fait, c'est-à-dire d'une force qui s'impose en tant que telle, ou d'un pouvoir de droit, c'est-à-dire d'un pouvoir dérivant d'une règle juridique antérieure à l'Etat qu'il fonde ? (...) En fait, la seconde thèse semble préférable. Le droit ne se résume pas au droit positif. Il existe un droit naturel, antérieur au droit de l'Etat et supérieur à celui-ci. De ce droit découle la liberté de l'être humain à choisir les institutions par lesquelles il est gouverné. Ainsi, le pouvoir qui organise l'Etat en établissant la constitution est un pouvoir de droit ».

d'intégration) est indéniablement un trait positiviste. Surtout si l'on confond le fait d'être en vigueur avec la validité, la positivité avec la légitimité.

Or, la positivité d'un ordre constitutionnel (notamment imposé par une révolution, une guerre de libération nationale ou un processus de sécession) n'en implique pas la validité, ni, bien sûr, la légitimité sur le plan le plus profond des principes (l'ordre résultant d'un coup d'Etat nazi dans une démocratie florissante, qui se ferait respecter par la force aurait de la positivité et serait en vigueur, mais il n'aurait aucune légitimité ni aucune validité).

Il faut toutefois reconnaître qu'un ordre bienveillant et démophile, rendu utopique par les circonstances (par exemple par le choc d'une invasion étrangère, d'une catastrophe naturelle ou autre dans des proportions dévastatrices), qui ne serait plus respecté dans de vastes zones du territoire d'un Etat par la majorité des citoyens, qui ne serait donc plus en vigueur et serait ainsi dépourvu de positivité, aurait beau être légitime en raison de sa bonté intrinsèque et de son processus démocratique d'instauration, il ne pourrait toutefois pas être considéré comme une constitution effective.

L'intégration (du moins fondée sur un certain consensus) peut succéder à la rupture. Nous savons qu'il est normal que les constitutions représentent l'intégration suite à des ruptures politiques. Mais il est aussi possible que la constitution soit elle-même l'instrument de la rupture, qu'elle lui soit contemporaine ou immédiatement consécutive, voire qu'elle en soit l'étendard. Lorsque le projet de traité établissant une Constitution pour l'Europe a surgi, il a contribué largement à approfondir des ruptures qui avaient déjà modifié profondément l'équilibre constitutionnel européen, notamment depuis le Traité de Maastricht. Mais, dans la mesure où il aurait constitué un saut qualitatif dans l'approfondissement de la création d'un *novum* juspolitique « Union européenne », il a constitué une rupture en soi. De même, l'entrée en vigueur du traité de Lisbonne, certes plus souple (et sans doute moins bien perçu par l'opinion publique) a représenté un autre saut qualitatif, sans que l'on puisse parler pour autant de difficultés en ce qui concerne l'intégration[311]...

Enfin, intégration constitutionnelle n'est absolument pas synonyme de conservatisme, traditionalisme ou réactionnarisme retranchés dans un texte particulièrement influent sur les décisions juridiques. Intégration ne signifie pas stagnation. Au contraire, puisque le constitutionnalisme, surtout le constitutionnalisme global de l'époque actuelle, est une idée-force de défense des droits et en particulier, aujourd'hui, de la dimension sociale, économique et culturelle des droits (malgré tous les courants qui s'y opposent et sont donc anti-constitutionnels), l'idée même d'intégration revêt un sens d'intégration non pas par l'obéissance tout court, imposée par la coercition (sans respect, sans légitimation) ou la docilité acritique. Au contraire, l'intégration dont il s'agit ici est une intégration *citoyenne*, allant de concert avec l'inclusion sociale. Cela implique que l'application de la constitution requière une action particulière en faveur des droits, réellement pris au sérieux, sur la voie du progrès social. Il ne s'agit pas d'une inclusion paternaliste ou assistencialiste, mais bien d'une inclusion qui reconnaît à chacun l'humanité et la citoyenneté à part entière. Une inclusion dans laquelle les citoyens construisent de leurs mains leur propre intégration, en tant que mode d'émancipation.

3.3.2. *Les principes intégrateurs constitutionnels. Principe de l'effet intégrateur*

Élaborer une constitution qui ne soit pas une simple utopie-chimère implique le compromis, la conciliation ; le « projet de constitution » lui-même est une tentative de consensus. Historiquement, on le sait, les constitutions servent souvent à apaiser et à institutionnaliser des processus de changement politique, plus ou moins convulsifs ou révolutionnaires.

---

311 V. notre *Novo Direito Constitucional Europeu*, Coimbra, Almedina, 2005.

L'option constitutionnelle est donc celle de la pacification et de l'institutionnalisation, c'est-à-dire de l'intégration sociale et non de l'antagonisme, du conflit, sans nier le caractère intrinsèquement conflictuel des sociétés (et la dialectique avec des facteurs de continuité, de tradition et d'aspiration à l'ordre... qui existent aussi). C'est pourquoi, en herméneutique constitutionnelle, lorsque l'on constate des points de controverse où dominent le conflit social et l'antagonisme d'intérêts parfois très vif, il faut chercher la solution qui évite le mieux la « crispation », l'approfondissement des clivages, et qui favorise le plus les consensus entre les forces en présence.

Cependant, il est évident que cette tentative irénique de pacification et de résolution de conflits doit toujours se réaliser dans le respect de la constitution, de son unité et de sa téléologie générale et qu'elle ne doit jamais franchir les limites constitutionnelles acceptables, à commencer par le noyau irréductible des droits fondamentaux. Entre le conflit constitutionnel et la paix honteuse de l'inconstitutionnalité, il faut suivre la voie du conflit. Mais heureusement, cette alternative ne s'impose pas tous les jours et dans la plupart des cas, une solution de conciliation existe dans le cadre des constitutions.

Le principe herméneutique de l'effet intégrateur ne doit pas être conçu comme la recherche du consensus ou l'abaissement de la barre du projet constitutionnel au delà du raisonnable. Et surtout pas aux dépens de la constitution. Ici aussi, la constitution doit être interprétée *conformément à la constitution*.

3.3.2.1. *Le principe de la concordance (ou de l'harmonisation) pratique*

Une des plus prodigieuses acquisitions humaines de la *forma mentis* juridique consiste dans la capacité de voir les réalités de façons très différentes et de défendre des perspectives antagoniques à propos de ce qui serait « apparemment les mêmes faits » (cette « identité » est discutable dans une perspective herméneutique revisitée). Si, pour un lecteur naïf, les constitutions modernes à caractère programmatique sont remplies de contradictions et si un interprète engagé politiquement peut être tenté de dresser certains préceptes contre les autres, les principes *d'unité de la constitution* et de son *effet intégrateur* sont justement là pour nous obliger à aborder le texte constitutionnel dans son ensemble. Et ils ne forcent même pas le constitutionnaliste ami de la constitution à faire des efforts surhumains d'articulation entre préceptes « antagoniques ». La vie est faite d'antagonismes et la vie politique, que la constitution réglemente (jusqu'à un certain point : et elle ne doit le faire que jusqu'à un certain point, en raison de la force libre, irrépressible de la politique), comporte nécessairement des oppositions. L'art de faire des constitutions par les temps contradictoires (voire anomiques) qui courent, c'est justement, dans une large mesure, la capacité de les faire en profitant des apports des uns et des autres, « de droite » et « de gauche » (et « du centre »), dans une synthèse possible et créative. Pas un plus petit mais un plus grand dénominateur commun, une projection. Pas un couvre-lit en *patchwork*, mais une synthèse qui a un sens et qui aboutit à un projet constitutionnel cohérent.

Ce n'est certes pas facile, mais cela ne signifie pas que nous devions considérer que des normatifs en tension ou des droits en conflit constituent des casse-tête et qu'une constitution dogmatique, monolithique et unidirectionnelle serait préférable. Tout d'abord parce que ce serait un projet utopique. En effet, même sous les régimes autoritaires, avec des constitutions d'une seule couleur, sous des régimes à « parti unique » ou sans parti du tout, il existe des querelles constitutionnelles et des sensibilités constitutionnelles différentes. Ensuite, parce qu'au fond, la richesse d'une situation constitutionnelle démocratique réside aussi dans le jeu des intérêts, des forces, et dans la séduction qu'exerce la possibilité de trouver des solutions de compatibilité entre les contraires grâce à la logique, à la subtilité, à l'astuce, à l'inventivité, en un mot, grâce à l'*art juridique*.

La *concordance pratique* en herméneutique constitutionnelle se fonde ainsi sur cette intériorisation de la dialectique des contraires, sur la capacité de dialoguer et d'envisager avec naturel ce qui diverge et se dispute, sans considérer aucun des éléments en présence comme mineur, inférieur et encore moins ennemi, mais en les considérant tous comme capables de contribuer à trouver la solution à travers la dialectique. Ce principe permet d'ailleurs d'estimer à sa juste valeur l'énorme importance de la pensée topique, problématique, dialectique pour une herméneutique constitutionnelle moderne, pondérée et intégratrice. Car ce qu'il suffit de faire, grâce au principe de l'effet intégrateur, c'est tout simplement de pondérer deux normes, deux valeurs, deux principes, deux droits, etc., qui entrent apparemment ou réellement en conflit, en donnant à chacun(e) un poids lui permettant de résister, autrement dit, en le ou la dignifiant mais sans annihiler aucun des éléments en présence, même si l'on donne plus de relief à l'un qu'à l'autre. Il y a donc une réelle *pondération* de valeurs topiques dans ce cas précis, en droit constitutionnel. Il n'y a pas moyen de faire autrement si l'on veut être subtil. On peut le faire et ne pas le dire. Mais pour obtenir un effet utile de deux valeurs en opposition, on tente de sacrifier le moins possible de chacune d'entre elles. Il peut arriver que l'une ou l'autre soit perdante. Cela signifie selon nous qu'il existe en fait un besoin de pondérer les valeurs, mais pas une échelle pré-établie, un « ordre figé de valeurs » comme on l'appelle parfois. Cela signifie aussi qu'il faut porter un jugement de valeur pour arbitrer le conflit entre des topiques-valeurs contradictoires et que la décision ne peut être prise qu'en se fondant sur l'application des valeurs à un cas concret. C'est celui-ci qui dictera l'ordre de valeurs à appliquer dans tel ou tel cas, car chaque situation exige en fait un ordre de valeurs différent. Il ne s'agit pas d'une dictature des faits, mais d'un véritable jugement de valeur par rapport aux faits eux-mêmes.

Comme son nom l'indique, ce principe vise à la concordance (entre choses *prima facie* discordantes) et c'est un principe pratique (et non théorique – ce qui annulerait le problème et subvertirait le système), il s'applique en outre à un cas particulier. C'est pourquoi ce principe porte *aussi* le nom de « principe d'harmonisation pratique »[312].

Ce principe s'applique surtout sur le terrain des droits fondamentaux. Mais de nombreuses dichotomies et tensions entre droits (fondamentaux, humains, etc.) n'en sont pas vraiment. Il faut de nouveau faire appel à la capacité d'un autre regard, plus nuancé, pour éviter de tomber dans le piège de la fausse dialectique qui nous mènerait tout droit à des résultats négatifs, pour ne pas dire désastreux[313]. Il y a des cas de faux conflits et même des cas de convocation erronée de certains droits ou de certains principes, etc.

3.3.2.2. *Le principe de la conformité (ou répartition) fonctionnelle*

La *forma mentis* juridique n'est pas seulement réticulaire et multiplement alternative ; elle permet aussi plusieurs interprétations, parfois apparemment contradictoires, sans rompre l'unité du système. En effet, la *forma mentis* juridique présuppose justement une unité du système et même, dans une certaine mesure, sa plénitude – que d'aucuns considèrent comme une « plénitude logique » – tout en restant un système « ouvert ».

Le *principe de conformité fonctionnelle* se manifeste lorsque le voile diaphane mais effectif qu'est le droit en général et le droit constitutionnel en particulier exerce la fonction qui consiste à s'appliquer à toutes les situations où il est nécessaire (et seulement aux situations qui requièrent vraiment le droit, car il faut aussi ménager des *zones libres* de droit et du droit). Il implique une présomption capable de lever les doutes et de résoudre les antinomies dans l'esprit du système (lui aussi intégrateur mais conforme à l'esprit, au projet de

---

312 Glauco Barreira Magalhães Filho, *Hermenêutica e Unidade Axiológica da Constituição*, 3e éd., Belo Horizonte, Mandamentos, 2004, p. 73.

313 Pour plus de détails, cf., p. ex., notre *Teoria da Constituição*, vol. II. *Direitos Humanos, Direitos Fundamentais*, Lisbonne / São Paulo, Verbo, 2000, pp. 273-289.

constitution). Il s'agit de la présomption selon laquelle il faut procéder à une contextualisation et à une interprétation / application qui préservent la trace substantielle du modèle d'organisation de la constitution. Dans le cas de la constitution globale actuelle, il s'agit avant tout du respect du principe de la séparation (et de l'interdépendance) des pouvoirs de l'Etat, c'est-à-dire sans aucun doute le plus haut principe non seulement au niveau de l'organisation mais aussi au niveau organique et fonctionnel. Un principe organique avec un sens politique profond, celui que le pouvoir arrête le pouvoir[314]. Sans cela, il est de la nature du pouvoir d'en abuser[315].

Il peut y avoir des antinomies complexes lorsque les divers pouvoirs et plusieurs fonctions de l'Etat sont en jeu. En période d'activisme judiciaire (manquant de modération – *self restraint*) et d'initiative législative et exécutive, il est clair que ce n'est pas facile de trouver un point d'équilibre dans le respect de la séparation des pouvoirs, qui se cherche depuis longtemps et dont l'élaboration moderne est déjà passée par tant de versions contradictoires[316]. Tout devient encore plus complexe lorsque l'un des protagonistes est la juridiction constitutionnelle elle-même. Celle-ci ne peut toutefois pas abdiquer son rôle constitutionnellement consacré et délimité de contrôle de la constitutionnalité sans quelque activisme (ou dirigisme) et sans se substituer aux autres organes, tout en conservant son indépendance et sa dignité dans la tenue de son rôle primordial.

3.3.2.3. *Le principe de l'effectivité maximale*

Plusieurs des principes intégrateurs peuvent, en effet, être soumis à

---

[314] Montesquieu, *De l'Esprit des Lois* , XI, 6.

[315] *Idem*, XI, 4.

[316] V. notre *Política Mínima*, 2e éd., pp. 143-194. Plus en détail et avec des considérations interdisciplinaires, *Idem*, « O Mito da Separação dos Poderes », in *Pensar o Direito*. I. *Do Realismo Clássico à Análise Mítica*, Coimbra, Almedina, 1990, pp. 233-317. V. encore le classique Franco Bassi, « Il Principio della separazioni dei poteri (evoluzione problematica) », (2e partie), in *Rivista Trimestrale di Diritto Pubblico*, anno XV, 1965, p. 17 et suiv.

quelque restriction, à quelque retenue ou à quelque conciliation, ce qui pourrait donner l'impression d'un affaiblissement de l'affirmation des normatifs constitutionnels. Il n'en est rien. Cette situation est nettement compensée (voire contrariée, réfutée) par le principe de *l'effectivité maximale* de la constitution et de ses préceptes.

Ce principe implique l'effort d'extraire des clauses constitutionnelles des normes permettant le plus possible de réalisation concrète, sans que cela affecte les conciliations et les modérations nécessaires selon les autres principes. Il ne s'agit pas d'atteindre un public plus large, voire de s'appliquer à un plus grand nombre de cas ou à tout autre critère quantitatif cher à ceux qui ne comprennent rien à l'essence des choses. Ce dont il s'agit, c'est de rendre plus efficace le projet constitutionnel dans son ensemble. Il s'agit donc d'assurer la réalisation pratique aussi complète que possible et le consensus social le plus parfait qui soit conformément à ce que la constitution a de plus particulier et de plus significatif : les valeurs. Autrement dit, ce principe vise à favoriser l'effectivation pratique de la constitution, en stimulant la reálisation des valeurs constitutionelles. Car ce sont les valeurs qui constituent le noyau de la constitution, ce qu'elle a de plus profond et de vraiment essentiel (les limites matérielles de révision, quant à la concrétisation de ces valeurs, c'est – on le sait – un autre centre essentiel de « constitutionnalité forte »).

3.3.2.4. *Les principes de proportionnalité et de raisonnabilité*

Ces deux principes peuvent être considérés comme des sous-principes du principe *d'interdiction de l'excès*. D'ailleurs, certains auteurs ne les distinguent pas et parlent simplement de *principe de proportionnalité*, à plusieurs facettes, il est vrai[317].

[317] Cf., en général, Nicholas Emiliou, *The Principle of Proportionality in European Law*, Londres, Kluwer, 1996 ; Xavier Philippe, *Le contrôle de la proportionnalité dans les jurisprudences*

Tandis que le premier principe herméneutique, celui de la suprématie de la constitution, trouve son origine mythique dans une décision judiciaire prise aux Etats-Unis et son grand héraut doctrinal en la personne de l'Autrichien Hans Kelsen[318], il semble que les principes de proportionnalité et de raisonnabilité puisent leur racine dans un ancien postulat britannique et sont parfois désignés par le terme anglais *due process of law*.

Les principes de proportionnalité et /ou de raisonnabilité[319] sont les plus ineffables de tous les principes. Ils renvoient à une idée d'équilibre, de réelle justice et de bon sens propres à chaque cas particulier où la règle est appliquée. Cette plasticité des principes et leur évolution au fil du temps les rendent difficiles à expliciter. Ils sont pourtant très utiles en tant que soupape de sécurité, non pas subjective, mais balisée.

Nous parlons de principes de proportionnalité *et/ou* de raisonnabilité car le problème terminologique et catégoriel résulte en fait de la variabilité du classement selon les cultures. Dans le monde anglo-saxon, on parle de critère de raisonnabilité tandis que sur le continent européen, on préfère parler de critère de proportionnalité[320]. Cette double origine explique la disjonction. On ne peut toutefois pas oublier le concept que recouvre chacune de ces expressions.

Le Tribunal constitutionnel allemand offre une synthèse dont il faut tenir compte. Elle contient de bonnes pistes pour se faire une idée plus précise de ce

---

constitutionnelle et administrative françaises, Marseille, Presses Universitaires d'Aix-Marseille, 1990 ; Raquel Denize Stum, *Princípio da Proporcionalidade no Direito Constitucional Brasileiro*, Porto Alegre, Livraria do Advogado, 1995 ; Vitalino Canas, « Princípio da Proporcionalidade », in *Dicionário Jurídico da Administração Pública*, tiré à part du Volume VI, Lisbonne, 1994.

318 Peter Häberle le souligne et le salue p. ex. dans Diego Valadès, *Conversaciones Académicas com Peter Häberle*, Mexico, Universidad Nacional Autônoma de México / Instituto de Investigaciones Jurídicas, 2006, p. 25.

319 José Sérgio da Silva Cristóvam, *Colisões entre Princípios. Razoabilidade, Proporcionalidade e Argumentação Jurídica*, Curitiba, Juruá, 2006.

320 Cf., au sujet des deux traductions, une synthèse *in*, p. ex., Carolina Pereira Saéz, *Una Contribución al estudio del empleo del Principio de Proporcionalidade en la jurisprudência reciente del Tribunal Constitucional Español*, tiré à part de « Anuario da Facultade de Dereito da Universidade da Coruña », 8, p. 1044.

qu'est le principe de proportionnalité : « L'application du critère de proportionnalité comme limite des limites n'a rien à voir avec une quelconque évaluation des biens, des intérêts ou des valeurs juridiques; il s'agit de la recherche du meilleur moyen d'intervenir, c'est-à-dire du moyen adéquat (ajusté à l'objectif de l'intervention) qui soit le moins nuisible possible selon le degré de liberté atteint. Appliquer le critère de proportionnalité, cela signifie donc interpréter et analyser l'objectif poursuivi par l'Etat et le moyen d'intervenir, se demander dans quelle mesure cet objectif et ce moyen sont admissibles et quelle relation ils entretiennent entre eux. Cette relation doit pouvoir être qualifiée de relation d'adéquation et de nécessité, au sens juridique des termes. »[321]

D'ailleurs, ce principe est traditionnellement le principe suprême en matière d'intervention policière et on ne voit pas pourquoi il ne devrait pas s'étendre à toute action de l'administration publique. Un slogan publicitaire qui passait autrefois à la télévision pourrait illustrer ce principe d'adaptation du moyen à la situation, en évitant les extrêmes : « Ne chassez pas un lion avec un lance-pierre ni une mouche avec une carabine ». Il n'est pourtant pas facile de convaincre certaines entités très puissantes de la raisonnabilité de cet adage, surtout de sa seconde partie...

On peut faire la synthèse des différentes facettes de ces principes en commençant par leur facette négative (*l'interdiction de l'excès*) qui permet de les délimiter de façon plus plastique que leur facette positive (*proportionnalité et raisonnabilité*). Il est ainsi devenu courant de dire que l'interdiction de l'excès se mesure à l'adéquation, à l'exigibilité et à la proportionnalité *stricto sensu*[322].

---

[321] Juergen Schwabe, (morceaux choisis par), traduction à partir de la version portugaise de Leonardo Martins, (organisation et introduction de l'éd. port.), *50 Anos de Jurisprudência do Tribunal Constitucional Alemão*, Montevideo, Fundação Konrad Adenauer, 2005, p. 89.

[322] Cf. p. ex., J. J. Gomes Canotilho, *Direito Constitucional e Teoria da Constituição*, p. 266 et suiv. ; José Sérgio da Silva Cristóvam, *Colisões entre Princípios. Razoabilidade, Proporcionalidade e Argumentação Jurídica*, p. 214 et suiv. Légèrement différent, Jorge Reis

L'adéquation signifie qu'il ne faut pas s'écarter du sens, du style et de la finalité de l'intervention. Elle se traduit par la conformité de l'acte à son objectif légal et présuppose une équivalence entre la mesure prise et son objectif ou sa finalité.

L'exigibilité peut être matérielle (économie des moyens et restriction minimale des droits), spatiale (limites géographiques ou spatiales de l'intervention ablative ou comprimante), temporelle (réduction maximum de la durée de la mesure d'exception), personnelle (réduction au nombre d'agents juridiques strictement nécessaires – que ce soit activement ou passivement).

Quant à la proportionnalité *stricto sensu*, c'est l'équilibre général, la retenue, la pondération, le fait de veiller constamment à peser minutieusement le pour et le contre.

3.3.3. *Le principe d'interdiction de régression*

Le principe d'interdiction de régression est l'un des principes constitutionnels les plus polémiques, même si on l'invoque parfois avec un consensus apparent sur les termes. Il s'applique aussi bien dans le cadre des droits sociaux que dans n'importe quel autre domaine constitutionnel, comme, par exemple, celui des droits, des libertés et des garanties des toutes premières « générations » de droits[323] (que l'on devrait plutôt désigner par « dimensions de droit » car elles tendent finalement à coïncider sous peine de régression)... On oppose parfois à ce principe celui de la *réserve du possible*. Mais, ici aussi, ne

---

Novais, *Os Princípios Constitucionais Estruturantes da República Portuguesa*, Coimbra, Coimbra Editora, 2004, p. 178 et suiv.

[323] Contre la catégorie des « générations de droits », cf. p. ex. Michel Levinet, « Recherche sur les fondements du 'droit au développement de l'être humain' à partir de l'exemple de la convention européenne des droits de l'homme », in *Les droits fondamentaux*, Bruxelles, Bruyant, AUPELF-URF, 1997, pp. 45-51; Willis Santiago Guerra Filho, *Processo Constitucional e Direitos Fundamentais*, 2e édition, São Paulo, Celso Bastos, 2001, p. 39. Egalement, bibliographie pertinente dans notre *Teoria da Constituição*, vol. I. *Direitos Humanos. Direitos Fundamentais*, p. 49, note 1.

faut-il de toute façon pas atteindre une concordance pratique des principes ? Avant la crise financière et les injections de capitaux publics dans les banques et dans d'autres grandes entreprises, on aurait encore pu croire placidement qu'il pourrait arriver que les plus défavorisés (dans les pays où le « défavorisement » peut signifier la faim, la maladie, l'analphabétisme et bien d'autres privations) doivent supporter encore plus leur karma au cas où les conditions nécessaires au maintien de leur maigre pension, de leur maigre salaire, de leur emploi, etc., disparaîtraient. On aurait encore pu, par quelque ingénuité collective, plaider la *réserve du possible* contre eux. Aujourd'hui, on peut remettre sérieusement en cause le dogme selon lequel maintenir voire élever tous les citoyens à un même niveau de dignité ne serait qu'une chimère impossible, démagogique. On doute que ce soit si difficile que cela. Des politiques qui coûtent beaucoup plus cher et qui sont financées par les deniers publics ont surgi du néant quand c'était nécessaire. Il apparaît donc de façon de plus en plus nette que le *principe de non-régression sociale* est valide et qu'il y aura toujours moyen de mobiliser les fonds nécessaires. Il reste à savoir au service de qui sont les augures économico-financiers et sous quelle égide spirituelle et culturelle on les accueille (ce qui détermine même leurs convictions) : s'ils s'efforcent de s'enrichir personnellement ou au moins de favoriser la « stabilité » (c'est-à-dire la richesse économico-financière de celui qui détient le pouvoir et les moyens de production) ou s'ils s'engagent auprès des plus défavorisés et veillent à ce que soient tenues les promesses de dignité sociale des constitutions de l'Etat social. Un des stratagèmes des adversaires de l'Etat social et des constitutions sociales, c'est de présenter l'inégalité comme naturelle et socialement, historiquement voire ontologiquement inévitable, ce que les avocats du privilège ont toujours réussi à faire croire, surtout en temps de crise. Mais tout dépend de qui paie la crise. Car elle peut se solder soit par la diminution des droits, le chômage et la misère, soit par la redistribution et la justice sociale.

Septième Partie

JUSTICE CONSTITUTIONNELLE

Chapitre 1. *Terminologie et origines*

1. *Terminologie*

« Justice constitutionnelle », « contrôle de la constitutionnalité », « garantie ou défense de la constitution » sont généralement des expressions équivalentes. Toutefois, au sens propre, les concepts de « justice constitutionnelle » et de « garantie ou de défense de la Constitution » sont plus larges que celui de « contrôle de la constitutionnalité ». La justice constitutionnelle recouvre les normes d'organisation des organes de contrôle de la constitutionnalité et elle porte aussi sur d'autres matières qui ne renvoient pas expressément au contrôle de la constitutionnalité (par exemple, le contentieux électoral au sujet des partis politiques, etc.). L'idée de garantie ou de défense de la constitution peut être conçue de manière encore plus large, plus politique, elle peut même englober la justice constitutionnelle elle-même. Cette idée doit encore beaucoup au texte classique de Carl Schmitt sur la défense de la constitution et à la polémique qu'il a engendrée avec Hans Kelsen. Il convient de rappeler qu'il nous semble que c'est le juriste de Vienne qui avait raison[324].

La garantie peut encore être envisagée en tant qu'activité et le contrôle en tant que moyen adéquat, *instrumentarium* assurant l'efficacité de la garantie. La garantie étant ainsi un filet de protection et de sécurité de l'efficacité constitutionnelle, elle peut être assimilée à une tutelle (des droits, des pouvoirs, des honneurs...) dans un sens très large.

---

[324] V. notre *O Essencial sobre Filosofia Política Contemporânea (1887-1939)*, Lisbonne, Imprensa Nacional-Casa da Moeda, 2008, p. 74 et suiv.

2. *Origines*

On associe naturellement d'emblée le contrôle de la constitutionnalité aux systèmes contemporains de « surveillance » que nous allons passer en revue. Cependant, il y a eu d'autres propositions de contrôle de la constitutionnalité *avant la lettre*, telles que celle proposée par le politicien jusphilosophe et philosophe italien António Rosmini[325]. L'abbé Sieyès allait lui aussi faire une proposition pour qu'il y ait un « Jury constitutionnaire » lors de l'élaboration de la Constitution de l'an VIII.

Si nous remontons encore plus loin et que nous envisageons les institutions dans un sens plus large et plus souple, nous pouvons nous souvenir que, dans la Grèce antique, il y avait déjà la nécessité de vérifier la conformité des lois à une normativité supérieure, qui, à l'époque, était au fond une forme de constitution matérielle. L'institution athénienne du *graphé paranomon* mérite donc aussi d'être rappelée ici[326].

Cette institution, qui est plutôt une procédure, permettait de rendre un membre de l'assemblée législative (*hoc sensu*) responsable d'avoir proposé une norme considérée comme « illégale ». Selon la terminologie actuelle, on dirait certainement « inconstitutionnelle ». Au fond, il n'y avait pas, à l'origine, de limites aux propositions de l'Assemblée. Mais chacun s'exposait à de graves sanctions s'il proposait quelque chose qui contrarie cette conception de la légalité et ce, même si l'Assemblée avait approuvé cette proposition qui serait ensuite jugée « illégale ». Cette réévaluation normative consistait dans l'élimination de la norme et la pénalisation de son auteur.

---

[325] V. notre «Antonio Rosmini», in *Philosophy of Law: An Encyclopedia*, New York, Garland Publishing, 1999, p. 762 et suiv..

[326] Cf., p. ex., Moses I. Finley, *Democracy ancient and modern*, trad. fr. de Monique Alexandre, Préface de Pierre Vidal-Naquet, *Démocratie antique et démocratie moderne*, Paris, Payot, 1976, p. 76 et suiv.

Chapitre 2. *Notion de constitutionnalité. Types d'inconstitutionnalités*

1. *Constitutionnalité et inconstitutionnalité*

Au sens large, la constitutionnalité, c'est le jugement (ou son résultat) de conformité (plutôt que de simple compatibilité) d'une norme à l'esprit et / ou à la lettre de la Constitution.

Certes, la fonction des normes n'est pas de produire des définitions doctrinales, mais il est aujourd'hui de plus en plus nécessaire qu'elles soient claires comme de l'eau de roche (surtout en raison des difficultés herméneutiques généralisées, même parmi les juristes), quitte à être redondantes et parfois même limitatives.

Il faut noter tout d'abord que l'inconstitutionnalité est uniquement normative (et non politique, contractuelle, testamentaire, etc.) et qu'elle s'applique aussi bien aux normes (en tout genre – de la constitution elle-même, et même aux lois ordinaires, notamment en cas de révision constitutionnelle) qu'aux principes : nous pouvons présumer que ceux-ci ne sont pas seulement ceux qui sont consignés en tant que tels, mais aussi ceux que l'on peut déduire par l'interprétation. Les principes sont également une sorte d'« esprit » de la lettre constitutionnelle. Nous avons surtout parlé de principes herméneutiques. Il y a aussi de grands principes politiques et d'organisation du pouvoir – dont le premier est le principe de la séparation des pouvoirs. Mais on peut aussi aboutir à des principes par déduction à partir des normes (car il y a des principes implicites[327]). Il est ainsi également possible de déduire des principes inconstitutionnels. Peut-on toutefois souhaiter que cela soit raisonnablement rare ? Car le principe, de par sa nature propre,

[327] Walter Claudius Rothenburg, *Princípios Constitucionais*, 2e tirage, Porto Alegre, Safe, 2003, p. 54 et suiv.

semble renvoyer à une généralité et à une abstraction encore plus vastes que celles des normes, impliquant ainsi au moins un projet de traitement égalitaire, *fumus* de justice, voire de constitutionnalité.

2. *Typologie fondamentale de l'inconstitutionnalité*

On distingue traditionnellement plusieurs types fondamentaux d'inconstitutionnalité : inconstitutionnalité matérielle, formelle et organique ; inconstitutionnalité par action et par omission.

Il peut ainsi y avoir désaccord, non-conformité, entre la substance (le contenu, le programme, la prévision et la « statuation ») de la norme et la constitution (inconstitutionnalité matérielle). Ce serait par exemple le cas si une loi interdisait l'accès à l'Université aux candidats d'un des deux sexes, d'une certaine race, d'une certaine religion, d'un certain statut social, etc., dans le cadre des constitutions démocratiques actuelles de l'Etat de droit. Par contre, si le motif de la ségrégation n'est pas une loi mais bien un règlement, alors la voie de la contestation serait celle de l'illégalité, tout comme lorsqu'il s'agit d'un acte administratif établi par un conseil ou un organe décisionnel de l'université. Dans le cas des actes administratifs et des sentences non conformes à la constitution, par exemple, il vaudrait peut-être mieux forger une expression alternative à « inconstitutionnalité ». L'expression « anticonstitutionnalité », que nous avons déjà entendue, pourrait constituer une option de classement appropriée. Car il y a des normes inconstitutionnelles et il y a des déclarations juridiques de toutes sortes (et même des actes non juridiques, comme les actes politiques), qui peuvent ne pas être conformes à la constitution et qui méritent donc notre réprobation. Mais pas au point de confondre les concepts : « anticonstitutionnels » serait en effet une désignation possible.

Le traitement juridique de ces divergences avec la constitution dépend de chaque cas particulier, de chaque ordre juridique. Ce que la constitution globale nous dit aujourd'hui, c'est que la constitution doit disposer de mécanismes juridictionnels d'auto-défense, tels que l'inconstitutionnalité et l'illégalité (subsidiairement, mais elle contribue aussi à la défense de l'ordre constitutionnel). Sauf aux Pays-Bas, comme nous le verrons.

Il peut encore y avoir non-conformité entre la forme de la norme et celle qui devrait être obligatoire selon la constitution (inconstitutionnalité formelle). C'est le cas lorsqu'un organe produit un acte normatif sous une forme qui ne correspond pas au contenu qu'elle devrait avoir, comme quand on fait passer formellement pour une *loi* ce qui est en fait une *résolution* voire un acte administratif.

Parmi les inconstitutionnalités formelles, l'inconstitutionnalité organique est très représentative. Elle se manifeste, par exemple, quand un organe édite une norme qui n'est pas de sa compétence. Il ne s'agit pas simplement d'un problème de qualification et de décalage entre le nom et la nature ou la substance de l'acte (comme dans l'exemple précédent), c'est aussi un problème de fonction et de pouvoir de l'organe : comme lorsque le gouvernement édite une vraie « loi », au sens strict, sur une matière exclusivement réservée au parlement et qu'il lui donne (actuellement dans la dimension formelle d'une inconstitutionnalité surtout organique) le nom d'un acte législatif, certes, mais propre au gouvernement, comme « décret » en France, « decreto legge » en Italie, « decreto-lei » au Portugal, etc...

Une autre division importante est celle qui oppose les cas d'*inconstitutionnalité par action* (l'écrasante majorité des cas correspondant à la non-conformité entre une norme qui existe réellement et la constitution), d'une part, et les cas d'*inconstitutionnalité par omission* – une catégorie relativement innovante – d'autre part. Celle-ci traduit un reproche adressé au législateur qui n'aurait pas édicté une norme pourtant considérée comme nécessaire voire indispensable pour réguler certaines relations juridiques ou pour concrétiser certaines valeurs, certains principes, certaines fins ou certains objectifs constitutionnels.

L'inconstitutionnalité par omission étant une forme d'affirmation d'une logique constitutionnaliste dynamique et expansive, elle risque, d'un côté, de se heurter au terrain des options purement politiques (lorsqu'il existe un certain activisme judiciaire constitutionnel) et, de l'autre (en cas de moindre activisme), de rester lettre morte.

Le Tribunal constitutionnel allemand utilise une grille de classement plus fine des catégories constitutionnelles : les actes normatifs peuvent y être constitutionnels, inconstitutionnels et tendre à (ou vers) l'inconstitutionnalité.

Chapitre 3. ***Les contrôleurs***

Il existe deux modalités et trois systèmes de contrôle de la constitutionnalité, selon les *agents du contrôle*. Les deux modalités sont le contrôle politique et le contrôle juridictionnel ; les trois systèmes sont, historiquement, le système français révolutionnaire, le système américain et le système autrichien, qui est devenu européen.

1. *Justice constitutionnelle – les modalités*

Deux modalités se distinguent particulièrement : le contrôle politique du système français et le contrôle juridictionnel des systèmes autrichien et américain. On peut aussi émettre l'hypothèse d'un contrôle administratif qui serait alors nécessairement diffus, mais il ne semble pas très judicieux de confier la décision d'inconstitutionnalité à un fonctionnaire. Il faut toutefois bien admettre que l'administration opère des choix entre des interprétations constitutionnelles et anticonstitutionnelles, *hoc sensu*, lorsqu'elle est amenée à interpréter les normes. Cela ne constitue pas un contrôle, mais une application de la constitution (ou des lois). Il semble malheureusement que les fonctionnaires de divers pays, aveuglés par la mystique positiviste de l'application scrupuleuse des normes et des instructions reçues, sont parfaitement insensibles à l'inconstitutionnalité de certaines lois et à l'illégalité de certains règlements. Cela ne pourra changer que si le droit constitutionnel non positiviste débarque massivement dans les universités et que les juristes qui y sont formés entrent massivement en fonction à tous les niveaux de la bureaucratie des Etats.

2. *Les trois systèmes selon les agents de contrôle*

2.1. *Système français révolutionnaire* – contrôle de la constitutionnalité exercé exclusivement par l'organe politico-législatif : le parlement. Ce système a été en vigueur dans de nombreux pays : par exemple, au Portugal, c'était la règle avant la Constitution de 1911. Aujourd'hui, seule la Constitution néerlandaise interdit le contrôle juridictionnel de la constitutionnalité (article 120).

2.2. *Système américain* (*judicial review*) (depuis 1803) – c'est le *système diffus*[328]: chaque juge est doté d'un pouvoir juridictionnel de contrôle de la constitutionnalité des lois lorsqu'il traite d'affaires soumises à sa juridiction. C'est, par exemple, le système de la Constitution républicaine brésilienne de 1891 (articles 207 et 280) qui a influencé directement la Constitution portugaise de 1911.

2.3. *Système autrichien* (kelsénien) ou européen – c'est le *système concentré* : le contrôle est confié à un seul organe, soit à l'organe juridictionnel le plus élevé (Cour Suprême), soit à un organe spécialiste du droit constitutionnel (Tribunal constitutionnel). A l'époque actuelle, c'est le système le plus courant en Europe, avec plus ou moins de variantes mineures selon les pays.

---

[328] Tous les classements et toutes les désignations ont un auteur. On l'oublie souvent en matière juridique – pour des raisons de légitimation? Car les idées qui semblent ne pas avoir de paternité seraient plus évidentes et plus « naturelles ». Or, nous devons ce classement à Carl Schmitt, *Der Hüter der Verfassung*, trad. esp. de Manuel Sanchez Sarto, prologue de Pedro de Vega, *La Defensa de la Constitución*, Madrid, Tecnos, 1998, p. 52, n.17.

3. *Bref rappel des trois systèmes classiques de contrôle*

3.1 *Le système de contrôle politique*

3.1.1. Dogme de la souveraineté absolue du parlement en Angleterre : « *The power of the Parliament is absolute and without control* », affirme Blackstone.

3.1.2. Dogme jacobin (qui s'inspire de Rousseau) de la loi en tant qu'expression de la *volonté générale* : il proscrit tout autre contrôle des lois que celui de l'assemblée qui les a adoptées, c'est-à-dire le parlement.

3.1.3. Dogme du principe monarchique (*monarchisches Prinzip*) : Il conçoit la constitution comme un simple mode d'organisation subordonné au pouvoir pré-existant d'un monarque sans contrepoids juridique.

3.1.4. *Prééminence du contrôle politique à l'aube du libéralisme continental* : Le continent européen a commencé par mettre tous ses espoirs dans le système de contrôle politique, même en période post-révolutionnaire. Dans son optimisme libéral continental, hérité des Lumières, il ne concevait pas la possibilité de confier le contrôle des lois à personne d'autre. Il acceptait encore moins de le soumettre au scrutin d'un organe « aristocratique » tel que l'organe juridictionnel, avec en sus l'obstacle du dogme mécaniciste de la séparation stricte des pouvoirs (une perversion interprétative de la pensée de Montesquieu). Cependant, aux Etas-Unis, où prévaut la « religion du droit », ou, du moins, « l'esprit légiste », comme le suggère Tocqueville[329], la conception de la séparation des pouvoirs a été plus dynamique dès le départ et la foi dans le système judiciaire aussi, ce qui a permis d'instituer un contrôle diffus de la constitutionnalité.

---

[329] Alexis de Tocqueville, *De la Démocratie en Amérique*, vol. I, partie II, ch. VIII.

3.2. *Le système de contrôle juridictionnel*

3.2.1. *Système diffus, américain* : Contrairement à la souveraineté absolue du parlement dans une Angleterre sans constitution codifiée, une certaine « laïcisation » d'une loi supérieure (*Higher Law*) jusnaturelle incarnée par la constitution codifiée a prédominé aux Etats-Unis[330]. La décision du juge Marshall dans l'affaire Marbury *vs*. Madison est claire: « *the constitution is superior to any ordinary act of the legislature* ». On en a conclu que chaque juge pourrait vérifier si la loi était conforme à la constitution (*judicial review*). Il ne faut toutefois pas se laisser leurrer par les mythifications. Lorsque cette affaire a été jugée en 1803, la pratique de *judicial review* avait déjà cours. Il y avait déjà eu au moins trente-sept affaires de ce genre auparavant.

Ce système apporte un complément à la concision du texte constitutionnel des Etats-Unis. Il ne faut pas oublier que la justice est très active en Amérique. Des matières telles que les droits des minorités, à commencer par les droits raciaux, le droit à l'avortement, etc., ont d'abord fait l'objet de décisions judiciaires à effet normatif et ne résultent pas d'actes législatifs normaux du pouvoir homonyme créés à partir de rien.

Il paraît qu'un *Chief Justice* a interrompu un professeur de droit lors d'une conférence pour lui lancer: « - Ce n'est pas ça, le droit! », ce à quoi l'autre aurait répondu avec diplomatie : « - Mais c'était ça, avant que vous ne vous prononciez ». Evidemment, le prestige des *Chief Justice* résulte de l'importance de la Cour Suprême[331], même dans un système considéré comme un système de contrôle diffus.

Le besoin de compenser le contrôle diffus par une instance d'harmonisation centralisée de la jurisprudence apparaît donc nettement.

---

[330] A ce sujet, voir p. ex., Edward S. Corwin, *The 'Higher Law' Background of American Constitutional Law*, 13e impression, Ithaca et Londres, Cornell University Press, 1988.

[331] Kermit L. Hall (Ed.), *The Oxford Guide to the United States Supreme Court Decisions*, New York, Oxford University Press, 1999.

3.2.2. *Système concentré autrichien*

Tandis que le point d'Archimède de la juridicité reposait aux Etats-Unis sur une loi suprême (*Higher law*) jusnaturelle, pour le positiviste logique Hans Kelsen, inspirateur de la Constitution autrichienne de 1920 (puis de nouveau influent en 1929), la pyramide normative reposerait en fin de compte et au niveau interne sur la constitution. C'est pourquoi il ne conçoit pas le contrôle de la constitutionnalité comme une fonction judiciaire mais plutôt comme une fonction constitutionnelle, une sorte d'*épreuve réelle* ou de *contre-épreuve* de la fonction législative. Le contrôle est donc confié à un organe constitutionnel spécifique, un tribunal constitutionnel, et ne relève pas de jugement d'affaires réelles comme c'est le cas de la *judicial review* américaine.

La fonction de contrôle du Tribunal constitutionnel autrichien *telle qu'elle a été conçue par Kelsen* est finalement plutôt « législative » que juridictionnelle. Charles Eisenmann appellerait cette fonction « législateur négatif »[332]. Il nous semble toutefois qu'il s'agit plutôt d'une sorte de *législateur suprême* et de législateur-contrôleur, car il agit aussi bien à la demande que *ex officio*.

Il faut souligner que le contrôle diffus est évidemment toujours concret; ce qui n'implique toutefois pas nécessairement que le contrôle concentré soit seulement abstrait. En Autriche, la Constitution de 1920 prévoyait le contrôle concentré, mais uniquement dans la modalité de contrôle abstrait. Comme le système s'est avéré difficilement applicable (justement en raison de l'absence de contrôle concret), le contrôle concret a été introduit en 1929.

---

[332] Charles Eisenmann, *La justice constitutionnelle en Autriche*, Paris, [ED], 1928.

Chapitre 4. ***Vecteurs de contrôle de la constitutionnalité***

Plusieurs agents juspolitiques sont chargés du contrôle de la constitutionnalité à plusieurs niveaux. Leur légitimité pour déterminer les actes déclenchant la procédure de contrôle est diverse et ce contrôle se réalise à divers moments, selon des modalités variées et dans différents sièges institutionnels. L'acte final de cette procédure (la déclaration d'inconstitutionnalité) a des effets divers eux aussi. De tous ces vecteurs de la procédure (que nous appelons ainsi car ils se déplacent dans plusieurs directions, dans plusieurs sens, à partir d'un pôle de préoccupation unique) émerge normalement une cohérence de situations selon les différents systèmes de contrôle, notamment celui de la *judicial review,* d'une part, et celui de Kelsen, d'autre part, c'est-à-dire soit le système diffus, soit le système concentré. Dans la constitution globale, une certaine pluralité de situations règne à ce niveau. Il faut aussi tenir compte des systèmes mixtes, qui combinent le système concentré et le diffus.

1. *Action*

1.1. *Universalité de l'action et légitimité restreinte*: Le problème de la légitimité procédurale active ne se pose vraiment en pratique que s'il n'existe pas de légitimité universelle de contester la constitutionnalité. Nous avons donc deux possibilités :

- La légitimité *quisque de populo* : N'importe quel citoyen peut intenter une action populaire d'inconstitutionnalité – cette possibilité est purement théorique. Il faut toutefois faire remarquer que, même dans les pays où les citoyens ne bénéficient pas de la légitimité d'invoquer l'inconstitutionnalité auprès de l'organe de contrôle concentré, il existe toujours des moyens d'action indirecte. L'un d'eux est le droit de pétition qui permet de poser le problème aux entités publiques qui peuvent, elles, soulever la question de la constitutionnalité.

- La *légitimité restreinte* : Dans le cas du contrôle abstrait, la légitimité est restreinte à certaines entités publiques ; dans le cas du contrôle diffus incident, il s'agit de la légitimité restreinte au juge, au parquet et aux parties du procès. Du moins, à en juger par les cas que nous connaissons le mieux.

1.2. *Modalités de la légitimité (restreinte) :*

- La légitimité des organes du pouvoir : Elle est admise dans le contrôle abstrait mais jamais dans le contrôle diffus incident. On reconnaît normalement la légitimité aux organes de souveraineté (par exemple, au président de la république) ou à des fractions de ces organes (un pourcentage de députés).

- La légitimité des parties : Contrairement à la précédente, cette légitimité est typique du contrôle diffus incident, auquel elle se restreint. Elle n'intervient évidemment jamais dans le contrôle abstrait, de par la nature des choses (*natura rerum*).

- La légitimité *ex officio* : C'est la plus complexe. Confiée au juge de la cause, c'est manifestement un présupposé dans le contrôle diffus incident, sans préjudice des allégations des parties dans ce sens. Dans le cas de l'appréciation par un organe concentré, il faut évidemment qu'il attende l'acte déclencheur de la part des entités qui détiennent la légitimité d'action, il ne peut pas entamer de procédure de sa propre initiative. On pourrait éventuellement envisager la possibilité de décider par inconstitutionnalité *extra-ultra petita partium*. Mais la question n'est pas complètement tranchée.

1.3. *Action et omission*

Nous pouvons peut-être introduire ici de façon succincte le contrôle qui s'exerce tantôt sur les actions inconstitutionnelles (les normes inconstitutionnelles), tantôt sur les omissions inconstitutionnelles. Sans confondre l'action du législateur (ou son inaction) avec l'action du juge constitutionnel (ou son inaction), on constate toutefois qu'il existe un *modus operandi* pour le contrôle de l'inconstitutionnalité correspondant à l'action et un autre pour celui de l'inconstitutionnalité résultant de l'omission du législateur.

2. *Le temps*

2.1. *Contrôle préventif*

Le contrôle préventif s'apparente au contrôle politique. En effet, il s'exerce généralement sur des normes établies, parfaites, complètes, avant l'entrée en vigueur de l'acte normatif. Il puise sa source historique dans la Constitution française de 1958 (article 61).

2.2. *Contrôle successif ou* a posteriori

2.2.1. *Abstrait*

Dans ce cas, le contrôle s'exerce à n'importe quel moment après l'achèvement du processus juridique de l'acte normatif contrôlé : après sa promulgation, le contreseing (quand cette formalité un peu archaique existe) et l'entrée en vigueur (y compris tous les actes nécessaires à l'intégration de l'efficacité).

2.2.2. *Concret*

Dans ce cas, le contrôle s'exerce sur des cas concrets et il est suscité par voie incidente. Il peut aussi bien être diffus que concentré.

3. *Le mode*

3.1. *Les voies du contrôle*

- *Incident ou d'exception* : L'inconstitutionnalité est suscitée au cours d'une action judiciaire et elle est discutée uniquement dans ce contexte, selon son intérêt pour le problème *sub judice*. Il s'agit donc d'une voie indirecte.
- *Principal ou à titre principal* : La question de la constitutionnalité est suscitée directement auprès d'une juridiction expressément compétente pour résoudre ces questions (Cour Suprême, Tribunal constitutionnel), indépendamment de tout litige. Il s'agit donc d'une voie directe.
-

3.2. *Niveaux de contrôle*

3.2.1. *Contrôle concret ou action du juge* (*Richterklage*) : C'est le premier niveau, typique de la *judicial review* – contrôle judiciaire diffus de la constitutionnalité, à partir d'un cas concret.

3.2.2. *Contrôle abstrait* : C'est le second niveau, où un nombre restreint d'entités peuvent remettre en cause la constitutionnalité des actes normatifs, en défendant la constitution, de façon directe, sans passer par aucun litige concret.

4. *Efficacité juridique*

4.1. *Portée de l'efficacité*

4.1.1.L'efficacité *erga omnes* (*allgemeine Wirkung*), d'annulation de l'acte : La déclaration d'inconstitutionnalité supprime la norme de l'ordre juridique. Cette annulation est générale : elle s'applique à l'égard de tous. C'est le mode de contrôle caractéristique du contrôle concentré lorsqu'il exerce son pouvoir de rejet (*Verwerfungskompetenz*) de la norme qui enfreint la constitution.

4.1.2.Efficacité *inter partes* : Ce type d'efficacité est caractéristique de la *judicial review*. Elle n'éradique pas la norme inconstitutionnelle de l'ordre juridique, elle se limite à ne pas l'appliquer à l'affaire *sub judice*.

4.2. *Portée temporelle de l'efficacité*

4.2.1.Efficacité rétroactive (*ex tunc*) : Si nous considérons que la déclaration d'inconstitutionnalité est purement déclarative, qu'elle se limite à constater l'existence d'un vice, comme dans une déclaration de nullité, elle aura pour conséquence d'effacer l'acte de l'ordre juridique non seulement pour l'avenir, mais aussi pour le passé. La conception jusnaturaliste qui sous-tend la *judicial review* se manifeste ici : étant donné que la norme est intrinsèquement inconstitutionnelle, les effets d'inconstitutionnalité sont aussi rétroactifs. Il faut toutefois être prudent dans ces déductions...

4.2.2.Efficacité prospective (*ex nunc*) : Dans le système kelsénien, qui a produit le contrôle concentré, les choses se passent autrement. En fait, le non-substantialisme ou la non-immanence de Kelsen ne pouvait s'accommoder que d'une efficacité *ex nunc* à partir de la déclaration d'inconstitutionnalité – car, dans ce système, tout part de l'enchaînement causal de séquences d'actes, et les invalidités ne commencent à exister qu'après avoir été déclarées formellement par celui qui a compétence pour le faire.

L'existence d'un contrôle concentré combiné à l'efficacité prospective n'est toutefois pas une règle absolue : par exemple, au Portugal, c'est l'efficacité *ex tunc* qui se combine au contrôle concentré.

4.3. *Mode d'efficacité*

Le mode d'efficacité est naturellement lié à l'efficacité temporelle et à sa portée. Il diffère selon les traditions de contrôle concentré (d'origine positiviste) ou de contrôle diffus (tradition qui trouve son origine lointaine dans un fond jusnaturaliste).

4.3.1.*Effet constitutif* : Pour ceux qui sont fidèles au présupposé positiviste et considèrent qu'une norme est toujours valide et en vigueur jusqu'à ce qu'elle soit révoquée, suspendue ou déclarée inconstitutionnelle *erga omnes* par l'organe compétent, cette déclaration d'inconstitutionnalité ne peut être qu'un acte dont l'effet est réellement constitutif.

4.3.2.*Effet déclaratif* : Si l'on considère au contraire, même si ce n'est qu'en toile de fond, que, lorsqu'une loi est affectée par des normes contraires, *ipso facto* frappées de nullité, cela implique que l'organe judiciaire (notamment dans la *judicial review* – mais pas seulement, bien que les fondements puissent être très différents) se limite à proclamer (sur le mode déclaratif, simplement) ce qui était déjà une réalité : l'inconstitutionnalité et la nullité concomitante de la norme.

CONCLUSION

Après le constitutionnalisme historique, libéral et celui de l'Etat social[333], il est temps d'envisager un nouveau constitutionnalisme[334].

Ce nouveau constitutionnalisme est *global*, car il ne se borne pas à tel ou tel pays. Il ne refuse pas non plus ses racines. Mais il les reprend à un niveau plus élevé, dans une sorte de spirale. Le constitutionnalisme d'aujourd'hui est fier des droits de la personne et des droits concrets du constitutionnalisme plus ancien, traditionnel. Il n'abdique ni la séparation des pouvoirs, ni les droits de l'homme, ni la codification constitutionnelle, triade mythique du constitutionnalisme moderne. Il défend la souveraineté du peuple (bien qu'il connaisse les origines du concept de souveraineté tout court et qu'il connaisse ses limites, surtout dans un monde interdépendant). Il ne renonce ni au suffrage ni à la représentativité ni aux partis politiques en tant qu'éléments essentiels pour la formation de la volonté populaire : pas seuls, mais indispensables, et qui ont besoin d'une réforme démocratisante – capable de les ouvrir réellement à la société civile (non par la panacée de l'inclusion de candidats indépendants dans les listes de députés, mais par une métamorphose beaucoup plus profonde : surtout une métamorphose vers la qualité).

Mais le constitutionnalisme d'aujourd'hui va encore plus loin. Le constitutionnalisme global se fonde sur des valeurs et des principes constitutionnels généraux, globalisés eux aussi. Un des premiers exemples est celui de la quête du bonheur (*pursuit of happiness*) présente dans la déclaration

---

[333] Paulo Bonavides, *Do Estado Liberal ao Estado Social*, 8e éd., São Paulo, Malheiros, 2007.

[334] Luís Roberto Barroso, *Curso de Direito Constitucional Contemporâneo. Os Conceitos Fundamentais e a Construção do Novo Modelo*, São Paulo, Saraiva, 2009, l'appelle « contemporain », tout court.

d'indépendance des Etats-Unis d'Amérique[335]. Le constitutionnalisme global sait que l'éthique constitutionnelle a toujours été globale. Il aime, vit et défend les valeurs politiques de Liberté, d'Égalité et de Justice, qui débouchent sur la Fraternité, valeur-clé d'un droit fraternel à venir... une utopie inévitablement globale (une fraternité humaine partielle est impossible), mais réalisable.

Le nouveau constitutionnalisme se fonde à la fois sur la suprématie de la constitution[336] et sur sa laïcisation (celle-ci étant d'ailleurs un des corollaires de celle-là) – la constitution est l'affaire des hommes et de leurs sociétés, mais c'est une de leurs préoccupations les plus sérieuses et les plus sacrées. Cela implique la reconnaissance de sa dimension métaphysique et théologique - du moins jusqu'à présent[337].

La constitution n'est plus une métaphore, un alléluia juridique, un document tout juste bon à inspirer un argument ou à servir de cendrier, comme le disait Eça de Queiroz, écrivain et diplomate du XIXe siècle. Elle est effective, elle est appliquée, elle n'est plus seulement un texte, elle reprend tous ses droits de cité dans le concile du droit (auquel elle préside) en tant que norme, fait et valeur. Elle n'est plus seulement dans les livres (*law in the books*), mais en action (*law in action*).

Le droit constitutionnel global est ainsi beaucoup plus vaste et beaucoup plus complexe que son père, le droit constitutionnel strictement national, et que son grand-père, le droit « politique ». Le nouveau droit du monde globalisé est plus technique (il implique désormais une procédure constitutionnelle subtile), il n'en est que plus efficace. Cela lui permet – et ce n'est pas un paradoxe – de rêver. De rêver chaque fois que la valeur de Justice triomphe grâce à lui. Quelle chose

---

335 V. aussi Stamatios Tzitzis, *Le droit à la jouissance. La jouissance des droits*, in "ΦΙΛΟΣΟΦΙΑ " , 17-18, Athènes, 1987-88.

336 Nelson Saldanha, *Formação da Teoria Constitucional*, 2e éd., Rio de Janeiro / São Paulo, Renovar, 2000, p. 135 et suiv.

337 Olivier Camy, *Droit constitutionnel critique*, Paris, L'Harmattan, 2007, p. 7 et suiv.

extraordinaire que le principe contre-majoritaire du droit constitutionnel : les gouvernements et les majorités parlementaires peuvent désormais voir leurs lois déclarées inconstitutionnelles par des cours indépendantes qui les affrontent tout à fait normalement, sans que leurs juges courent le moindre risque collectif ou individuel. C'est un progrès démocratique, républicain et civilisationnel considérable. Il faut que cela continue et que la dignité voire le prestige des juges de cette instance ne soit pas remis en cause – à tort ou à raison.

Le constitutionnalisme global est une idée dynamique. Il fera son chemin, avec les mêmes difficultés et les mêmes espoirs que la globalisation pacifique et interculturelle. Il ne s'agit pas d'une globalisation uniformisatrice, mais bien d'une globalisation qui respecte les différences[338]. Une globalisation en route vers un nouvel ordre mondial – un ordre de progrès, y compris de progrès social.

Certes, les défis à relever à l'époque actuelle sont nombreux. Mais le plus important est sans doute celui du rôle du constitutionnalisme global dans la construction d'une société plus juste, plus libre et plus fraternelle qui reste le grand rêve collectif que l'humanité doit réaliser. Ne lui demandons ni trop ni trop peu. Le droit constitutionnel est déjà en soi une grande pédagogie générale pour le droit lui-même. Il peut aussi l'être pour l'ensemble de la société. En combattant les inégalités, en assurant les droits et les droits de l'homme, en rendant l'activité politique crédible, plus transparente et en la soumettant au droit. Non pas par

---

[338] Il est curieux de constater que dans un article publié sur *Internet*, la constitution globale (« global constitution »), est présentée comme une utopie avec une connotation très différente : un des droits de l'homme qui y est considéré comme inattaquable, c'est celui de porter des armes. Bien sûr, il s'agit de la manifestation d'une sensibilité particulière. Ce serait impensable sous d'autres latitudes culturelles. Voilà donc ce qu'il ne faut pas faire : penser la constitution globale par les dogmes (très respectables, mais limités dans l'espace) d'une seule culture. Souvenons-nous du referendum sur cette question au Brésil et du clivage qu'il a révélé dans ce pays. Bien sûr d'autres seraient incapables d'y penser. http://newconstitution.wikispaces.com/Human+Rights. Il est évident que l'article d'une ancienne constitution soviétique qui consacrait le droit au chauffage serait absurde dans les pays tropicaux. Il y a aussi des dimensions non globales dans le constitutionnalisme, cela nous paraît évident.

l'activisme effréné d'un Etat de juges[339], qui n'est pas souhaitable, mais bien par l'application quotidienne des valeurs et des principes de la constitution, par les agents juridiques à tous les niveaux et avant tout par les citoyens actifs et fiers des vertus constitutionnelles. N'oublions jamais que le principe de nos républiques, selon le sage Montesquieu, ne peut être que la vertu.

---

339 Troper, Michel, *Le gouvernement des juges, mode d'emploi*, Québec, Presses de l'Université Laval, 2007. V. aussi Henri Pallard, *Les Professions juridiques*, Montréal, Yvon Blais,1999.

BIBLIOGRAPHIE CITÉE

Les textes de l'auteur ne sont pas repris dans cette liste. Dans le cas des ouvrages classiques, la référence bibliographique complète n'apparaît que si une édition particulière est importante pour cette étude.

A Consciência Social na Grã Bretanha, Serviços de Imprensa e Informação da Embaixada Britânica, 1944

Adolfo, Luis Gonzaga Silva, *Globalização e Estado contemporâneo*, São Paulo, Memória Jurídica Editora, 2001

Alain, *Politique*, Paris, P.U.F., 1962

Almeida Filho, Agassiz, *Introdução ao Direito Constitucional*, Rio de Janeiro, Forense, 2008

Alexy, Robert, *Theorie der Grundrechte*, Francfort, Suhrkamp, 1986, trad. cast. de Ernesto Garzón Valdés, *Teoría de los Derechos Fundamentales*, 1ère réimp., Madrid, Centro de Estudios Constitucionales, 1997

Allot, Antony, *The limits of Law*, London, Butterworths, 1980

Andrade, Manuel de, *Sentido e Valor da Jurisprudência*, in "Boletim da Faculdade de Direito", Universidade de Coimbra, XLVIII, 1972

Arné, Serge « Existe-t-il des normes supra-constitutionnelles? Contribution à l'étude des droits fondamentaux et de la constitutionnalité », in *Revue du droit public*, 1993, pp. 459-512

Aronne, Ricardo, *Direito Civil Constitucional e Teoria do Caos*, Porto Alegre, Livraria do Advogado Editora, 2006

Assman, J., *State and Religion in the New Kingdom*, in *Religion and Philosophy in Ancient Egypt*, New Haven, Conn., 1989

Ayres Britto, Carlos, *Teoria da Constituição*, 1e éd., 3e réimpression, Rio de Janeiro, Forense, 2006

Ayuso, Miguel, *Ocaso o Eclipse del Estado? Las transformaciones del derecho público en la era de la globalización*, Madrid / Barcelona, Marcial Pons, 2005

Bachof, Otto, "Verfassungswidrige Verfassungsnormen?" in *Recht und Staat*, Vols. 163-4, Tübingen, J. C. B. Mohr (Paul Siebeck), 1951

Bachof, Otto, *Der Verfassungsgerichter zwischen Recht und Politik*, in Peter Häberle, Verfassungsgerichtsbarkeit, Darmstadt,Wissenschaftliche Buchgesellschaft, 1976

Baldini, A. E. (dir.), *Botero e la «ragion di Stato*, Florence, Olschki, 1992

Baptista Machado, João, *Introdução ao Direito e ao Discurso Legitimador*, réimp., Almedina, Coimbra, 1985

Barreira Magalhães Filho, Glauco, *Hermenêutica e Unidade Axiológica da Constituição*, 3e éd., Belo Horizonte, Mandamentos, 2004

Barroso, Luís Roberto, *Curso de Direito Constitucional Contemporâneo. Os Conceitos Fundamentais e a Construção do Novo Modelo*, São Paulo, Saraiva, 2009

Barroso, Luís Roberto, *Interpretação e Aplicação da Constituição*, 6e éd., São Paulo, Saraiva, 2004

Barroso, Luís Roberto, « O Novo Direito Constitucional e a Constitucionalização do Direito », in *Diálogos Constitucionais: Direito, Neoliberalismo e Desenvolvimento em Países Periféricos*, org. de Jacinto Nelson de Miranda Coutinho / Martinio Mont'Alverne Barreto Lima, Rio de Janeiro / São Paulo / Recife, 2006

Barthes, Roland, *Mythologies*, Paris, Seuil, 1957, éd. port. trad. et préface de José Augusto Seabra, *Mitologias*, Lisboa, Edições 70, 1978

Bartolomé Clavero, « Codificacion y constitucion: Paradigmas de un binomio », in *Quaderni Fiorentini per la storia del pensiero giuridico moderno*, Milano, Giuffrè, 18 (1989), pp. 79-145

Bastid, Paul, *Sieyès et sa pensée*, nouv. éd., Paris, Hachette, 1970

Belloso Martín, Nuria, « Temi di Teoria Giuridica: L'interpretazione della costituzione e dei diritti fondamentali », tiré à part de *Annali del Seminario Giuridico*, vol. VII (2005-2006), Giuffrè, 2007, p. 17 et suiv.

Belo, Maria, « Notas sobre Constituição ou 'palavras leva-as o vento' », in *Vértice*, série II, Lisboa, octobre 1988

Benjamin Constant, *Cours de Politique constitutionnelle ou Collection complète des Ouvrages publiés sur le gouvernement représentatif et la Constitution actuelle de la France*, 2.e éd. (1.ère éd., 1818), Paris, Librairie de Guillaumin et Cie, 1872, plusieurs volumes

Berten, André, *Philosophie politique*, trad. port. de Márcio Anatole de Souza Romeiro, *Filosofia Política*, São Paulo, Paulus, 2004

Black, Virgínia, «Natural Law, Constitutional Adjudication and Clarence Thomas», in *Fides. Direito e Humanidades*, vol. II, p. 41 et suiv.

Bloch, Ernst, *Das Prinzip Hoffnung*, trad. fr., *Le principe espérance*, 3 vol., Paris, Gallimard, 1976, 1982, 1991

Bloom, Harold, *Shakespeare: The Invention of the Human*, New York, Riverhead Books, 1998

Blumenberg, Hans, *Die Legitimitaet der Neuzeit*, 4e éd., Frankfurt, Suhrkamp, 1976.

Bobbio, Norberto, *Teoria dell'ordinamento giuridico*, trad. de Maria Celeste Cordeiro Leite dos Santos, *Teoria do Ordenamento Jurídico*, réimp. de la 10e éd. (1999), Brasília, Editora Universidade de Brasília, 2006

Bonavides, Paulo, *Do Estado Liberal ao Estado Social*, 8e éd., São Paulo, Malheiros, 2007

Borges de Macedo, Jorge, « Absolutismo », *in* Joel Serrão (dir.), *Dicionário de História de Portugal*, Lisbonnne, Iniciativas Editoriais, 1963, vol. I, p. 8 – 14.

Boudon, Raymond, « L'Individualisme en Sociologie (Entretien) », in *Esprit*, n.° 108, nov. 1985, pp. 101-110

Boulois, Jean, « Les limites du droit constitutionnel », in "Revue internationale de Droit comparé", n.° 2, 1986

Bousquet, Georges-Henri, *Le droit musulman*, Paris, Armand Colin, 1963

Brandão, António José, *Sobre o Conceito de Constitutição Política*, Lisbonne, 1944

Bredin, Jean-Denis, *Sieyès. La clé de la Révolution française*, Paris, Fallois, 1988

Brudner, Alan, *Constitutional Goods*, nouv. éd., New York, Oxford University Press, 2007

Brunner, Otto, *Land und Herrschaft*, 2e réimp. de la 5e éd., Darmstadt, 1984

Brunner, Otto, *Neue weg der Verfassungs- und Sozialgeschichte*, Götingen, Vandenhoeck und Ruprecht, réimp., 1980

Brunner, Otto, *Sozialgeschichte Europas im Mittelalter*, Goetingen, Vandenhoeck und Ruprecht, 1978, réimp. 1984

Bryce, James, *Constituciones Flexibles y Constituciones Rígidas*, 2e éd. cast., Madrid, Instituto de Estúdios Políticos, 1962

Burckardt, Jacob, *Die Cultur der Renaissance in Italien, 1860,* trad. anglaise par S. G. C. Middlemore, *The Civilization of the Renaissance in Italy*, 1878, ed. Project Gutenberg Etext, 2000

Burdeau, G., « Sur un enseignement impossible », in *Mélanges Trotabas*, Paris, LGDJ, 1970, pp. 41 et suiv.

Burdeau, G., « Une survivance: la notion de Constitution », *in L'Evolution du Droit Public – Etudes en l'honneur d'Achille Mestre*, Paris, s.n., 1956, pp. 53 et suiv.

Camps, Victoria, *Paradojas del Individualismo*, Crítica, 1993, trad. port. de Manuel Alberto, *Paradoxos do Individualismo*, Lisboa, Relógio D'Água, 1996

Camy, Olivier, *Droit constitutionnel critique*, Paris, L'Harmattan, 2007

Canaris, Claus-Wilhelm, *Direitos Fundamentais e Direito Privado*, trad. port. de Ingo Wolfgang Sarlet et Paulo Mota Pinto, réimp. de l'éd. de 2003, Coimbra, Almedina, 2006

Canas, Vitalino, « Princípio da Proporcionalidade », in *Dicionário Jurídico da Administração Pública*, tiré à part du Volume VI, Lisbonne, 1994

Carvalho, Orlando de, *Para uma Teoria Geral da Relação Jurídica Civil. I. A Teoria Geral da Relação Jurídica. Seu sentido e Limites*, 2e éd. actualisée, Coimbra, Centelha, 1981

Casa, Federico, *Sulla Giurisprudenza come Scienza*, Pádua, Facultà di Giurisprudenza dell'Università di Pádua, 2005

Casalmiglia, A., *Ensayo sobre Dworkin*, prologue à l'édition en espagnol de Ronald Dworkin, *Taking rights seriously*, trad. de Marta Guastavino, *Los Derechos en serio*, Barcelona, Ariel, 1984

Chalas, Yves (org.), *Mythe et Révolutions*, Grenoble, Presses Universitaires de Grenoble, 1990

Châtelet, François / Duhamel, Olivier / Pisier-Kouchner, Evelyne, *Histoire des idées politiques*, Paris, P.U.F., 1982

Cichello, Raúl Guillermo, *Teoría Totémica del Derecho*, Buenos Aires, Circulo Argentino de Iusfilosofia Intensiva, 1986

Clève, Clemerson Merlin, "Direito constitucional, novos paradigmas, constituição global e processos de interação", *Crítica Jurídica. Revista Latinoamericana de Política, Filosofía y Derecho*, n. 25, 2006, in: http://www.journals.unam.mx/index.php/rcj/article/view/16755

Coello Nunño, Ulises, *La Constitución Abierta como Categoría Dogmática*, Prologue de Pablo Lucas Verdù, México, Editorial México / J. M. Bosch Editor, 2005

Concha, Hugo A., *et al.*, *Cultura de la Constitución en México. Una Encuesta Nacional de Actitudes, Percepciones y Valores*, México, UNAM / TEPJF / Cofemer, 2004

Corwin, Edward S., *The 'Higher Law' Background of American Constitutional Law*, 13.e impression, Ithaca et Londres, Cornell University Press, 1988

Couto, Mia, *Pensatempos. Textos de Opinião*, 2e éd., Lisbonne, Caminho, 2005

Crossman, R. H. S., *Government and Governed. A History of Political Ideas and Political Practice*, Londres, Chattu & Windus, 1958, trad. esp. de J. A. Fernández de Castro, *Biografía del Estado Moderno*, 4e éd., 2e réimp., Mexico, Fondo de Cultura Económica, 1994

Cruz Villalón, Pedro, *La Constitución Inédita. Estúdios ante la Constitucionalización de Europa*, Madrid, Editorial Trotta. 2004

D'ors, Álvaro, « Sobre el No-Estatismo de Roma », in *Ensayos de Teoria Política*, Pamplona, EUNSA, 1973, pp. 57-68.

da Silva, José Afonso, *Curso de Direito Constitucional Positivo*, 20e éd., São Paulo, Malheiros, 2002

Dalari, Dalmo de Abreu, *A Constituição na vida dos povos. Da Idade Média ao século XXI*, São Paulo, Saraiva, 2010

David, René, *Les grands systèmes de droit contemporains*, 8e éd., Paris, Dalloz, 1982

De Jaucourt, Chevalier, « République», *Encyclopédie* de Diderot et D'Alembert.

Dimoulis, Dimitri, *Manual de Introdução ao Estudo do Direito*, 2e éd., São Paulo, Editora Revista dos Tribunais, 2007

Drews, Cláudia, *Die Wesensgehaltsgarantie des Artikels 19 II GG*, Baden-Baden, Nomos, 2005

Dryzek, John, *Deliberative Democracy and Beyond, Liberal, Critics, Contestation,* Oxford, Oxford University Press, 2000

Dufrenne, Mikel / Knapp, Viktor, *Corrientes de la investigación en las ciencias sociales, 3. Arte y Estética. Derecho*, trad. esp., Madrid, Tecnos / Unesco, 1982

Duguit, Léon, *Manual de Derecho Constitucional*, éd. espagnole avec une étude préliminaire de Jose Luis Monereo Perez / José Calvo González, Grenade, Editorial Comares, 2005

Dumézil, Georges, *Mythes et dieux des indo-européens*, Paris, Flammarion, 1992

Dumont, Louis, *Essais sur l'individualisme. Une perspective anthropologique sur l 'idéologie moderne*, Paris, Le Seuil, 1983, rééd. coll. « Points », 1991

Duverger, Maurice, *Introduction à la politique*, Paris, Gallimard, 1963

Duverger, Maurice, *Janus, les deux faces de l'Occident*, Paris, Gallimard, 1962

Duvignaud, Jean, *Sociologia*, trad. port., Porto, Paisagem, 1971

Eco, Umberto, *De L'Oeuvre ouverte au Pendule de Foucault*, interview par Jean-Jacques Brochier / Mario Fusco, *in* « Magazine Littéraire », n° 262, Février 1989, p. 18 et suiv.

Eco, Umberto, *I limiti dell'interpretazione*, Milan, Bompiani, 1990

Eco, Umberto, *L'Oeuvre Ouverte*, trad. fr., Paris, Seuil, 1965

Eco, Umberto, *Vertigine della lista*, Milan, Bompiani, 2009

Ehrhardt Soares, Rogério, « Constituição. Política », *Polis*, vol. I, Lisbonne / São Paulo, Verbo, 1983, col. 1.164 et suiv.

Ehrhardt Soares, Rogério, « Direito Constitucional : Introdução, O Ser e a Ordenação Jurídica do Estado », in *Instituições de Direito*, org. de Paulo Ferreira da Cunha, Coimbra, Almedina, vol. II, 2000

Ehrhardt Soares, Rogério, *Direito Público e Sociedade Técnica,* Coimbra, Atlântida, 1969

Ehrhardt Soares, Rogério, *Interesse Público, Legalidade e Mérito*, Coimbra, Atlântida, 1959

Ehrmann, H. N., *Comparing Legal Cultures*, Englewood Cliffs, Prentice Hall, 1976

Eisenmann, Charles, *La justice constitutionnelle en Autriche*, Paris, [ED], 1928

Elias de Tejada, Francisco, *Tratado de Filosofía del Derecho*, vol. I, Sevilla, Universidad de Sevilla, 1974

Elster, Jon (ed.), *Deliberative Democracy*, Cambridge, Cambridge University Press, 1998

Emiliou, Nicholas, *The Principle of Proporcionality in European Law*, Londres, Kluwer, 1996

Engish, Karl, *Einführung in das Juristische Denken*, 3e éd., Stuttgart, W. Kohlhammer, 1964

Farago, France, *La Laïcité, tolérance voilée?*, Nantes, Éditions Pleins Feux, 2005

Faralli, Carla, *La Filosofia del Diritto Contemporanea*, trad. port. de Candice Premaor Gullo, *A Filosofia do Direito. Temas e Desafios*, São Paulo, Martins Fontes, 2006

Ferdinand Lasalle, *Über Verfassungswesen,* conférence prononcée à Berlin en 1862, disponible à : <http://www.gewaltenteilung.de/lassalle.htm>

Ferreira da Cunha, M. Conceição, *Vida contra vida. Conflitos existenciais e limites do direito penal*, Coimbra, Coimbra Editora, 2009

Ferreira da Cunha, Maria da Conceição, *Constituição e Crime. Uma Perspectiva da Criminalização e Descriminalização*, Porto, Universidade Católica Portuguesa Editora, 1995

Ferreira Filho, Manoel Gonçalves, *Curso de Direito Constitucional*, 17e éd., São Paulo, Saraiva, 1989

Ferreira Filho, Manoel Gonçalves, *O Poder Constituinte*, 5e éd., São Paulo, Saraiva, 2007

Figueiredo, Marcelo, *O Controle da Moralidade na Constituição*, 1e éd., 2e tirage, São Paulo, Malheiros Editores, 2003.

Finley, Moses I., *Démocratie antique et démocratie moderne*, trad. fr. par Monique Alexandre, précédé par *Tradition de la démocratie grecque*, par Pierre Vidal-Naquet, Paris, Payot, 1976

Fiske, John, *Introduction to Communication Studies*, trad. port. de Maria Gabriel Rocha Alves, *Teoria da Comunicação*, 5e éd., Porto, Asa, 1999

Fontes, Cecília, « 'Le Nozze di Figaro', by Mozart », in *Fides. Direito e Humanidades*, vol. II , Rés, Porto, 1992

Franco Bassi, « Il Principio della separazioni dei poteri (evoluzione problematica) », (2e partie), in *Rivista Trimestrale di Diritto Pubblico*, anno XV, 1965, p. 17 et suiv.

Freire de Carvalho, José Liberato, *Memórias da Vida de...*, 2e éd., Lisbonne, Assírio & Alvim, 1982 [1e éd., 1855]

Freitas do Amaral, Diogo, « Estado », in *Pólis*, vol. II, col. 1140 et suiv.

Freitas, Juarez, *A Substancial Inconstitucionalidade da Lei Injusta,* Petrópolis, RJ, Vozes; Porto Alegre, RS, EDIPUCRS, 1989

Fukuyama, Francis, *The End of History and the Last Man*, New York, Free Press, 1992

Fuller, L., *The Morality of Law*, nouv. éd., Yale, 1969

Gadamer, Hans-Georg , *Wahreit und Methode*, 3e éd., Tübingen, J. C. B. Mohr (Paul Siebeck), 1973 (1e éd. - 1960), trad fr. d'Etienne Sacre, rev. Paul Ricoeur, *Vérité et Méthode. Les grandes lignes d'une herméneutique philosophique*, Paris, Seuil, 1976

Galvão de Sousa, José Pedro, *O Totalitarismo nas origens da Moderna Teoria do Estado*, São Paulo, s/éd., 1972

Garcia de Enterria, Eduardo, « La Constitución como norma juridica », in *Anuario de Derecho Civil*, série I, n° 2, Madrid, Ministerio de Justicia y Consejo Superior de Investigaciones Cientificas, p. 292 et suiv.

García-Pelayo, Manuel, « La Lucha por Roma (sobre las razones de un mito político) », in *Los Mitos Políticos*, Madrid, Alianza Editorial, 1981, p. 111 et suiv.

Garin, Eugenio (dir.), *L'Uomo del Rinascimento*, Roma/Bari, Laterza, 1988

Gauthier, David, *Morals by agreement*, Oxford, réimp. Clarendom Press, 1987

Gianformaggio, L., « L'Interpretazione della costituzione tra applicazione di regole e argomentazione basata sui principi », in *Rivista Internazionele di Filsosofia del Diritto*, n° 62, 1987

Girard, René, *Des choses cachées depuis la fondation du monde*, Paris, Grasset, 1978

Girard, René, *La violence et le sacré*, Paris, Grasset, 1972

Girard, René, *Le Bouc Emissaire*, Paris, Grasset, 1982

Gisbert, Rafael Bustos, *La Constitución Red: Un Estúdio sobre Supraestatalidad y Constitución*, Oñati, Instituto Vasco de Administración Pública, 2005

Godechot, Jacques, *La Grande Nation. L'expansion révolutionnaire de la France dans le monde*, 2 vols., Paris, Aubier, 1957

Goldsworthy, Jeffrey, *Interpreting Constitutions. A Comparative Study*, Oxford, Oxford University Press, 2007

Gomes Canotilho, J. J. / Moreira, Vital, *Fundamentos da Constituição*, Coimbra, Coimbra Editora, 1991

Gomes Canotilho, J. J., « O Problema da Dupla Revisão na Constituição Portuguesa », in *Revista Fronteira* (tiré à part), décembre 1978

Gomes Canotilho, J. J., *Brancosos e Interconstitucionalidade. Itinerários dos Discursos sobre a Historicidade Constitucional*, Coimbra, Almedina, 2006

Gomes Canotilho, J. J., *Direito Constitucional e Teoria da Constituição*, 7e édition, Coimbra, Almedina, 2003

Goody, Jack, *The Logic of Writing and the Organisation of Society*, New York, Cambridge University Press, 1986

Grasso, Pietro Giuseppe, *El Problema del Constitucionalismo después del Estado Moderno*, Madrid / Barcelona, Marcial Pons, 2005

Greenawalt, Kent, *Conflicts of Law and Morality,* New York / Oxford, Oxford University Press, 1989.

Griffin, Stephen M., *American Constitutionalism. From Theory to Politics*, Princeton, Princeton University Press, 1996

Grossi, Paolo, *Mitologie Giuridiche della Modernità*, Milão, Giuffrè, 2003

Guastini, V. R., « Specificità dell'interpretazione costituzionale? », in *Analisi e Diritto,* org. par P. Commanduccio, R. Guastino, Torino, Giappichelli, 1996

Guerra Filho, Willis Santiago, *Processo Constitucional e Direitos Fundamentais*, 2e édition, São Paulo, Celso Bastos, 2001

Guerra Filho, Willis Santiago, *Teoria da Ciência Jurídica*, São Paulo, Saraiva, 2001

Guillermo Portela, Jorge, « Breve Análisis de los Valores Jurídicos », in *Cultura Jurídica*, Mexico, Tribunal Superior de Justicia del Estado de México, n° 1, 2005, p. 127 et suiv

Gutmann, Amy / Thompson, Denni, *Democracy and Disagreement*, Cambridge, London, The Belknap Press of Harvard University Press, 1996

Häberle, Peter, *El Estado Constitucional*, Mexico, Universidad Nacional Autónoma de Mexico, 2003

Häberle, Peter, *Conversaciones Académicas com Peter Häberle*, Mexico, Universidad Nacional Autônoma de México / Instituto de Investigaciones Jurídicas, 2006

Häberle, Peter, *Die offene Gesellschaft der Verfassungsinterpreten. Ein Beitrag zur pluralistischen und 'prozessualen' Verfassungsinterpretation*, trad. de Gilmar Ferreira Mendes, *Hermenêutica Constitucional. A Sociedade Aberta dos Intérpretes da Constituição: Contribuição para a Interpretação Pluralista e "Procedimental" da Constituição*, Porto Alegre, Sergio Antonio Fabris, réimp. 2002.

Häberle, Peter, *Die Verfassung des Pluralismus. Studien zur Verfassungstheorie der offenen Gesellschaft*, Koenigstein / Ts, Athenaeum, 1980

Häberle, Peter, *Die Wesensgehaltsgarantie des Art. 19 Abs. 2 Grundgesetz – Zugleich ein Beitrag zum institutionellen Verständnis der Grundrechte und zur Lehre des Gesetzesvorbehalts*, 3e éd., Heidelberg, 1983

Peter Häberle, «Novos Horizontes e Novos Desafios do Constitucionalismo», *Anuário Português de Direito Constitucional*, vol. V / 2006, Coimbra, Coimbra Editora, 2010, p. 40 (= in *Europäische Grundrechte Zeitschrift* – EurGRZ – année 33, n. 19-21, novembre 2006)

Häberle, Peter, *Verfassung als öffentlicher Prozess*, 3e éd., Berlin, Duncker & Humblot,1998

Häberle, Peter, *Zeit und Verfassung*, in *Probleme der Verfassungsinterpretation*, org. par Ralf Dreier / Friedrich Schwegmann

Hall, John, *States in History*, trad. port. de Paulo Vaz *et al.*, *Os Estados na História*, Rio de Janeiro, Imago, 1992

Hall, L. (Ed.), *The Oxford Guide to the United States Supreme Court Decisions*, New York, Oxford University Press, 1999

Hamon, Francis / Troper, Michel / Burdeau, Georges, *Droit constitutionnel*, 27e éd., Paris, LGDJ, 2001, trad. port. de Carlos Souza, *Direito Constitucional*, Barueri, São Paulo, 2005

Harth, Dietrich / Assmann, Jan (org.), *Revolution und Mythos*, Francfort sur Main, Fischer, 1992

Hauriou, Maurice, « Théorie de l'Institution et de la fondation (essai de vitalisme social) », in *Aux sources du droit: le pouvoir, l'ordre et la liberté. Cahiers de la Nouvelle Journée,* n° 23, 1925

Hauriou, Maurice, *Précis de Droit Constitutionnel*, Paris, Sirey, 1923

Hegel, Georg Wilhelm Friedrich, *Grundlinien der Philosophie des Rechts*

Heller, Hermann, *Staatslehre*, Leiden, Gerhart Niemeyer, 1934 (3.e éd. 1963), trad. port. du Prof. Lycurgo Gomes da Motta, *Teoria do Estado*, São Paulo, Editora Mestre Jou, 1968

Helmut Goerlich, *Wertordnung und Grundgesetz. Kritik einer Argumentationsfigur des Bundesverfassungsgerichts*, Nomos, 1973

Hennig Leal, Mônia Clarissa, *A Constituição como Princípio. Os Limites da Jurisdição Constitucional Brasileira*, São Paulo, Barueri, 2003

Hesse, Konrad, *Die normative Kraft der Verfassung*, Tübingen, J. C. B. Mohr (Paul Siebeck), 1959, version portugaise *A força normativa da Constituição*, trad. de Gilmar Ferreira Mendes, Porto Alegre, Fabris, 1991

Hesse, Konrad, *Die normative Kraft der Verfassung*, Tübingen, Mohr, 1959

Hesse, Konrad, *Grundzuege des Verfassungsrechts der Bundesrpublik Deutschland*, 20 e éd., Heidelberg. C. F. Mueller, 1999

Hessen, Johannes, *Filosofia dos Valores*, trad. portugaise de Luís Cabral de Moncada, nouv. éd., Coimbra, Almedina, 2001

Hoeffe, Otfried, *Politische Gerechtigkeit. Grundlegung einer kritischen Philosophie von Recht und Staat*, Frankfurt am Main, Suhrkamp, 1987, 3e éd. 2002, trad. port. de Ernildo Stein, 2e éd., São Paulo, Martins Fontes, 2001

Holmes, Oliver Wendell, « Law in Science and Science in Law », *Harvard Law Review*, vol. XII, 1899 (*in* Richard Posner (ed.), *The Essential Holmes*, p. 185 et suiv.).

Holmes, Oliver Wendell, *Law and the Court*, conférence, 1913, *apud* Richard Posner (éd.), *The Essential Holmes*, Chicago, The University of Chicago Press, 1992

Holmes, Oliver Wendell, *The Common Law*, Cambridge, Mass., The Belknap Press of Harvard University Press, 1963 (1.e éd. 1881)

Holmes, Oliver Wendell, *The Path of Law*, 1897

Huxley, Aldous, *Proper Studies*, *Proper Studies*, 1927, réimp., Londres, Chatto & Windus, 1933.

Ivainier, Théodore, *L'interprétation des faits en droit*, Paris, LGDJ, 1988

Jellinek, Georg, *Allgemeine Staatslehre*, 1900, trad. esp. *Teoria General del Estado*, nouvelle éd. esp. Buenos Aires, Editorial Albatros, 1978

Jhering, *Im juristischen Begriffshimmel*, 1884, 13e éd. 1924.

Jordan, Neil, *Michael Collins. Film Diary & Screenplay*, London, Vintage, 1996

Jouvenel, Bertrand de, *Du Pouvoir. Histoire naturelle de sa croissance*, nouvelle éd., Paris, Hachette, 1972-1977

Juarez Freitas, *A Substancial Inconstitucionalidade da Lei Injusta*, Petrópolis, RJ, Vozes; Porto Alegre, RS, EDIPUCRS, 1989

Jung, Carl G., *Aion: Beitraege zur Symbolik des Selbst*, Walter, 1976, trad. fr. par Marie-Martine Louzier-Sahler et Perrot, Étienne, *Aïon: Etudes sur la phénoménologie du Soi*, Paris, Albin Michel (1978, rééd. 1998), trad. port. du Prêtre Dom Mateus Ramalho Rocha, OSB, *Aion - Estudos sobre o Simbolismo do Si-Mesmo*, Petrópolis, Vozes, 1982

Kaegi, Werner, *Die Verfassung als rechtliche Grundordnung des Staates* (1945, trad. esp. de Sergio Diaz Ricci et Reyven, Juan José, avec une étude préliminaire de Francisco Fernando Segado, *La Constitución como Ordenamento Jurídico Fundamental del Estado*, Madrid, Dykinson, 2005

Kant, Immanuel, « Beantwortung der Frage : Was ist Aufklärung ? », in *Berlinische Monatsschrift*, décembre 1784

Kelsen, Hans, *Der Staat als Integration. Eine prinzipielle Auseinendersetzung*, Vienne, Julius Springer, 1930

Kelsen, Hans, *Vom wesen und wert der demokratie*, Tubingen, J. C. B. Mohr, 1929

Kervégan, Jean-François, *Hegel, Carl Schmitt – Le politique entre spéculation et positivité*, Paris, P.U.F., 1992, trad. port. par Carolina Huang, *Hegel, Carl Schmitt. O Político entre a Especulação e a Positividade*, Buaeri, São Paulo, Manole, 2006

Konder Comparato, Fábio, « Sobre a Legitimidade das Constituições », in *Constituição e Democracia. Estudos em Homenagem ao Professor J. J. Gomes Canotilho*, coord. de Paulo Bonavides / Francisco Gérson Maques de Lima / Faya Silveira Bedê, São Paulo, Malheiros, 2006

Krader, Lawrence, *Formation of the State*, New Jersey, Prentice Hall, 1967

Lane, Gilles, *À quoi bon la Philosophie*, 3e éd., Québec, Bellarmin, 1997

Laplantine, François, *Clefs pour l'anthropologie*, Paris, Laffont, 20e réimp., 1988, trad. port. par Marie-Agnès Chauvel, *Aprender Antropologia*, préface par Maria Isaura Pereira de Queiroz, São Paulo, Brasiliense, 2007

Lazzeri, Christina et Reynié, Dominique, *Le pouvoir et la raison d'Etat* et *La raison d'Etat: politique et rationalité*, en deux volumes, Paris, P.U.F., 1992

Leclercq, Jacques, *Du droit naturel à la sociologie*, Paris, Spes, 1960

Leibholz, Gerhard, «Constitutional law and Constitutional reality», in *Festschrift für Karl Loewenstein*, Tübingen, J. C. B. Mohr (Paul Siebeck), 1971

Leibholz, Gerhard, *Conceptos Fundamentales de la Politica y de la Teoria de la Constitucion*, trad. esp., Madrid, Instituto de Estudios Políticos / Civitas, 1964

Levinet, Michel, *Recherche sur les fondements du 'droit au développement de l'être humain' à partir de l'exemple de la convention européenne des droits de l'homme*, in *Les droits fondamentaux*, Bruxelles, Bruyant, AUPELF-URF, 1997

Liet-Veaux, Georges, *La continuité du droit interne: essai d'une théorie juridique des révolutions*, Paris, Sirey, 1942

Linz, Juan, *El Factor Tiempo en un Cambio de Régimen*, Mexico, Instituto de Estúdios para la Transición Democrática, 1994

Loewenstein, Karl, *Verfassungslehre*, 4e éd., Tübingen, J. C .B. Mohr (Paul Siebeck), 2000

Lombardi Vallauri, Luigi, *Corso di filosofia del diritto*, Cedam, Padoue, 1978, nouvelle éd. 1981

Losano, Mário G., Préface à *La Filosofia del Diritto Contemporanea*, de Carla Faralli, trad. port. de Candice Premaor Gullo, *A Filosofia do Direito. Temas e Desafios*, São Paulo, Martins Fontes, 2006

Loughlin, Martin, *The Idea of Public Law*, Oxford, Oxford University Press, 2004

Lucas Pires, Francisco, *Teoria da Constituição de 1976. A Transição dualista*, Coimbra, s/e, 1988

Lucas Verdu, Pablo, *Teoría de la Constitución como Ciencia Cultural*, 2e éd. corrigée et augmentée, Madrid, Dykinson, 1998

Luhmann, Niklas, *Legitimation durch Verfahren*, Neuwied / Berlin, Luchterhand, 1969

Macedo, Dimas, *Discurso Constituinte. Uma Abordagem Crítica*, 3e éd., Belo Horizonte, Fórum, 2009

Macedo, Stephen (ed.), *Deliberative Democracy, Essays on Democracy and Disagreement*, Oxford, Oxford University Press, 1999

Macpherson, C. B., *The Political Theory of Possessive Individualism*, Clarendon Press, Oxford University Press, 1962

Manheim, Karl, *Ideologie und Utopie*, Bonn, F. C. Cohen, 1929

Manuel Garcia-Pelayo, « La Constitución estamental », in « *Revista de Estudios Politicos* » vol. XXIV, Madrid, 1949, p. 105 et suiv.

Marques Lima, Francisco Meton, *As Implicações Recíprocas entre os Valores e o Direito*, in *Constituição e Democracia. Estudos em Homenagem ao Professor J. J. Gomes Canotilho*, coord. de Paulo Bonavides / Francisco Gérson Marques de Lima / Faya Silveira Bedê, São Paulo, Malheiros, 2006

Mateos García, Angeles, *La Teoria de los valores de Miguel Reale*, trad. port. de Talia Bugel, *A Teoria dos Valores de Miguel Reale (Fundamento de seu tridimensionalismo jurídico)*, São Paulo, Saraiva, 1999

McCormick, John P., *Carl Schmitt's Critique of Liberalism, Against Politics as Technology*, Cambridge, Cambridge University Press, 1997

Meinecke, Friedrich, *Die Idee der Staatsraison in der neuren Geschichte*, 3e éd., Munich, R. Oldenbourg, 1963

Meireles Teixeira, J. H., *Curso de Direito Constitucional*, org. et mise à jour par Maria Garcia, Pontifícia Universidade Católica de São Paulo, Rio de Janeiro, Forense, 1991

Melkevik, Bjarne, « L'abîme et 'l'exception': Schmitt, Agamben et le Schmittisme », in *Mirandum*, année XIII, n° 20, 2009

Miaille, Michel, "Le droit par l'image", in *Droit et société*, 16, 1990, p. 303-312

Miranda, Jorge, *Manual de Direito Constitucional*, vol. I, 5e éd., Coimbra, Coimbra Editora, 1996

Montejano, Bernardino, *Ética Pública*, Buenos Aires, Ediciones del Cruzamante, 1996

Montesquieu, *De l'Esprit des lois*

Montoro Ballesteros, Alberto, *Razones y Límites de la Legitimación Democrática del Derecho*, Universidad de Murcia, Murcia, 1979

Morais da Rosa, Alexandre, *Garantismo Jurídico e Controle de Constitucionalidade Material*, Rio de Janeiro, Lumen Juris, 2005

Moreau, Pierre-François, *Le Récit Utopique. Droit naturel et roman de l'Etat*, Paris, P.U.F., 1982

Moreso, José Juan, *Conflictos entre Principios Constitucionales*, in *Neoconstitucionalismo(s)*, éd. de Miguel Carbonell, Madrid, Trotta, 2003

Mortati, Costantino, « Concetto, Limitti, Procedimento della Revisione Costituzionale », in *Rivista Trimestrale di Diritto Pubblico*, 1952

Mucchielli, Roger, *Le Mythe de la cité idéale*, Brionne, Gérard Monfort, 1960 (réimp. Paris, P.U.F., 1980)

Müller, Friedrich, *Métodos de Trabalho no Direito Constitucional*, 3e éd., trad. port. de Peter Naumann, Rio de Janeiro / São Paulo / Recife, Renovar, 2005

Nadal, Fábio, *A Constituição como Mito. O Mito como Discurso Legitimador da Constituição*, Présentation de Dimitri Dimoulis, Préface d'André Ramos Tavares, São Paulo, Editôra Método, 2006

Nelken, D. (éd.), *Comparing Legal Cultures*, Aldershot, Dartmonth, 1997

Neves, Marcelo, *A Constitucionalização Simbólica*, São Paulo, Acadêmica, 1994

Nietzsche, Friedrich, *Also Sprach Zarathustra*

Nietzsche, Friedrich, *Genealogie der Moral*

Novaes, Adauto (org.), *A Crise do Estado-Nação*, Rio de Janeiro, Civilização Brasileira, 2003

Oliveira Martins, « Causas Económicas da Imoralidade Política », in *Província*, Porto, 23-IX-1887, année 3.

Oliveira Martins, « O Descrédito da Política », *O Repórter*, Lisboa, 19-I-1888, année 1, n.° 19

Olivier Martin, Fr [ançois], *Histoire du Droit français, des origines à la Révolution*, Paris, CNRS, 1990

Olivier Martin, Fr [ançois], *Les Lois du Roi*, réimp., Paris, Editions Loysel, 1988

Ottonello, Pier-Paolo, *La Barbarie Civilizzata*, Gênes, Edizioni dell'Arcipelago, 1993.

Pace, Alessandro / Varela, Joaquín, *La Rigidez de las Constituciones Escritas*, Madrid, Centro de Estúdios Constitucionales, 1995

Pallard, Henri, *Les Professions juridiques*, Montréal, Yvon Blais,1999

Henri Pallard / Stamatios Tzitzis (textes recueillis et présentés par), *Droits fondamentaux et spécificités culturelles*, Paris, l'Harmattan, 1997

Palma, Maria Fernanda, *Direito Constitucional Penal*, Coimbra, Almedina, 2006

Pascoaes, Teixeira de, *Arte de ser Português*, Lisbonne, Assírio & Alvim, 1991

Pereira Menaut, Antonio Carlos, « Constitución, Principios, Valores », in *Dereito*, vol. 13, n° 1 (2004), pp. 189-216.

Pereira Menaut, Antonio Carlos, *El ejemplo constitucional de Inglaterra*, Madrid, Universidad Complutense, 1992

Pereira Saéz, Carolina, *Una Contribución al estudio del empleo del Principio de Proporcionalidade en la jurisprudência reciente del Tribunal Constitucional Español*, tire à part de « Anuario da Facultade de Dereito da Universidade da Coruña », 8

Pérez Luño, A. E., *Derechos Humanos, Estado de Derecho y Constitución*, 8e éd., Madrid, Tecnos, 2003

Perniola, Mario, *Il Momento Egizio nella società e nell'arte*, Gênes, Costa & Nolan, 1990

Philippe, Xavier, *Le contrôle de la proportionnalité dans les jurisprudences constitutionnelle et administrative françaises*, Marseille, Presses Universitaires d'Aix-Marseille, 1990

Pocock, J(ohn) G. A., *Linguagens do Ideário Politico*, p. 83 et suiv., surtout p. 88 et suiv.

Poitrineau, Abel, *Les Mythologies révolutionnaires*, Paris, P.U.F., 1987

Popper, Sir Karl R., *The Open Society and its Enemies* (1957, révision en 1973)

Posner, Richard A., *Overcomig Law*, Cambridge, Harvard University Press, 1995, trad. port. d'Evandro Ferreira e Silva, *Para Além do Direito*, São Paulo, wmf Martins Fontes, 2009

Pound, Roscoe, « Mechanical Jurisprudence », *Columbia Law Review*, vol. VIII, 1908

Pound, Roscoe, « Law in Books and Law in Action », in *American Law Review*, vol. XLIV, 1910

Pozzolo, Susana, « Neoconstitucionalismo y Especificidad de la Interpretación Constitucional », in *Doxa*, 21 – II, 1998, p. 339 et suiv.

Prieto Sanchís, Luís, *Constitucionalismo y Positivismo*, México, Fontamara, 1997

Queiró, Afonso Rodrigues, *Os Fins do Estado (Um Problema de Filosofia Política)*, Supplément au vol. XV du « Boletim da Faculdade de Direito », Coimbra, Universidade de Coimbra, 1939, pp. 1-72

Rabay Guerra, Gustavo, « Estrutura Lógica dos Princípios Constitucionais », in *Revista Brasileira de Direito Constitucional*, n° 7, vol. 2

Radbruch, Gustav, *Rechtsphilosophie*

Ramaux, Christophe, *L'Etat social : une révolution qui n'a pas sa théorie*, Actes de l'Université d'été, éd. Mille et une nuits, 2004.

Ramos Duarte, Écio Oto / Pozzolo, Susanna, *Neoconstitucionalismo e Positivismo Jurídico. As Faces da Teoria do Direito em Tempos de Interpretação Moral da Constituição*, São Paulo, Landy Editora, 2006

Ramos Tavares, André, «Elementos para uma Teoria Geral dos Princípios na Perspectiva Constitucional», in *Dos Princípios Constitucionais: Considerações em torno das Normas Principiológicas da Constituição*, org. de George Salomão Leite, São Paulo, Malheiros, 2003, p. 40 et suiv.

Reale, Miguel, *Filosofia do Direito*, 19e éd., São Paulo, Saraiva, 1999

Reis Friede, *Ciência Politica e Teoria do Estado*, Rio de Janeiro, Forense, 2002, pp. 47-70

Reis Novais, Jorge, *Os Princípios Constitucionais Estruturantes da República Portuguesa*, Coimbra, Coimbra Editora, 2004

Reszler, André, *Mythes politiques modernes*, Paris, P.U.F., 1981

Rials, Stéphane, « Supraconstitutionnalité et systématicité du droit », in *Archives de Philosophie du Droit*, t. XXXI, Paris, Sirey, 1986

Ribeiro Bastos, Celso, *Elementos de Directo Constitucional*, 2e éd., São Paulo, Saraiva / EDUC, 1976

Rigaux, Marie-Françoise, *La théorie des limites matérielles à l'exercice de la fonction constituante*, Bruxelles, Larcier, 1985

Rimoli, Francesco, « Costituzione Rígida, Potere di Revisione e Interpretazione per Valore », in *Giurisprudenza Costituzionale*, XXXVII, n° 5, 1992

Romano, Santi, *Frammenti di un Dizionario giuridico*, Milão, Giuffrè,1947

Romero, Jose Luis, *Estudio de la Mentalidad Burguesa*, Madrid, Alianza Editorial, 1987

Rosanvallon, Pierre, *La crise de l'Etat providence*, Paris, Seuil, 1981

Rothenburg, Walter Claudius, *Princípios Constitucionais*, 2e tirage, Porto Alegre, Safe, 2003

Saldanha, Nelson, « O Conceito de Nação e a Imagem do Brasil » in *Revista Brasileira*, Fase VII, janvier-février-mars 2006, année XII, n° 46, p. 215 et suiv.

Saldanha, Nelson, *Da Teologia à Metodologia. Secularização e Crise no Pensamento Jurídico*, Belo Horizonte, Del Rey, 1993

Saldanha, Nelson, *Formação da Teoria Constitucional*, 2e éd., Rio de Janeiro / São Paulo, Renovar, 2000

Santiago Nino, Carlos, *The Constitution of Deliberative Democracy*, New Haven / Londres, Yale University Press, 1996

Sarlet, Ingo Wolfgang (org.), *Constituição, Direitos Fundamentais e Direito Privado*, 2e éd. revue et complétée, Porto Alegre, Livraria do Advogado, 2006

Sarlet, Ingo Wolfgang (org.), *O Novo Código Civil e a Constituição*, Porto Alegre, Livraria do Advogado Editora, 2006

Sarlet, Ingo Wolfgang « Direitos Fundamentais e Direito Privado: algumas considerações em torno da vinculação dos particulares aos direitos fundamentais », in *A Constituição Concretizada. Contruindo pontes com o público e o privado*, org. de Ingo Wolfgang Sarlet, Porto Alegre, Livraria do Advogado Editora, 2000

Sawyer, M. James, *Survivor's Guide to Theology*, Grand Rapids, Michigan, Zondervan, 2006

Schmitt, Carl, *Der Hüter der Verfassung*, trad. esp. de Manuel Sanchez Sarto, prologue de Pedro de Vega, *La Defensa de la Constitución*, Madrid, Tecnos, 1998

Schwabe, Juergen (morceaux choisis par), version portugaise de Leonardo Martins, (organisation et introduction de l'éd. port.), *50 Anos de Jurisprudência do Tribunal Constitucional Alemão*, Montevideo, Fundação Konrad Adenauer, 2005

Senellart, M., *Machiavélisme et raison d'Etat, XVIe-XVIIe siècle*, P.U.F., 1989

Serrano, José Luis, *Validez y Vigencia*, Madrid, Trotta, 2004

Shackle, G. L. S., *What makes an Economist ?*, The University Press of Liverpool, 1953

Shenann, J. V., *The Origins of the Modern European State (1450-1725)*, trad. it., *Le Origini dello Stato Moderno in Europa*, Bolonha, 1991

Sieyès, Emmanuel, *Qu'est-ce que le Tiers Etat ?*, éd. crit. de Edme Champion, *apud* http://visualiseur.bnf.fr/Visualiseur?Destination=Gallica&O=NUMM-89685

Sieyès, Emmanuel, *Reconnaissance et exposition raisonnée des droits de l'Homme et du Citoyen*, 20 et 21 juillet 1789, *in* François Furet / Ran Halevi (textes réunis et annotés par), *Orateurs de la Révolution française*. I. *Les Constituants*, Paris, Gallimard, La Pléiade, 1989

Silva Cristóvam, José Sérgio da, *Colisões entre Princípios. Razoabilidade, Proporcionalidade e Argumentação Jurídica*, Curitiba, Juruá, 2006

Silva, José Afonso da Silva, *Introduction* a *A Filosofia do Direito Constitucional*, par Conselheiro José Maria de Avellar Brotero, São Paulo, Malheiros, 2007

Sombart, Werner, *Le Bourgeois*, trad. fr., Paris, Payot, 1966

Starck, Christian, *La Constitution, cadre et mesure du droit*, Paris, Presses Univ. D'Aix Marseille, 1994

Streck, Lenio Luiz, « A Hermenêutica Filosófica e as posibilidades de superação do positivismo pelo (Neo) Constitucionalismo », in *Constituição e Crise Política*, coord. de José Adércio Leite Sampaio, Belo Horizonte, Del Rey, 2006

Streck, Lenio Luiz, *Hermenêutica e(m) Crise*, Porto Alegre, Livraria do Advogado, 2000

Stum, Raquel Denize, *Princípio da Proporcionalidade no Direito Constitucional Brasileiro*, Porto Alegre, Livraria do Advogado, 1995

Temer, Michel, *Elementos de Direito Constitucional*, 15e éd., São Paulo, Malheiros, 1999

Teixeira, Anderson Vichinkeski (org.), *A Constitucionalização do Direito*, Porto Alegre, SafE, 2008

Thomas, Yan, *Mommsen et 'l'Isolierung' du Droit (Rome, l'Allemagne et l'Etat)*, Paris, Diffusion de Boccard, 1984

Thomashausen, André, « Constituição e Realidade Constitucional », in *Revista da Ordem dos Advogados*, 37e année, Lisbonne, 1977, pp. 471 et suiv

Thuau, Etienne, *Raison d'Etat et pensée politique à l'époque de Richelieu*, Paris, Albin Michel, 2000

Tocqueville, Alexis de, *De la Démocratie en Amérique*

Tomás d'Aquin, *Summa Theologiae*

Torres del Moral, *Introducción al Derecho Constitucional*, Madrid, Universidad Complutense, 1996

Troper, Michel, *Le gouvernement des juges, mode d'emploi*, Québec, Presses de l'Université Laval, 2007

Troper, Michel, *Pour une théorie juridique de l'Etat*, Paris, P.U.F., 1994

Tzitzis, Stamatios, *Le droit à la jouissance. La jouissance des droits*, in "ΦΙΛΟΣΟΦΙΑ ", 17-18, Athènes, 1987-88

Tzitzis, Stamatios, *Qu'est-ce que la personne*?, Paris, Armand Colin, 1999

Vallançon, François, « L'Etat ou l'Odyssée », in *EY IKIA*, Athènes, 1991, n° 1, pp. 73 et suiv.

Vallançon, François, « *Images romaines de morale et de droit. Devotio et fides* » *in Archives de Philosophie du Droit*, XXXIV, Paris, Sirey, 1989, p. 304 et suiv

Vedel, George, « Indéfinissable mais présent », in *Pouvoirs. Revue française d'études constitutionnelles et politiques*, n° 11, Paris, P.U.F.,1990

Vedel, Georges, « Souveraineté et supraconstitutionnalité », in *Pouvoirs*, 1993, n° 67, pp.79-97

Villey, Michel, « Jusnaturalisme, essai de définition », in *Revue Interdisciplinaire d'Etudes Juridiques*, n° 17 (1986)

Villey, Michel, « Polémique sur les Droits de l'Homme », in *Etudes Philosophiques*, n° 2, 1986, p. 191 et suiv.

Villey, Michel, *Le Droit et les Droits de l'Homme*, P.U.F., Paris, 1983

Villey, Michel, *Réflexions sur la Philosophie et le Droit. Les Carnets*, Paris, P.U.F., 1995 (posthume)

Vincent, André, *Les révolutions et le droit*, Paris, LGDJ, 1974 von Gierke, Otto, *et al.*, *Deutsches Privatrecht*, Leipzig, Duncker & Humblot, 1895, I

von Hayek, F. A., *Droit, législation et liberté. I – Règles et ordre*, trad. fr., Paris, P.U.F., 1973

von Kirchmann, Julius, *Die Wertlosigkeit der Jurisprudenz als Wissenschaft. Vortrag vor der juristischen Gesellschaft*, Berlin, 1848, nouv. éd. org. par Anton Shefer, 1999

von Savigny, Friedrich Karl, *System des heutigen römischen Rechts*, Berlim, 1840 Friedrich Karl von Savigny, *La Vocazione del nostro Secolo per la Legislazione e la Giurisprudenza*, trad. it., Bolonha, Forni, 1968

von Savigny, Friedrich Karl, *System des heutigen römischen Rechts*, Berlin, Veit, 1840, 9 vols.

Vorlaender, Hans, *Integration durch Verfassung*, VS Verlag fuer Sozialwissenschaften, 2002

Vorlaender, Hans, *Verfassung und Konsens*, Berlin, Duncker & Humblot, 1981

Weber, Max, *Wirtschaft und Gesellschaft. Grundriss des verstehenden Soziologie*, trad. angl., *Economy and Society*, Berkeley, University of California Press, 1978, 2 vols.

Zarka, Yves Charles (dir.), *Raison et déraison d'Etat, théoriciens et théories de la raison d'Etat aux XVIe et XVIIe siècles*, Paris, P.U.F., 1994

Table des Matières

LA CONSTITUTION GLOBALE

Fondements du droit constitutionnel commun

Autres ouvrages juridiques publiés par les éditions :

Buenos Books International

ISBN: 9782915495386
Les Grandes Questions de La Philosophie Pénale, Stamatios Tzitzis

ISBN: 9782915495553-3
Le Citoyen, l'Ethique, la Sanction, De l'évolutionnisme social à l'humanisme pénal, Stamatios Tzitzis

ISBN: 978-2-915495-66-9
Droit Et Valeur Humaine, L'autre dans la philosophie du droit, de la Grèce antique à l'époque moderne, Stamatios Tzitzis

ISBN : 9782915495171
L'Obsolescence Du Droit D'Auteur Et de Sa Philosophie, Anna Mancini

ISBN: 9782915495102
Justice Et Internet, Une Philosophie Du Droit Pour Le Monde Virtuel, Anna Mancini

ISBN: 9782915495164,
L'Obsolescence Du Droit Mondial Des Inventions, Anna Mancini

ISBN: 9782915495058
Les Solutions de L'Ancien Droit Romain Aux problèmes Juridiques Modernes, l'exemple du droit des brevets d'invention, Anna Mancini

ISBN: 9782915495287
Maat, La Philosophie de La Justice de L'Ancienne Egypte, Anna Mancini

ISBN: 9782915495478
La Personnalité Juridique Dans L'Oeuvre de Raymond Saleilles, Synthèse de L'Ouvrage de La Personnalité Juridique, Anna Mancini

ISBN: 978-2-915495- 67-6
Marxisme Et Philosophie Du Droit, Le cas Pasukanis, Bjarne MELKEVIK

WWW.BUENOSBOOKS.FR

www.ingramcontent.com/pod-product-compliance
Lightning Source LLC
LaVergne TN
LVHW082030051026
849532LV00011B/3314